U0635143

本书是国家社会科学基金一般项目
"基于国家治理视角的公民核心价值观建设研究"的结项成果

现代化进程中的公民核心价值观建设研究

盛凌振 著

天津出版传媒集团

天津人民出版社

图书在版编目（CIP）数据

现代化进程中的公民核心价值观建设研究 / 盛凌振

著. -- 天津：天津人民出版社，2025. 5. -- ISBN 978-

7-201-21128-2

Ⅰ. D616

中国国家版本馆 CIP 数据核字第 2025WU4950 号

现代化进程中的公民核心价值观建设研究

XIANDAIHUA JINCHENG ZHONG DE GONGMIN HEXIN JIAZHIGUAN JIANSHE YANJIU

出　　版	天津人民出版社
出 版 人	刘锦泉
地　　址	天津市和平区西康路 35 号康岳大厦
邮政编码	300051
邮购电话	（022）23332469
电子信箱	reader@tjrmcbs.com

策划编辑	郑　玥
责任编辑	郭雨莹
装帧设计	汤　磊

印　　刷	天津新华印务有限公司
经　　销	新华书店
开　　本	710 毫米×1000 毫米　1/16
印　　张	16.75
插　　页	2
字　　数	230 千字
版次印次	2025 年 5 月第 1 版　2025 年 5 月第 1 次印刷
定　　价	89.00 元

前　言

一

　　每个国家和民族的崛起、复兴,都离不开相应的核心价值观的引领;每一个历史阶段的发展前进,都应有基于社会现实的精神力量支撑。正如马克思主义经典作家所讲,"一切划时代的体系的真正的内容都是由于产生这些体系的那个时代的需要而形成起来的"①。社会主义核心价值观集中体现了新时代中国每一位成员的根本价值追求,构成了社会主义现代化建设的重要内容和关键领域,是反映中国整体发展的时代境遇与现实需求的思想观念体系,它深深根植于中国特色社会主义建设实践的土壤之中,是建立在革命时期、建设阶段、改革时代等各个阶段的现实实践基础上传承发展起来的社会意识形式,来源于时代的实践场域,反作用于新时代的社会主义现代化建设过程,具有鲜明的时代性和现实性。

　　进入新时代,党的历次代表大会都将社会主义核心价值观这一"最持久最深沉"的力量从建设社会主义文化强国的战略高度进行规划设计和重点推进。从党的十八大确定"三个倡导"开始,党中央就始终坚持大力推进、持续深化核心价值观建设。历经十多年的建设和发展,社会主义核心价值观已

---

① 《马克思恩格斯全集》(第三卷),人民出版社,1960 年,第 544 页。

经广为人知,在全社会形成了宣传教育、培育践行的社会大环境,有了国家、社会、公民层面积极弘扬的浓厚社会氛围,为我们的现代化建设事业提供了坚实的精神动力。对此,党的十九大报告更加明确指出,我们的核心价值观是当代中国精神的集中体现,从时代精神的高度概括了推进建设的理论指向和实践要求。习近平总书记在党的二十大报告中,更进一步将社会主义核心价值观建设放在推进文化自信自强的重要篇章中,强调铸就社会主义文化新辉煌,进一步明确社会主义核心价值观是凝聚人心的强大力量,能够在汇聚力量和共识方面发挥重要作用,强调在全面建设社会主义现代化强国的进程中,一个重要任务就是推进社会主义核心价值观广泛践行,通过社会主义核心价值观建设,使之在全社会范围深入开展宣传教育工作,发挥其铸魂育人之功能,以承担民族复兴大任时代新人的培养作为目标,为我们的现代化建设接续前行提供建设者和生力军。并且强调依法治国和以德治国两种治国方略相结合,从细化"三个融入"的建设角度,把核心价值观融入法治建设、社会发展和人们的日常生活当中。

今日之中国,正处于实现第二个百年奋斗目标的关键历史时期,中华民族迎来了实现伟大复兴的冲刺阶段。在党的二十大报告中,习近平总书记向全体党员、全体人民乃至向全世界做出了庄严宣告:从现在起,中国共产党的中心任务就是团结带领全国各族人民全面建成社会主义现代化强国、实现第二个百年奋斗目标,以中国式现代化全面推进中华民族伟大复兴。在这里将中国共产党的中心任务、中国式现代化、中华民族伟大复兴三者统一,可以说,实现这一伟大目标在整个中华民族发展史上、世界文明史上都是一篇恢宏的历史乐章,在现在及未来一段历史时期,中国式现代化既是中华民族走向复兴的发展道路,又是走向复兴之路的前进方向和实现方式。

但也必须认识到,从站起来、富起来到强起来的中国,面临的问题一点也不比不发展、未发展的历史阶段少。成功之路上,并非没有险滩和激流,一个国家的现代化建设,不是在温室和阳光房里,敲锣打鼓就能够实现的。我们的现代化已取得了全面发展的成就,这一成就举世瞩目,中国特色社会主义事业未来可期。但也要注意的是,我们正面临着"百年未有之大变局"的世界形势,世界变局叠加新一轮科技革命,产业变革深入发展带来重大的机遇与挑战。大国间战略博弈全面加剧,逆全球化思潮的泛起,新兴大国和守成大国之间的竞争在当下是一个无法回避的客观现实,发展的不稳定性、不确定性明显增加。从国内情况看,尽管我们的现代化建设取得了举世瞩目的成就,但仍然面临着很多困难和问题:发展不平衡不充分,高质量发展卡点瓶颈,科技创新能力,粮食、能源、产业链供应链安全,金融风险防范,重点领域改革,意识形态领域建设等方面存在的问题,需要在全面建设社会主义现代化强国的进程中得以解决,当代中国就是要在这个底板上书写中国式现代化的发展蓝图。

在迈向全面建成社会主义现代化强国的关键历史时期,更加需要社会主义核心价值观建设,加强其培育弘扬、践行实践,来巩固共同思想基础,凝聚全党全国各族人民团结奋斗、协力前行的中国力量,激发中国精神,使每一个中华儿女都投身到社会主义现代化国家建设进程中去,团结奋斗推进中华民族伟大复兴。

二

社会主义核心价值观是引领精神文明建设的战略工程,属于中国式国家治理的内容,也是全面现代化的基本维度,通过核心价值观来引导培育公民,以塑造公民这一实践主体的精神世界和价值信仰为目标,助力现代化的全面发展。今天的中国人民在中国共产党的领导下,提振精神,坚持正确的价值导向,向中华民族伟大复兴中国梦的目标前进,全体中国人充满了自信和高昂斗志,走在奋力书写和中华民族有史以来最为辉煌的历史篇章——中国式现代化大路上,并将继续取得一个又一个伟大的成功。习近平总书记曾指出:"一个民族的文明进步,一个国家的发展壮大,需要一代又一代人接力努力,需要很多力量来推动,核心价值观是其中最持久最深沉的力量。"[①]因此,在这个新的征程中,每一个中华儿女都是历史的见证者和参与者,每一位公民的价值追求、精神气质、尽职力行都是中国式现代化取得成功的关键因素。公民的核心价值观建设体现了我们的现代化建设的文化基因,已深深嵌入伟大中国取得成功的每一个环节。中华民族一定要也一定会赢得未来,这需要让一代代现代化的创建者理解明晰所投身的民族复兴伟大实践的价值所向,自觉地用先进思想和先进价值观丰富滋养自己的价值世界,为推动中国式现代化建设,凝聚精神、增强创新合力、努力进取,向着奋斗目标砥砺前行。

当前,我国处于近代以来最好的发展时期,而中国的现代化本质上就是人的现代化,就是全体人民的现代化,是每个人在物质和精神两个文明上都能够协调发展的现代化。作为"铸魂工程""战略工程",通过社会主义核心价值观建设来凝魂聚气、强基固本是现代化建设的关键内容,这项工程是"在人的心灵里搞建设"的长期工作,不可能一蹴而就,当然更不会一劳永逸。需要始终坚持用共同的理想信念、共同的价值观念凝聚起民族意志力、民族精神力,激发汇聚起源源不息的中国力量,激励全体中华儿女共创中华民族新的伟业,为中国式现代化铸就可持续发展的文化支撑、精神动能。对此,本研究认为应基于中国的现代化叙事,从以下几个方面来说明从公民主体这一选题点,去研究中国式现代化进程中公民核心价值观建设的理论因由和实践必需的可行性和价值意义。

从历史逻辑上看,历史是人民的历史,人民群众是历史的创造者,没有哪个国家、哪个民族的成功可以离开人民群众的努力奋斗、踏实求索。回溯中

---

① 《习近平谈治国理政》,外文出版社,2014年,第180页。

国现代化的探索史、建设史,会进一步印证,今天的成功在于中国共产党坚持初心使命,以人民为本,始终坚持为民族、为国家之独立和富强,以广大人民群众利益的实现为目标,充分发挥其无产阶级先锋队作用,造福于民,团结各族人民,同心奋进,上下求索。这一历程体现在包括艰苦卓绝的革命斗争中,也体现在中国共产党带领中国人民坚持守正创新、勇毅前行、奋发有为的现代化奋斗中。所以,我们从中国共产党领导中国人民取得现代化成功的百余年历史回顾中,来明晰中国现代化道路自身的发展逻辑和成功秘钥,以及今天之全面推进中国式现代化建设过程,坚持中国共产党领导的历史必然性。只要我们坚持历史思维,都能深入体会理解中国共产党能之必然,马克思主义行之本然,中国特色社会主义好之实然,落到对中国化时代化的马克思主义行这一信仰的科学性的认识上、落实在现代化实际中,就自然会坚定历史自信,充实和树立价值自信心,以历史主动的精神,成就践行核心价值观的能动性,提升弘扬的使命自觉。通过中国精神、中国价值来塑造中国之制,达到中国之治,更好地发挥中国之智,进一步推进中国发展之质,以主动积极的奋进精神,推进公民社会主义核心价值观的培育践行,助力现代化建设,就能够转化为中国式现代化建设的精神之源、价值之力。

从时代逻辑上看,作为时代精神体现的核心价值观,建基于时代发展实践之上,形成于现代化全面推进的背景当中。当代中国的现代化、市场化和社会主义改革的任务浓缩于今天这一特定时空中,现代化"过程被压缩了",在这一时空中,"时间与空间不再为现代人形成一个可以安然依赖的坐标……问题就在于文化能否重新获得一种聚合力,一种有维系力,而不是徒具形式的聚合力"①,所以全方位进行变革、各领域推进发展的系统工作汇聚同一历史时期,价值观的力量、伦理精神的力量能否充分发挥就变得尤为迫

---

① [美]丹尼尔·贝尔:《资本主义文化矛盾》,赵一凡等译,生活·读书·新知三联书店,1989 年,第168 页。

切和关键了。随着国内国际环境的深刻变化,要保持可持续发展的动力和发展目标的实现,物质的发展、制度的完善、人的现代化不再能够以串联式的顺次发展,而是以并联式的同步推进,这种要求更为紧迫。时代的背景、社会的实存是核心价值观生发的基础,中国式现代化的实践就是其生成的现实根据,它的生成经历"感性的现实观念—理性的精神抽象—社会实践"的运动发展过程。在这个过程中,将个体性、国家性与民族性融为一体,时代性、历史性与战略性汇聚于中,彰显的是新时代这个"现时态"的价值理想,有其必然性和紧迫性,成为源于中国大地的实践、高于现实发展的实践、指导未来进步的实践之精神价值。同时也必须对核心价值观的内容形式、培育践行采取发展的眼光,每一历史时代的社会结构转型、每一个发展阶段变迁,都是这个时代政治的成就、精神的成果所能产生、发展的历史所能够依据实践基础和确立现实实存,只有在此基础上,才能够生发实践。我们的价值观也正是在历史的继承和发扬过程中不断被"扬弃"完善与丰富,在不同文化交流交融过程中不断创新和发展。因此,要把公民核心价值观建设,放置于现代化的全面发展中,放置在过去的历史、现在的建设和未来的发展的时间长河中去考察,要从国家现代化的治理实践稳步推进中去建设,不断增添新的时代元素,将时代精神提升到一个新的高度和境界,最终升华为民族精神,成为国家和民族恒久的精神理念和可续的价值追求。这样,在未来发展中,我们就能直面困难考验,保持战略定力,坚守统一的价值目标的指引,凝心聚力、团结一致,取得现代化的不断成功。

从主体逻辑上看,社会主义核心价值观必须要落脚到现实的人——公民主体。因此,本研究的落脚点放在公民这一主体,公民社会主义核心价值观建设不局限于公民层面的价值观实践,而是"三个倡导"所涉的国家、社会和公民层面的价值最终要落实到公民主体的认知、认同、践行上。坚持人民的主体地位是我国社会主义现代化成功的保障,坚持人民至上是社会主义核心价值观建设的原则目标，弘扬核心价值观本身就是贯彻这一本质要求、实践这一本质要求。在国家发展、社会建设、公民品格提升中坚守、力行社会主义核心价值观这一价值遵循，通过具体的主体在弘扬的过程中，将具体的实践和实践的具体有机结合，进而将其呈现出来、建构出来。公民是国家的公民、社会的人，是现代化建设者、享有者，是中国式现代化建设的参与者和最可依靠的主力军，所以说，核心价值观建设归根结底要落实到具体的、现实的公民这一现代化建设的主体身上。公民以主体的身份贯穿于国家层面、社会层面、公民层面的价值观建设的全过程，体现在各行各业的人们身上。具体来说，首先需要明确的是，只有通过具体的人、现实的主体，社会主义核心价值观各个层面的价值理念才能够获得真正的阐释与升华。同时，核心价值观的不断生成完善也需要每个人的参与和实践，在这一过程中，每个公民将核心价值观的力量蕴涵在自己的具体行为中，每个人用善行善举诠释着社会主义核心价值观的真谛，在充实自身道德力量之时，也感召和引领更多人将核心价值观导入内心深处。其次，现代化建设的各个方面要创造条件、奠定基础支撑平台、营造建设场域环境，这样才能够充分调动起公民的主体力量，发挥这一最广泛践行者的能动性，主动把自觉认同、自觉践行社会主义核心价值观作为个人追求目标和行动行为的价值指南。同样，公民个体经过自觉思考和自主实践，进一步获得个人价值主体性，才能够变成价值主体，成为具有符合中国式现代化建设品格要求、具备积极参与现代化建设的素质能力，进而形成现代性的公民人格。最后，在中国式现代化建设中，国家治理和价值观建设同属上层建筑的内容，其中核心价值观是一个社会的灵魂，属于隐形的建设力量。只有通过公民自觉能动的价值实践，核心价值观建设才能够获得最具根本意义的主体根据，使社会肌体的每一部分都成为建设的主体力量。从这一点上来说，忽视具体公民对国家和社会层面的全过程中的价值观主体地位和建设角色，核心价值观的建设就无从谈起。

　　从实践逻辑上看,社会主义核心价值观最终要落实在实践上。实现中国式现代化是每一个中国人的历史使命,每个人都是中华民族伟大复兴路上的逐梦人、筑路者。把凝聚共识的最大公约数——核心价值观作为公民精神的价值之基,推进价值实践、加强价值治理、筑强价值根基、激活价值动力。中国的历史实践已证明,中国的现代化所取得伟大成就从来不是天上掉下来的,也不是其他国家的恩赐施舍的结果;马克思主义也早就告诉我们,"没有神仙皇帝,一切只能靠我们自己",我们的社会主义现代化之路不是从来就有的,不是"本本"上的,更不是其他国家现代化的模式的复制,而是中国共产党领导中国人民经过长期不懈的努力实际、矢志不移的理论创新,在百年探路历程中总结经验教训、经过筑路实践开拓出来的,所取得的伟大成就是广大人民群众流血流汗干出来的。从这个线索看,我们今天所构筑的中国人的核心价值观、实践的社会主义核心价值观,是历史的本然规律,实然的现实驱动、未来的应然追求。因此,构建具有强大感召力的核心价值观、建设支撑中国现代化永续发展的精神力量,事关社会和谐稳定,事关国家长治久安。在新时代这样的大背景下、在现代化强国的建设场域中,社会主义现代化不是单一维度的现代化,而是全面发展的现代化,就是要在物质层面现代化取得伟大成就和继续取得成就的基础上,进一步健全完善政治上层建筑的制度现代化——国家治理现代化和进一步建设发展以社会主义核心价值观引导的人的现代化,把思想上层建筑构建好,发挥其对现代化整体建设的能动反作用。这两个方面就成了时代发展需要完成的现代化内容,是新时代中国式现代化建设相互协同作用的两翼,成为整体现代化奋力齐飞的助力器、助推器。但能够协同协力的原因和理由在于,价值观实践和国家全面现代化实践从来不是分裂的,物质贫困、精神贫乏是不能和社会主义画等号的。只有从公民核心价值观建设的角度出发,加强制度设计、政策安排、行为取向、文化引领,从每个公民自身做起,从点滴出发,从细节落地,把社会主义核心价值观这一时代精神和价值,内化于每位建设者的心灵深处、外化于每位时代实践主体的行动中,提升建设成效,为人民实践行为提供价值坐标和精神指引,为现代化建设定向助航。

三

中国式现代化是从历史中形成发展起来的中国的现代化模式,建成现代化强国是公民核心价值观建设的根本动力和历史使命。其中上层建筑的现代化是中国式现代化的重要组成,贯穿着中国式现代化道路总的要求,它既是对形下制度、关系和利益结构的调整规范,亦是对公民的形上观念、思想和心理的改变和濡化。作为国家现代化的基本因子,公民核心价值素养和国家治理之间存在相互影响和相互作用的张力。公民核心价值观建设应放到中国式现代化这一语境中进行研究,并以此为目标视野和文化参照来研究当代中国公民核心价值观建设的话语体系和实践路径。

本书的研究将历史考察—理论回顾—实践分析的分析思路贯穿在每一章节当中,这是本书内部结构的逻辑线。其中,历史考察是为了解决为什么的问题。通过全面了解我们今天进行的现代化建设的历史逻辑,从国家治理现代化到中国式现代化的时代语境拓展,以中国式现代化的更大视域来考察,通过概括分析中国怎么走来的,进一步理解中国过去成功的密码、未来继续成功的路径,从历史主动和历史自信的角度,从现代化建设的整体发展历程的层面,分析中国的现代化、研究公民核心价值观建设。理论回顾是为了明确是什么的问题。明确有关概念理论的分析,探讨东西语境中理论概念的不同,以比较的视野,分析作为"他者"的国外研究的意识形态倾向性问题,归纳分析中国的现代化建设和公民核心价值观建设的理论逻辑,凸显公民核心价值观建设作为中国式现代化建设的重要因素,在新的时代发展中的关键作用。实践分析是为了分析怎么办的问题,研究公民核心价值观与现代化互动生成模式的学理视角,聚焦在公民核心价值观建设这一项复杂的社会系统工程,从作为"现代国家建构的基础要素"基本组成的公民核心价值观出发,通过加强国家现代化中的公民核心价值观建设经验的总结、探寻公民核心价值观建设的制度建构、社会筑基、践行路径和方法等内容进行探索。具体的内容展开从以下六个部分逐层深入进行分析和研究。

第一章"中国式现代化是人类历史上前所未有的大变革"。中华民族追求现代化这一历史进程的谋篇布局,以中华民族追求现代化作为叙事主线,根据列宁的时代观思想为分析视角,来把握百年发展中每个阶段的性质和特征,从寻路、筑路等四个历史阶段回顾了中国站起来、富起来、强起来的不同阶段的现代化的探索与发展历程概括分析考查内在的历史逻辑和实践逻辑。坚持"始终站在现实历史的基础上,不是从观念出发来解释实践,而是从物质实践出发来解释观念的形成"① 的立场,以历史唯物主义的方法论,突出公民核心价值观建设的历史必然和时代使然。

第二章主要聚焦"中国式现代化是全面发展的现代化"。中国式现代化是全面现代化,所建设和实践的是国家、社会、公民各领域协同推进的整体现代化。其中,从历史中走来的国家,作为社会政治生活的基础要素,在人类社会变革与发展的进程中始终占据着主导性的地位。特别是在全球化、现代化、信息化驱动发展的现代社会,国家的作用不是削弱,而是更加突出。于今天而言,包括经济发展、社会秩序、政治发展、文化建设、生态文明程度等方面的全面现代化发展程度,乃至国际地位很大程度上取决于这个国家的国家建构创新能力和善政良治情况。新中国成立起来,中华民族的现代化进程一步步向前推进,我国的现代化建构与现代化道路形成发展是同质同行的统一的有机整体。在几十年的现代化发展中,我国的物质现代化为整体现代化打下

---

① 《马克思恩格斯选集》(第一卷),人民出版社,1995年,第92页。

了坚实基础,今天的现代化则对国家治理体系的健全完善程度、国家治理能力的效率效果提出了更高的要求,针对社会发展的稳定和谐有序,以及公民的伦理道德品质的建设任务进一步提上现代化日程,公民核心价值观建设成为能否有效推进国家现代化的关键,说明公民核心价值观建设与整体现代化的辩证关联。

第三章"社会主义核心价值观是中国式现代化的精神内核"。时代发展到今天,社会主义现代化建设无论是物质层面还是精神层面,都取得了举世瞩目的成绩。在新时代迈向现代化强国的征程上,中国式现代化需要什么样的价值观引领全体社会成员、在追求美好生活的进程中融为一个巩固的价值共同体,则是时代之问的内容之一。而社会主义核心价值观不仅是中国人的现代化文明内核,也是推进整体现代化的价值坐标和精神动力。多年的核心价值观建设成就,在新时代中国发展中,最大程度地塑造并呈现了国家建构的价值理念的根本、社会建设的伦理道德形态、公民现代化的品格品德面貌。同时还应该注意的是,我们的价值观建设对人类文明发展的意义,因为社会主义核心价值观的建设始终关涉着我们向世界传达什么样的中国价值观,什么样的中国式现代化的建设图示、规划,以及发展的价值前景。

第四章"推进公民核心价值观践行,为现代化提供实践动力"。实践性是社会主义核心价值观的本质特征,其生命力也体现在实践性上。在全面建设中国式现代化的进程中,公民核心价值观的建设能够为国家的整体发展、社会的全面进步提供重要的精神力量和价值支撑。特别是在复杂的国家环境、艰巨的现代化建设任务中,不可避免地要面对多元化文化的影响的内外生态,道德虚无主义、价值相对主义泛起流行客观情势,一些领域诚信缺乏缺失和社会公德失能失范问题严重的实存现象,导致在公民道德建设中的最突出问题就是知行脱节或"良能缺场",以及社会主义核心价值观认同和践行方面遭遇到公共性失位、公共性价值取出现偏差的具体问题。这些问题出现的理由很多,解决这些问题的关键则要聚焦在每一位公民身上。因为中国的每一位现代公民不仅是现代化的建设者,同时也是核心价值观的实践者,只有每个公民主体积极投身到核心价值观的建设当中来,以核心价值观引领人的现代性的塑造,积极主动地将其内化为精神追求,外化为实际建设行动,才能够深入推动国家现代化建设不断发展。

第五章"构建公民核心价值观践行环境,为现代化筑牢社会基础"。抓好社会建设是公民核心价值观建设的关键举措。基于此,要扎实营造核心价值观建设的社会生态、社会基础环境,加强相关的公民核心价值观实践的场域建设。具体指的是相关的社会资本域、制度域、舆论域等方面的建设,形成良性的价值建设生态,筑牢制度机制支撑,构实舆论能量场,助推公民核心价值观建设的有序推进、建实建好,为实现国家治理现代化、人的现代化打下扎实基础。

第六章"加强公民核心价值观建设,为现代化造就合格建设者"。公民核心价值观的建设最终要落实到具体的人、现实的人层面,价值观意识培育必须以核心价值观统领,帮助公民正确对待个人利益与国家、社会的整体利益。本章从国民教育、领导干部、典型群体和青少年的核心价值观建设入手,回答为什么和怎么建设。通过分类施策、分层落实,加强关键主体的核心价值观建设,带动形成整个社会弘扬核心价值观的氛围,推进转化成为每个人的公民意识、公民道德、公民素养,才能落地于社会之中、生根于日常生活世界的人民群众具体知行实践过程,才可能让我们的核心价值观建设事业有根基、落实处、有成效。从根本上铸就中国人的中国魂,形成强大的价值合力和精神合力,为国家的现代化建设事业提供合格的建设者,推动民族复兴的实现,推进我们的现代化事业行稳致远。

目　　录

第一章　中国式现代化是人类历史上前所未有的大变革 [①]

近代以降,实现民族复兴、实现现代化始终是中国人民长期以来的不懈追求、理想目标和伟大梦想。百余年来,在马克思主义理论指导下,中国人坚持从中国具体实际出发,从传统文化中汲取营养,中国共产党领导中国人民坚持走自己的路,围绕不同历史时期现代化建设的时代课题与主要任务进行了艰苦卓绝的探索与实践,经过革命、建设、改革的每个阶段接续发展,取得了举世瞩目的现代化建设成就,跳出了所谓现代化本质就是西方化的窠臼和话语陷阱,开创出一条中国式现代化新道路,这是人类历史上前所未有的大变革,对于人类社会而言,则是创造了人类文明新形态。

第一节　现代化理论与实践的回顾

现代化自人类进入工业社会以来,就成为世界历史展开的重要理论与实践课题。无论是先发还是后发的一众国家,都把致力实现和建设现代化作为治国目标、理想追求,由此,对现代化规律的认识成为制定一国一地发展战略

[①]　中共中央宣传部:《习近平新时代中国特色社会主义思想学习问答》,学习出版社、人民出版社,2021年,第126页。

的重要理论基础。一个国家的现代化不是凭空突然出现的,而是具有其特定的历史沿革和实践逻辑,是一个国家和民族走向未来的必经过程。要了解中国的现代化进程,有必要纵观积淀于其间经纬脉络,"在世界现代化发展史中准确把握中国现代化的历史方位,明确中国在世界现代化进程中的角色和定位,可以以高度自信向着既定目标前进"①。

一、世界现代化的实践进程

资本主义时代的到来是现代化开启的标志性历史事件,"资本主义时代是从 16 世纪才开始的"②,经历了文艺复兴和宗教改革,西方主要国家打破了封建秩序,英国的工业革命"产生了以往人类历史上任何一个时代都不能想象的工业和科学的力量"③,人类进入工业文明,现代的生产和生活方式逐渐扩散,现代化推进了全球化,不仅是资本主义社会化大生产开创、推动了人类的世界历史进程,而且不可避免地打上了资产阶级国家对落后国家的奴役和掠夺印迹,早发现代化的国家通过海外殖民和商业扩张在经济上积累了巨大财富,同时不可忽视的是,新教文化解构了封建统治关系,助推了这一历史趋势,再经过 18 世纪的政治经济变革,以所谓经济和政治方面的"双元革命"④ 促进了资本主义生产关系的发展,西方现代化步入快车道,从此人类社会的发展主线就是现代化。对此,艾森斯塔德认为,世界各国现代化发展并不均衡,现代化从 17 世纪至 19 世纪形成于西欧和北美,而之后扩及辐射到其他欧洲国家,并于 19 世纪和 20 世纪传入南美洲、亚洲乃至非洲大陆。但

---

① 钱乘旦:《把握中国现代化的历史方位》,《人民日报》,2018 年 1 月 5 日。
② 《马克思恩格斯文集》(第五卷),人民出版社,2009 年,第 823 页。
③ 《马克思恩格斯选集》(第二卷),人民出版社,1972 年,第 78 页。
④ 所谓双元革命是英国历史学家霍布斯鲍姆(Eric Hobsbawm)在《革命的年代:1789—1848》一书中首先提出的。实际上指的是在 18 世纪后期,英国发生了经济上的工业革命,影响了 19 世纪的经济;法国发生了政治上的大革命,影响了 19 世纪的政治与意识形态。进而,他把 1789 年—1848 年称为"革命的年代",以描述生产关系与生产力领域发生的世界性变革。

必须注意到,这些西方国家现代化的共同特征是实行资本主义经济、实行代议制民主制、信奉自由主义价值观、主张西方的所谓"普世价值",不承认其他制度模式,将西方现代性塑造成历史的终点。

可以说,从 16 世纪到 20 世纪初,作为现代化的先行者,人类的现代化经验也主要来自西方,先发现代化国家所处的状态和特点、实践经验成了一个国家建设是否具有现代性的标准。这一现代化的理论主张与实践模式长期作为现代化的代名词和唯一现代化路径。当然,相对于封建主义来说,这种具有排他性的现代化具有其历史的进步意义。但也必须认识到,人类文明的发展从来不是单线的,破解人类解放的道路无论是理论上还是实践上都具有阶段性,而就其本质,则不能回避其内在的阶级性,对此进行理论上破译人类社会发展密码与实践上指导社会系统发展的就是马克思主义理论,也由此上溯到从马克思主义理论的诞生之日起,人类逐渐拥有了认识人类未来发展趋势的理论望远镜和考察已有现代化模式的理论显微镜,启发人们深入探寻现代化的规律。这在实践上则源自第一个社会主义国家的诞生,人们对现代化的思考和实践开始逐渐突破了把西方化定为一尊的现代化模式,第二次世界大战(以下简称二战)后,广大非西方国家争取民族解放、寻求本国发展道路的同时,都不可避免内在包含着反对西方化的因素,尽管许多国家走了弯路,但一系列国家各自取得的现代化成功进一步丰富了现代化的内容,尤其是21 世纪中国现代化实践的巨大成功,开辟了新道路,成为一种新形态的人类现代化文明。

二、现代化的理论回顾

作为理论研究的现代化是对人类社会发展特定阶段和发展趋势的一种概括。"现代化"(modernize)无论是在西方语境还是在中文中,作为动词,可以反过来说是"化现代",是一个历史过程和目标状态、发展趋势,即"转变为现代"、走向现代(to make modern)、达到现代。其关涉的领域几乎涵盖了人类社会发展的所有方面,无论是政治、经济、文化、社会、技术等层面都涉及现代化的问题,故此,现代化的研究是一个多维度的学术课题,研究角度和研究内容各有侧重。从研究兴起深化的时间线上看,关于现代化研究出现了三次高潮①。现代化的实践开始于西方国家,相关研究也自然发端于西方,作为理论问题的缘起可追溯到埃米尔·迪尔凯姆和马克斯·韦伯那里,他们的理论研究已经开始涉及现代化的一般性问题②,但作为一个概念范畴、理论体系并不是一开始就很明确,而是随着现代化实践的推进而建构起来的。如果从时间线来看,则是到了二战后③。二战后,很多国家在战后的废墟上,恢复或开启了他们的现代化,也因此,现代化成为国家建设的重要任务,理论界也随之跟进研究,这样"'现代化'一词直到 20 世纪 50 年代才被作为一个术语广泛使用"④。现代化作为研究术语在世界范围内流行则可追溯至 1951 年,在美国芝加哥大学召开的一次学术会议有了相关界定,与会者用"现代化"来概括描述农业社会向工业社会的转变,随着后续研究的拓展,特别是关于"现代日本"的一次国际学术会议于 1960 年在日本箱根召开,这次会议一直以来被看作系统讨论现代化问题的开端。当然作为实践的现代化则要早得多,"只不过过去使用别的称呼罢了"⑤。

作为重要理论主题的研究,现代化理论可以说自 20 世纪五六十年代诞生至今,存在理论上的分歧和观点上差异,深入研究的同时,确也因"现代化"这头"大象"涉及人类社会发展的方方面面,现代化成为包括社会学、政治学、经济学、历史学、哲学、管理学等学科在内的研究课题,吸引了包括艾森

① 何传启:《世界现代化研究的三次浪潮》,《中国科学院院刊》,2003 年第 3 期。
② 尹保田:《什么是现代化——概念与范式的探讨》,人民出版社,2001 年,第 93 页。
③ [美]詹姆逊:《现代性的幽灵》,《文汇报》,2002 年。
④ [德]哈贝马斯:《现代性的哲学话语》,曹卫东译,译林出版社,2004 年,第 2 页。
⑤ 罗荣渠:《现代化新论:世界与中国的现代化进程》,北京大学出版社,1993 年,第 8 页。

斯塔德、布莱克、帕森斯、罗斯托等具有影响力的西方研究者,产生了丰富的研究成果。从研究内容上看,对于现代化的理解和认识,因研究者的学科专业、研究方式、时代背景等不同,关于现代化的观点言说和理论概指则是侧重有别,可以从不同角度管窥现代化具体面向:如从经济角度将现代化等同于工业化,认为经济现代化是现代化的核心内容,一个国家经济的持续增长是实现社会现代化的关键,而现代化的核心内容就是工业化与城市化,代表人物如凯尔、汤姆·肯普、格尔申克隆、罗斯托、库兹涅茨、弗兰克等。美国社会学家帕森斯、列维、穆尔和勒纳等则从社会学角度对现代化进行了研究界定,他们认为现代化主要是指社会层面上的变迁,是社会结构与功能的转换,是一种社会形态的改变①,传统农业社会作为旧的过往的社会模式,只有走向并完成向现代工业社会的转变,才是现代化。从政治学角度界定为政治现代化,从政治结构的分化与政治参与的扩大来解释现代化,国家政治制度的现代化程度在这些学者那里被作为现代化最显著的特征,代表人物包括我们熟知的亨廷顿②、伊斯顿,还有其他的如美国政治学家阿尔蒙德、阿普特等。还有从社会心理学角度进行解读,包括英克尔斯、麦可勒兰德等在内的学者认为现代化应该从培育人的价值观、心理素质、行为特征乃至其转变的角度来认识,他们的理论焦点在于探讨人的现代化,强调其是由传统社会向现代社

---

① 如帕森斯认为现代化即"社会结构的进步性分化"与"社会功能的专门化",参见[美]帕森斯:《社会行动论》,译林出版社,2003年。

② 20世纪70年代,美国哈佛大学教授亨廷顿(Samuel P. Huntington)从9个方面系统概括了这个过程的基本特点:(1)现代化是革命的过程。从传统性向现代性的转变必然涉及人类生活方式根本的和整体的变化。(2)现代化是复杂的过程。现代化实际上包含着人类思想和行为一切领域的变化。(3)现代化是系统的过程。一个因素的变化将联系并影响其他各种因素的变化。(4)现代化是全球的过程。现代化起源于15世纪和16世纪的欧洲,但现在已经成为全世界的现象。(5)现代化是长期的过程。现代化所涉及的整个变化,需要时间才能解决。(6)现代化是有阶段的过程。一切社会的现代化过程,有可能区别出不同水平或阶段。(7)现代化是同质化的过程。传统社会以不同的类型存在,相反,现代社会却基本是相似的。(8)现代化是不可逆的过程。虽然在现代化过程中某些方面可能出现暂时的挫折和偶然的倒退,但在整体上现代化是一个长期的趋向。(9)现代化是进步的过程。从长远的观点来看,现代化不仅是不可避免的,而且是人心所向的。现代化增进了人类在文化和物质方面的幸福。塞缪尔·P.亨廷顿:《导致变化的变化:现代化、发展和政治》,参见布莱克:《比较现代化》,杨豫、陈祖洲译,上海译文出版社1996年版,第44-48页。

会转变达成的最根本保证。还有学者则是从比较制度学的视角进行现代化研究,坚持使用定性研究与定量研究相结合的方法,从比较分析的研究策略出发,从制度结构入手,对比分析不同国家的现代化历程,突出对一个社会内部文化传统进行现代化探讨,提出了现代化发展模式的多样性,认为现代化是科学革命对社会变迁的影响及人类社会领域的深刻变革①,如美国现代化理论家布莱克、艾森斯塔德等。强调生态文明和可持续发展,强调自反性现代化如哈贝马斯、吉登斯、贝克、拉什等。

从理论的价值取向上看,西方的现代化理论具有明显的倾向性——西方中心主义,给后发国家提供的现代化方案是政治、经济、文化的全盘西化道路和单线进化的历史观,对此罗荣渠先生归纳为"资本主义私有制+自由市场+分权型或集权型现代国家机构"的模式②。二战后,世界上许多国家以西方现代化模式为样板,除个别国家如韩国实现了转型外,绝大多数国家并没有获得成功,经济上都出现了挫折,陷入发展中国家陷阱、社会政治生活中出现了动荡和分化,对先发的资本主义国家的依赖性逐渐加深,很多国家出现现代化中断,同时西方先发国家本身现代化进程中的弊端逐渐显露。这样的情况,引发了出生于不发达国家的学者乃至西方学者的反思。其中"依附论"和"世界体系理论"是依次出现的代表性理论,从不同层面对发展中国家的现代化境遇进行了持续分析。"依附论"明确指出,在世界资本主义体系中,西方发达国家居于中心地位,非西方国家处于外围,形成的是中心与外围的结构,西方国家主导的世界经济秩序和话语权,制定的游戏规则和形成的秩序成为发展中国家发展不力的根源。该体系产生的直接后果是非西方国家不可避免地面临着发达国家的剥削与束缚,结论是发展中国家要摆脱依附和外围地位、改变这一命运,就要采取脱钩战略,切断与资本主义体系的联系,

---

① [美]布莱克:《日本和俄国的现代化》,周师铭译,商务印书馆,1984年,第19页。
② 罗荣渠:《现代化新论》,北京大学出版社,1993年,第150~151页。

这样发展中国家才能获得真正的发展。另外一个理论是世界体系理论。该理论是建构在"依附论"的启发和借鉴西方现代化理论的基础上的理论范式,是一种影响比较大的理论言说模式,该理论代表者有美国学者沃勒斯坦,他于 20 世纪 70 年代系统提出,该理论分析框架是一种"中心-半边缘-边缘"三元结构,它和依附论所主张的"中心-边缘"的二元结构不同,加入了一个分析视角,认为还存在一种半边缘形态的国家。而即存所谓现代世界体系,还是西方先发国家构建的,实际上就是资本主义世界经济。该理论正是立足对整个世界体系的"资本积累"过程来分析世界体系内部各个国家发展的状况,得出的结论是,任何国家单独和整个世界体系脱钩是不可能的、也不可行,但该理论也给出一个观点,由于反体系力量的存在这个原因,和世界体系扩张总有最终极限这个因素的影响,所谓的世界体系并不是固定不变的,其演变具有周期性,所以不是所有国家都要永远受制于这个体系的制约。

以上在总体上从各个领域探讨了现代化的路径模式(先发后发)、动力机制(内因外因)、历史进程、衡量标准(定量定性)、机遇风险,以及对现代化的反思产生的关于现代性的研究等,在西方学界形成了各种现代化理论。但不论怎样分类,在人类历史发展过程中,无论一个国家是发达还是处于发展中,尽管每个国家的现代化发展不尽均衡,在进程中始终存在矛盾,现代性危机就难以避免,而且会随着现代化的进程的延展,危机还会进一步增长。但不可否认的是,只有通过现代化,才会实现生产力高度发展,以及人的全面发展,人类的文明才可能不断迈向更高的发展阶段。

三、中国现代化历史进程的分析视角

在世界历史的形成发展过程中,中国的现代化是其重要的组成,但相比肇始于西欧的西方现代化进程,中国则是现代化的后来者。作为屹立于世界东方的大国,古代中国经济社会发展长期处于世界的前列,中华文明更是人类历史上唯一没有中断的文明,在数千年的历史沉淀下形成了对客观世界的适应、认知和完整的价值观体系。而中国领先世界的农耕文明所面临的最大一次冲击就来自 1840 年鸦片战争以后西方的现代化的挑战,一个闭关锁国的古老帝国在西方列强炮利船坚的进攻下,一下子被抛入由西方列强主导的现代化洪流中。

早期的现代化国家属于先发内源性的现代化。其现代化的进程是一个自发的、自下而上的、相对平稳推进的线性渐进的变革过程。与此相对,后发外源性则是中国现代化进程的一个概括性的写照,外在因素的影响和干扰是回顾这一历程无法回避的历史事实,从被动接受到主动求索构成了中国现代化的底色。在这方面,阐释中国现代化进程理论观点相继提出,其中一个代表性观点就是用美国历史学家费正清提出的“冲击-反应”模式(“impact-response” model)进行分析的视角。他认为,传统中国社会具有超稳定结构,正是在西方的冲击下,被迫对西方做出反应,走上现代化道路。尽管这个观点具有突出的西方中心主义的特点,忽视了从“内生变量”的角度对中国社会发展的客观认知,特别是对中华文明独立发展缺乏深刻了解,导致对我国的社会发展内在的规律和中国本身的自发秩序演进研究的忽视,“人类社会的历史发展运动处在一个复杂多维的网络环境中,每次人类社会的大变迁都不是简单的由某一因素或某些因素催发的,而是由众多条件一起、众多因素聚合而引起的。其中最为显著的几组因素是:经济因素、政治因素、文化因素、人口因素、生态因素以及国家关系因素”①,但西方扩张这一“外生变量”对中国现代化的影响的确不容忽视,特别是与先发国家相比,“对世界多数国家而言,现代化是一个被强制的过程,所有非西方国家都是被迫进入现代化的”②。因此,于近代中国而言,在工业文明冲击下的转型,正因在这样的“外

---

① 罗荣渠:《现代化新论:世界与中国的现代化进程(增订本)》,商务印书馆,2004 年,第 7 页。

② 钱乘旦:《把握中国现代化的历史方位》,《人民日报》,2018 年 1 月 5 日。

生变量"下加速变迁,具有突出的后发现代化的属性,故此所面对的现代化和国家转型任务更为艰巨,完成现代性的国家建构、摆脱国家积贫积弱现状的首要目标则是要完成"御他族之入侵,寻国家之独立"①的"民族-国家"现代化建构的民族之路和从农业文明到工业文明的转型。

马克思指出:"人们自己创造自己的历史,但是他们并不是随心所欲地创造,并不是在他们自己选定的条件下创造,而是在直接碰到的、既定的、从过去承继下来的条件下创造。"②在不同的历史阶段,中国现代化的进程也体现不同时代的性质和那个时代特征。每个历史时代都有自己的主要矛盾和根本任务。鉴于"历史的发展是迂回曲折的"③,在变化中归纳事态发展规律,寻求掌握事物进化的线索就显得十分重要了。现实世界中的"政治事态总是非常错综复杂的。它好比一条链子。你要抓住整条链子,就必须抓住主要环节"④。所以,分析这一历史过程,首先要坚持马克思历史唯物主义的基本原理,立基于一个国家特定历史时期的具体情况,在分析中国现代化的历史的时候,"只有……考虑到各个'时代'的不同的基本特征(而不是个别国家的个别历史事件),我们才能够正确地制定自己的策略;只有了解了某一时代的基本特征,才能在这一基础上去考虑这个国家或那个国家的更具体的特点"⑤。一个历史时代所存在的问题与这个时代的特点不可分割,"在这一基础上去考虑这个国家或那个国家的更具体的特点"⑥。通过科学认识、把握,才能够正确地解决时代问题,才能够推动整个社会的现代化向前进,推动这个时代的社会进步。

在这方面,列宁的时代观思想,能够为我们提供把握时代的性质和特征

---

① 许倬云:《我者与他者——中国历史上的内外分际》,三联书店,2010 年,第 122~123 页。
② 《马克思恩格斯选集》(第一卷),人民出版社,1995 年,第 585 页。
③ 《列宁选集》(第三卷),人民出版社,2012 年,第 473 页。
④ 《列宁选集》(第四卷),人民出版社,2012 年,第 692 页。
⑤ 《列宁全集》(第二十六卷),人民出版社,1990 年,第 143 页。
⑥ 《列宁全集》(第二十六卷),人民出版社,1990 年,第 143 页。

的理论方法论,他的时代观强调了分析问题的单个内容:一是时代的主要矛盾,即时代主题;二是时代的发展趋势;三是居于领导地位的阶级的特征及其历史使命。从这三个因素分析中国的百年现代化、梳理历史线索脉络,具有十分重要的价值。对此,习近平总书记在 2022 年 1 月 11 日召开的省部级主要领导干部学习贯彻党的十九届六中全会精神专题研讨班开班式上,提出了相应的分析角度,实质是对马克思主义时代思想的创新理解,他强调指出:"党的百年奋斗历程告诉我们,党和人民事业能不能沿着正确方向前进,取决于我们能否准确认识和把握社会主要矛盾、确定中心任务。什么时候社会主要矛盾和中心任务判断准确,党和人民事业就顺利发展,否则党和人民事业就会遭受挫折。"[①] 这一理论方法就是我们要科学分析近代以来的中国现代化的演进过程,也只有回到那个历史时代,去考察那个时代的主题、分析那个时代的主要矛盾,了解解决那个时代课题的领导力量和解决问题的策略,对历史的镜鉴和未来方向才会有更明晰的思考。我们也从这三个方面来把握中国现代化探路过程的历史逻辑、理论逻辑和实践逻辑。故此,加强历史主动和历史自信,从理论和实践逻辑上回顾中国的现代化进程,回顾回答中国现代化建设的时代之问的历史进程于今天显得尤为重要。

第二节　时代问题视角下中国现代化的历史回顾

现代化具有横向比较的共时性特征和纵向分析的历时性属性,回溯人类现代化发展的历史长河,综观积淀于其间经纬脉络和规律概括十分必要。因此,要了解中国的现代化进程,有必要"在世界现代化发展史中准确把握中国现代化的历史方位,明确中国在世界现代化进程中的角色和定位,可以以

---

① 习近平:《继续把党史总结学习教育宣传引向深入　更好把握和运用党的百年奋斗历史经验》,《人民日报》,2022 年 1 月 12 日。

高度自信向着既定目标前进"①。

马克思研究问题的方法是从具体事物的发展历史上进行分析,来考察它的历史起源和前提。作为后发现代化的典型国家之一,中国的现代化进程始终伴随着一代代人的不屈抗争、勇于奋斗,接续探索适合中国发展目标的现代化之路,尽管在不同历史时期,也不论这种现代化追求无论是自发的还是自觉的,那个时代的中国先进分子,虽不同阶级立场有异、思想观点不同,但相继登场,致力于寻求解决中国问题的药方,寻求解决时代问题的策略,寻求中国现代化之路。中国现代化模式及道路的探索、尝试的过程伴随着中国现代国家形成,这一历程成为贯穿中国革命、建设、改革过程的一条主线。了解今日中国、中国式现代化,有必要从中国现代化运动的历史出发,要从党的辉煌成就、艰辛历程、历史经验、优良传统中深刻领悟中国共产党为什么能、马克思主义为什么行、中国特色社会主义为什么好等道理,弄清楚其中的历史逻辑、理论逻辑、实践逻辑。回答中国现代化建设的历史进程与历史逻辑,理解怎么走来的,怎么走出来的。因为"一个民族、一个国家,必须知道自己是谁,是从哪里来的,要到哪里去,想明白了、想对了,就要坚定不移朝着目标前进"②。对于增进历史主动、加强历史自信,把握中国国家成长、中国式现代化建设具有突出的理论与实践价值。

回顾 1840 年以来百余年历程,特别是中国共产党成立 100 年来,为完成民族独立、人民解放和实现国家富强、人民富裕这两大历史任务③,中国共产党始终把为实现为人民谋幸福、为民族谋复兴确定为中国现代化建设的目标任务,作为党的使命责任。经过百年探索和寻路,历经新民主主义革命时期的寻路、社会主义革命和建设时期的探路、改革开放和社会主义现代化建设

---

① 钱乘旦:《把握中国现代化的历史方位》,《人民日报》,2018 年 1 月 5 日。
② 习近平:《青年要自觉践行社会主义核心价值观——在北京大学师生座谈会上的讲话》,《人民日报》,2014 年 5 月 5 日。
③ 习近平:《领导干部要读点历史》,《学习时报》,2011 年 9 月 5 日。

时期的筑路、中国特色社会主义新时代现代化定型四个不同历史阶段。在这个过程中,中国共产党初心始终如一、使命千锤不变,全党上下勠力同心,勇于探索,努力奋斗,带领人民坚定走好自己的路——中国特色社会主义,攻坚突破一个又一个历史任务,开创形成了根植于中国发展实际的现代化发展模式——中国式现代化新道路,创造了人类文明新形态,完成了第一个百年目标。今日中国正处于中华民族伟大复兴的关键时期,中华民族全面开启了中国特色社会主义现代化建设新的征程,在中国共产党领导下,中国人正在充满信心和决心,以前所未有的精神状态,团结奋斗、创新创造、不畏征程上的困难挑战,迈向全面建成社会主义现代化强国的宏图伟业、完成第二个百年奋斗目标。

一、近代中国现代化的寻路探索

回答中国现代化时代之问的历史,要回溯到中华民族解决如何走向现代化的历史发端开始。

历史中的兴衰起落都有其深刻的背后动因和时代特征。1840 年鸦片战争后的中国,因内部封建主义的压迫和残酷镇压,外在帝国主义政治经济文化的全面侵略,晚清、民国政府对外割地赔款,丧权辱国,中国也逐步沦为半殖民地半封建社会,成为外国帝国主义的原料产地和商品推销的市场。有着五千年文明史的中国面对"三千年未有之大变局"①,遇到的是"前史所未载,亘古所未通"的列强挑战,故此考察中国现代化的维度变成了古今和中西内外的时空变量相互交织的复杂局势。鸦片战争后的清朝时期,封建主义和人民大众这一中国传统社会的主要矛盾还没有得到解决,国门被迫打开后,帝国主义势力侵入中国传统社会,帝国主义和中华民族的矛盾又进一步植入中

---

① 顾廷龙、戴逸:《李鸿章全集》(第 6 册),安徽教育出版社,2008 年,第 159~160 页。

国社会整体发展,社会主要矛盾由一对变成了双重叠加。对此,毛泽东明确说道:"伟大的近代和现代的中国革命,是在这些基本矛盾的基础之上发生和发展起来的。"①这两对矛盾成了中华民族所要解决的主要矛盾,造就了那个时代寻求现代化破题立题的复杂的时代背景,改变了那个时代的时代主题。中华民族处在水深火热、亡国灭种的境遇中,一幕"国家蒙辱、人民蒙难、文明蒙尘"②的历史悲剧,中华民族该向何处去? 中国现代化怎么开始、展开? 还能否作为一个文明的主体融入整个世界的现代化浪潮? 都是当时需要解决的时代问题。

所以这一时期解决时代问题的策略是基于图存的现代化探索,是中华民族开启现代化的立题、破题。回顾这一段历史,无论主动被动,现代意义上的第一次现代化的尝试标志就是洋务运动。洋务运动尽管说是为挽救垂死的清政府,开始了命运多舛的现代化进程,但是洋务运动所实践的"中体西用"的现代化发展观,内在包含着所谓"体用之争""道器之辩"在古今、中西两个维度中成了当时改良的底线,以自强富国为目的的工业化过程,也在客观上开启并撬动了现代意义的国家建构历程。从这一点上说,曾国藩、左宗棠、李鸿章等洋务官僚目睹了当时中国面对英法等列强的挟技猖狂,带着"自强"的信念,引进西方的机器生产,创办了近代军事工业,以达到魏源所谓"师夷长技以制夷"的观点中关于以学夷之长技达到"制夷"之目的,发动了洋务运动,意味着近代中国的现代化开始。进而从19世纪70年代"师夷长技以自强"追求"自强""求富"之目标,创办一系列民用工业,包括采矿、航运、纺织、铁路、冶炼、电报、邮政等。但清政府在日本挑起的中日甲午战争中一败涂地。随之就是戊戌变法,康有为、梁启超等人公车上书的百日维新,建基于维护封建地主阶级统治的改革尝试,短期内也以失败结束。20世纪初年八

---

① 《毛泽东选集》(第二卷),人民出版社,1991年,第631页。
② 习近平:《在庆祝中国共产党成立100周年大会上的讲话》,人民出版社,2021年,第2页。

国联军侵华战争之后,面对国内国际的巨大压力,清政府被迫为存续而进行的变法"新政"粉墨登场,诸如编练新军、办实业,鼓励民间投资设厂,兴学堂,派留学,废科举,包括于 1905 年派遣 5 名大臣学习欧美与日本的宪政,第二年宣布为实行君主立宪制做准备,后又变为以 9 年为期,晚清政府最后努力的结果显而易见,大厦已倾、危局无救。总之,无论是洋务运动(1860—1895 年)、戊戌变法(1898 年),抑或清末新政(1901—1911 年),这些拿着西欧国家所经历的样本,进行自上而下现代化的建构方案,实质上并未触动旧的社会根基的自强、改良,不能从根本上解决社会的基本矛盾,完成中华民族救亡图存的目标和反帝反封建的历史任务也变成奢谈。历经数千年的道统和政统均无以为继,标志着由封建地主阶级领导的现代化努力的失败。特别是《辛丑条约》的签订,中国人对国家的未来不仅难以寄托希望,甚至已经由失望转为绝望。八国联军侵华对整个国家和民族造成了几乎是从政治、经济直至文化上全面的灭顶式压力和压迫,对中华民族最大的伤害就是严重挫伤了中国人的自信心,国人数千年积淀承继而来的民族文化的自信受到了前所未有的挑战,甚至信心的丧失、信念的崩塌,社会上普遍产生了盲目的恐洋、崇洋、迷洋的思想,借用明末清初思想家顾炎武的说法,到了"亡天下的边缘"。

随后由资产阶级革命派领导的民主主义革命——辛亥革命(1911 年),结束了中国几千年封建帝制,包括随后多次革命的客观结果更是使共和体制深入人心,封建帝制再无存续的可能,推进了中国的现代化转型。但由于对中国社会主要矛盾认识不清,在外有强大的帝国主义西方列强、内部守旧势力依然强大、资产阶级软弱性等问题使革命难以彻底,照搬西方模式的各种方案的结果是"辛亥革命之后,中国尝试过君主立宪制、议会制、多党制、总统制等各种形式,各种政治势力及其代表人物纷纷登场,但都没能找到正确答案,中国人民依然生活在苦难和屈辱之中"①。不仅没有将中国带上现代化的道路,作为革命力量的资产阶级反过来变成了阻碍国家发展的负面因素,官僚资本主义集团这一新的利益集团在其内部滋生成长起来,原本存在的封建主义大山上又叠加上了帝国主义、官僚资本主义两座大山,悬在中华民族头上的压迫力量最终变成了三座大山。

中国向何处去,未来之路在哪里? 成了中国先进分子思考的问题,经过新文化运动(1915—1923 年)的思想启蒙和精神动员,其中又尤以 1917 年俄国十月革命胜利和 1919 年巴黎和会从正反两方面给了中国人寻救国救亡之路带来的深刻影响和对未来之路的深层思考。一战后,中国人对巴黎和会热切期待和对中华民族未来发展迎来转机的热切期盼,诚如当时蔡元培就"历年外交上吃亏之一切问题,均须求其打消"②。作为战胜一方的中国希望西方列强召开的巴黎和会能帮中国"稍挽百十年国际上之失败",但事与愿违,巴黎和会的结果让当时中国精英们见证了帝国主义国家的丑恶嘴脸,打破了中国人原本对西方列强的幻想。1919 年 5 月 4 日,在北京,三千多名学生走上街头,进行示威游行和抗议,提出"外争国权,内惩国贼"的要求,全国人民,特别是工商各界加入进来进行声援,宣布支持广大学生的爱国行动。在强大的国内舆论压力下、在社会各界的要求下,当时的北洋政府拒绝签字。"五四运动改变了以往只有觉悟的革命者而缺少觉醒的人民大众的斗争状况,实现了中国人民和中华民族自鸦片战争以来第一次全面觉醒。"③ 五四运动唤醒了中国人,巴黎和会上中国外交失败是直接诱因,进一步让中国人看到用改良的方式拯救中国的道路走不通了,也堵死了用改良方式救中国的道路。

未来还能怎么办,希望在哪里,中国先进知识分子、中国现代化的寻路者

① 秦宣:《中国共产党与中国式现代化》,《人民日报》,2021 年 4 月 20 日。
② 《蔡元培全集》(第 3 卷),浙江教育出版社,1997 年,第 488 页。
③ 习近平:《在纪念五四运动 100 周年大会上的讲话》,《思想政治工作研究》,2019 年第 5 期。

们开始转向俄国,"俄国人举行了十月革命,创立了世界上第一个社会主义国家。过去蕴藏在地下为外国人所看不见的伟大的俄国无产阶级和劳动人民的革命精力,在列宁、斯大林领导之下,像火山一样突然爆发出来了,中国人和全人类对俄国人都另眼相看了"①。最终结果是中国的现代化寻路经由向西方看"拿英美做榜样",到"以俄为师",对此,芮恩施(Paul Samuel Reinsch,1869—1923 年)(时任美国驻华公使):"美国将要不可避免地丧失在中国一百四十年来工作的成果,中国人民给我们提供的协助中国发展教育和自由制度的大好机会将一去不复返了。"② 这对广大民众的价值观念进行了一次前所未有的精神洗礼,从思想上一场伟大的动员和前所未有的启蒙和思想解放,对中国现代化之路的探索迎来了一次新的转机,进一步指明了用马克思列宁主义指导中国并找到符合自身发展实际的现代化之路的历史必然性。

综上,透过这些历史事件的回顾,透析现代化要看那个时代的世情国情民情。一方面,面对一个曾领先世界的传统大国由传统向现代转型,在行动上也由被动而为到主动施为,但从救亡图存角度展开的从器物现代化失败了、制度现代化也没有获得成功,现代化的寻路就发展到文化现代化这个层面。当然每次尝试的历史实践都有其时代必然性,这数十年一代又一代的努力,站在整个世界大历史和横向的国际格局的角度回头来看,那个时代的先进分子看到了中华民族前行中所遇到的时代问题关键:现代化。从洋务运动开始,此后的戊戌变法和清末新政再到辛亥革命等仍不失为对接西方的现代化的时代尝试,为后续现代化道路的探索提供了重要的启示。随着现代化破题的深入,对现代化的认识逐步清晰,现代化的主题也逐渐全方位展现在中

---

① 《毛泽东选集》(第四卷),人民出版社,1991 年,第 1470 页。
② [美]保罗·S. 芮恩施:《一个美国外交官使华记:1913—1919 年美国驻华公使回忆录》,李抱宏、盛震溯译,商务印书馆,1982 年,第 276 页。

国人面前,对现代化的认识也日趋显现,完全否定这些现代化尝试并不符合历史唯物主义科学态度。另一方面也可以看出,中国现代化的起点极低,是一个"一盘散沙""四分五裂"、极端落后的国家开启现代化,其难度之高是先发国家无法比拟的。任何不能够解决主要矛盾的现代化尝试,没有科学理论指引和先进领导力量的现代化的建构的尝试都只能成为中国现代化的背景。因此对中国社会的性质有清醒的科学认识,进行中国革命的先在基础和依据才会清晰,没有这一点是根本无法认清中国革命的性质、对象、任务、动力,以及中国现代化的未来前途和时代转变。总之,解决这一时期的历史任务,需要一种代表时代变革、能够从根本上改变中华民族历史命运的先进理论指导、能够科学认识中国所处的时代方位和发展道路、从根本上解决根本矛盾的领导力量,从而完成国家现代建构,带领中华民族走向现代化。

二、新革命:寻求建立现代化国家阶段的革命征程

尽管说无论地主阶级的改良改革运动和资产阶级领导的民主革命,客观上使中国赶上了世界现代化的第二次浪潮。但历史和实践结果也表明,看到了问题不等于能够解决问题,那个历史阶段的封建地主阶级和资产阶级未完成,也不可能完成这一历史任务。在中国现代化历史进程中必须解决一个核心问题,面对一盘散沙、四分五裂的现实情况,能否形成具有强大社会整合能力的政党领导、能否建成一个具备强大的国家能力的国家,关系到能否有效地动员和利用全社会力量、国家各种资源集中推进现代化,确保在极低的现实起点下加速推进中国现代化的进程,就成了问题的关键。但在当时时代背景下,中国的基本矛盾没有得到解决,时代主题没有变化,时代问题没有得到解决,历史呼唤新的领导力量,解决新的时代课题,开启新的革命,因此完成民族独立与人民解放和国家富强与人民幸福等现代化目标的历史重担就落在了中国共产党人身上。中国共产党人直面时代问卷,寻求破题、解题之路。

只有中国共产党的领导才能根本解决中国内部长期分裂、相互争斗的局面，实现国家长期政治稳定、国家高度统一、各民族一体多元团结奋进的现代化建设。

在中国共产党领导下，中国人民所进行的现代化寻路探路历程，本质上是世界历史进程的重要组成，中国人对中国现代化之路的探索与实践，始终与马克思主义中国化时代化的进程是一致的，所开辟出的是一条不同于过去的、能够将中华民族引向成功的现代化道路。中国共产党从诞生起，就将奋斗目标与实现国家现代化紧密结合在一起。经过马列主义唤醒的中国无产阶级走上了历史舞台，并于1921年迎来了新的领导力量——中国共产党。作为中国革命和现代化的领导者，中国共产党肩负起百年寻路的历史任务，历经万重牺牲，不断进行理论求索和信念实践，带领中国人民百年寻路历程。分析这一重大历史事件，马克思主义理论给我们提供了重要理论工具，"我们能够知道，而且确实知道，哪一个阶级是这个或那个时代的中心，决定着时代的主要内容、时代发展的主要方向、时代的历史背景的主要特点等等"①。从无产阶级及其先锋队走上历史舞台那一刻起，中国革命就发生了质的改变，也恰恰就是这一领导力量的改变、指导思想的转变，中国的现代化征程才发生了本质上的改变。自此，中国历史的发展进程和马克思主义紧密联系在一起，这一新革命进程开启了马克思主义作为指导思想在中国的扎根，进入马克思主义中国化的历史时期，在中国现代化推进过程中，马克思主义不断获得深入的理论创新，中国的现代化实践进入开新路的历史阶段。

但新的革命道路并不是一帆风顺，中国共产党接过的是史无前例的现代化探路重担，面临的是极为复杂的国际国内形势，革命的任务特别艰巨，革命建国之路上充满了险滩暗礁。即使和俄国十月革命对比，中国的革命开启的

---

① 《列宁全集》(第二十六卷)，人民出版社，1990年，第143页。

国内国外条件也截然不同,俄国十月革命取得成功与当时的国际环境有关,它以第一次世界大战为契机,突破帝国主义的薄弱环节而赢得胜利,而中国民主革命所面对的是力量过于强大的帝国主义和中国封建主义。大革命失败后历次武装起义,也只有中国共产党领导的秋收起义及转向井冈山,才开辟出一条中国式革命的新道路。虽然在革命道路探求中,党内也犯了一些错误,给尚处于起步阶段的中国革命带来了巨大损失,导致革命走了弯路。但这些错误出现的一个重要的原因在于当时中国共产党还很年轻,革命经验不足,对于回答好"什么是马克思主义、怎样对待马克思主义"这一时代课题的理论准备也不充分,对于马克思主义理论理解脱离实际,在复杂的国情、多变的形势面前,没能够结合中国的革命实际,没能够科学认识和运用马克思主义,理论上的误读和对国情没做到清醒认识,导致做出的一系列错误决策等。由于这些原因,中国革命遭受到重创,革命陷入低谷,这进一步说明社会主义革命道路的曲折性和打碎一个半殖民地半封建社会建立一个社会主义新中国的艰难。

在这方面,对于如何科学看待马克思主义理论,恩格斯就曾提出过警告,他说过:"我们的理论是发展着的理论,而不是必须背得烂熟并机械地加以重复的教条。"① 以毛泽东同志为主要代表的中国共产党人,发挥了中流砥柱作用,从中国具体革命实际出发,将马克思主义基本原理与中国革命阶段的现实国情相结合,百折不挠,于危难之际拯救了革命,开辟了一条不同于俄国十月革命所走的以城市武装起义为革命方式来夺取政权的道路,开创形成了属于中国的、属于中国马克思主义的理论:新民主主义革命理论和新民主主义社会理论。在这方面,以毛泽东同志为主要代表的中国共产党人对自1840 年以来的中国的主要矛盾没有改变的社会现实有了清醒认知,即当时

---

① 《马克思恩格斯选集》(第四卷),人民出版社,1995 年,第681 页。

的中国主要矛盾没有改变,中国仍然处于帝国主义和中华民族的矛盾,封建主义和人民大众的矛盾这两对矛盾决定的社会时期,这一主要矛盾的结构并未因革命进入新的阶段而改变,深重的社会"矛盾群"决定了中国革命的行动阶段性目标,只有也只有在中国共产党领导下,中国人民展开的反对封建主义、反对帝国主义的双重革命斗争才有可能。因此,在中国共产党成立之初,中共二大纲领首次明确地将中国的现代化发展目标确定下来,归结为两大历史任务:一是争取民族独立、人民解放;二是实现国家繁荣富强、人民共同富裕。对于积难深重的当时中国来讲,完成其中任何一项历史任务都不可能一帆风顺、也不可能一蹴而就,"其第一步是民主主义的革命,其第二步是社会主义的革命"①。其中首先要解决的、要完成的任务是国家的统一和民族解放,没有建立国家的独立主体地位,现代化无从谈起。

因此,中国革命分为两个阶段进行,第一阶段就是"要建立以中国无产阶级为首领的中国各阶级联合专政的新民主主义的社会"②,通过确立新民主主义的政治、经济和文化的努力,在中华大地上,建立起新民主主义国家、建成新民主主义社会,使中国成为真正的人民民主国家。对这一方案的探索构建,中国的马克思主义逐步形成,实现了马克思主义革命理论同中国革命具体实际结合起来的伟大理论创新和革命实践开新。其标志就是在中共七大上确立了毛泽东思想为党的指导思想。也是在这次大会上,就抗战即将胜利的形势下,中国共产党将下一阶段主要任务确定为:领导全国人民打败日本侵略者,解放全国人民,建立一个独立、自由、民主、统一、富强的新民主主义国家。随着解放战争取得的接续胜利,在迎接全国解放的关键时期,中共七届二中全会于1949年春召开,毛泽东在所做的大会报告中第一次从经济社会发展角度使用"现代化"概念,提出将党的工作重心由乡村转移到城市,

---

① 《毛泽东选集》(第二卷),人民出版社,1991年,第665页。
② 《毛泽东选集》(第二卷),人民出版社,1991年,第672页。

实现工作重心的空间转移,这是中国共产党无论在革命阶段还是后来的建设时期,充分运用马克思主义形成阶段发展的就时空转换谋求全局胜利的战略思维。所以在这重要历史时刻召开的大会上,毛泽东提出"使中国稳步地由农业国转变为工业国,把中国建设成一个伟大的社会主义国家"①,主张以工业化带动工业、农业各领域现代化的发展思路,并对国家现代化建设做出展望。

经过 28 年的浴血奋战,在 1949 年 10 月 1 日,在天安门城楼上,毛泽东向世界庄严宣布:中华人民共和国成立。自此屹立于世界东方的社会主义国家——中华人民共和国宣告成立了,饱受屈辱磨难的中国人民站起来了,从根本上获得了主权的独立,实现了建构现代民族国家的目标,标志着现代化征程中的中国进入了一个新的历史时期。对此,习近平在庆祝中国共产党成立 100 周年大会上的讲话中指出:"为了实现中华民族伟大复兴,中国共产党团结带领中国人民,浴血奋战、百折不挠,创造了新民主主义革命的伟大成就。……新民主主义革命的胜利,彻底结束了旧中国半殖民地半封建社会的历史,彻底结束了旧中国一盘散沙的局面,彻底废除了列强强加给中国的不平等条约和帝国主义在中国的一切特权,为实现中华民族伟大复兴创造了根本社会条件。中国共产党和中国人民以英勇顽强的奋斗向世界庄严宣告,中国人民站起来了,中华民族任人宰割、饱受欺凌的时代一去不复返了!"②

三、新中国:走自己的路,新中国成立后现代化的探索

革命之路的成功才有接下来的现代化国家建设之路。新中国成立,中国人民站在了一个不同于以往任何历史时期的时代方位上,步入中华民族走向强盛的历史转折点。在这一过程中,包含着中国共产党人对时代主题认识转

---

① 《毛泽东选集》(第四卷),人民出版社,1991 年,第 1437 页。
② 习近平:《在庆祝中国共产党成立 100 周年大会上的讲话》,人民出版社,2021 年,第 4 页。

变、对主要矛盾的认识深入,在对现代化发展的时代课题探索中,从中国实际的基础上,开启社会主义现代化建设实践,进行了卓有成效的理论创新和实践尝试,有其必然的理论逻辑和实践逻辑。

贯穿这一历史时期的时代课题就是要回答好"什么是社会主义、怎样建设社会主义",如何确立当时的历史任务,即怎样从建国大业过渡到兴国大业,走上了社会主义现代化的征程。1953年开始的中国特色社会主义建设发展规划一直延续至今,这样的决策模式为中国的现代化稳步推进、扎实存量、扩大增量,有计划地赶超发展提供了中国现代化建设特色的标志性统筹发展决策机制。其中,第一个五年计划就明确确立了优先发展重工业的方针,提出在短期内,将我国从经济上文化上落后的国家,建设成为一个工业化国家。中国共产党第一次提出了要建设强大的现代化的工业、现代化的农业、现代化的交通运输业和现代化的国防的"四个现代化"发展构想,是在1954年9月召开的第一届全国人民代表大会第一次会议上。在完成生产资料私有制的社会主义改造的1956年,中国进入社会主义的发展阶段。毛泽东在《论十大关系》中提出以苏为鉴,从中国实际出发,独立自主地进行社会主义建设,处理好社会主义经济建设和社会发展中的十个重大关系的思想。毛泽东强调,中国"要进行第二次结合,找出在中国进行社会主义革命和建设的正确道路"[①],他形象地用"写字论"[②] 来比喻中国的选择,表明了第一代国家领导人对中国现代化的理论探索和实践努力——走中国自己的现代化

---

① 吴冷西:《十年冷战——1956-1966 中苏关系回忆录》(上),中央文献出版社,1999 年,第23~24 页。

② "一九五〇年到一九五七年,基本上可以说是抄的,就是抄苏联。这个抄是必要的,等于写字一样,历来写字讲究临帖,你不临帖怎么行呢? 所以,不能讲一九五〇年到一九五七年那个临帖是错了。临帖之后,你就要脱离那个帖,自己独立写字嘛。而且,写草字的人先要写正楷,然后才能写草书,不可以一下子就写草书。看来,要有一个时期学习外国。现在还要学习外国,不能说现在连一点书都不抄了。人家书上是正确的东西,而我们没有书,这一部分还得抄。取经是一万年都要取的,你取我的经,我取你的经。不能搞绝对化,所谓绝对化,就是形而上学观点。全部抄和完全不抄都是形而上学"。(《毛泽东年谱:1949~1976》(第 4 卷),中央文献出版社,2013 年,第 383~384 页。

之路,正是客观认识当时工业发展水平低的情况,聚焦工业特别是重工业建设,构建起能够支撑全面现代化的基础,从而明确把"使中国稳步地由农业国进到工业国"作为建设目标和新阶段的历史任务。在第三届全国人大一次会议上,党中央进一步明确了四个现代化发展的战略目标,同时就如何实现这一目标,提出了"两步走"的战略步骤。可以说四个现代化核心是经济振兴,是在一个积弱积贫旧中国的基础上实现经济现代化、从农业国走向工业国的征程。

但在对社会主要矛盾的定位和对现代化工作重心的认识上出现了曲折:党的八大是我国现代化发展中尤为关键的一次会议,这次会议取得的突破性理论贡献,就是对国内主要矛盾做了科学的概括,指出"我们国内的主要矛盾,已经是人民对于建立先进的工业国的要求同落后的农业国的现实之间的矛盾,已经是人民对于经济文化迅速发展的需要同当前经济文化不能满足人民需要的状况之间的矛盾"[①]。这样的历史判断明确了党的工作重心从革命转移到建设上,要完成的历史任务聚焦到集中力量把我国尽快地由落后的农业国变为先进的工业国,为建设一个伟大的社会主义中国而奋斗的总任务。但也正因为没有一条现成的道路可以有效解决中国的现代化问题,更因为这条道路是史无前例之路,在转入全面的大规模的社会主义建设阶段,出现了严重失误,一方面因为对当时的国内国际环境判断的不足,对当时中国社会主义的发展速度,出现了冒进和急于求成的错误战略。其中,1958 年 5 月召开的党的八届二次会议上提出的总路线,就存在忽视经济建设的客观规律和对当时社会发展实际的错误认知。另一方面,对国家建设中的主要矛盾的认识也随之出现了偏差,随后党的八届三中全会改变了八大对主要矛盾的定位,变成了无产阶级和资产阶级的两个阶级间的矛盾,以及社会主义道路和

---

① 《中国共产党第八次全国代表大会文件》,人民出版社,1956 年,第 82 页。

资本主义道路的两条道路的矛盾。因为这一错误判断，导致了人民公社化运动的失误，以及"大跃进"的失误，也就有了"以阶级斗争为纲"错误方针，以及随后的"文化大革命"，给我国的现代化建设带来严重损害。尽管这一历史时期的现代化建设在曲折中前行，但从新中国成立到改革开放这一历史阶段，中国共产党人对现代化国家做了很多有益的理论和实践探索，从提出"工业化"到确立"四个现代化"目标，以及为了落实这一目标所设计的"两步走"的战略规划，尽管这一时期存在这样那样的问题，但这一时期取得的历史成绩不容抹杀，正如习近平总书记所说，这一阶段的现代化建设"为实现中华民族伟大复兴奠定了根本政治前提和制度基础"①。

四、新时期：中国特色社会主义现代化道路

从 1978 年 12 月至 2012 年 11 月党的十八大召开之前，这个历史阶段是中国不断推进改革开放和加强社会主义现代化建设的新时期。

20 世纪 70 年代末、80 年代初，世界经济快速发展，科技进步对经济社会发展的拉动力量日益突出，各主要国家相继进行改革，全球化迎来了一次新的浪潮，此时中国百废待兴，现代化建设向何处去处在历史的重要关头。中央领导集体以思想观念更新为先导，通过对世界政治经济、国际格局、新科技革命等的细致观察和深刻分析。通过进一步解放思想、坚持实事求是，破除对马克思主义、社会主义的刻板僵化理解，在对执政规律、建设规律、人类社会发展规律三大规律科学把握基础上，进一步厘清了认识。中国共产党人科学判断新时期发展的主题、社会主要矛盾及党在新时期的历史任务，在国家现代化建设上进行理论创新，在实践上进行了科学的战略规划、从制度机制上进行了合理设计，极大推进和加速了中国的现代转型。新时期的中国取得

---

① 习近平：《在庆祝中国共产党成立 100 周年大会上的讲话》，人民出版社，2021 年，第 5 页。

了举世瞩目的建设成绩,新时期的理论探索和科学实践,进一步推进了马克思主义中国化第二次飞跃,这一历史飞跃主要体现在以下方面。

首先,如何正确定位中国与世界的关系,如何认识这一阶段的时代主题是必须解决的重大理论问题,或者说这一理论问题解决与否直接关系到我们的事业是否成功。从 1984 年到 1985 年左右,邓小平对战争问题判断方面花了大量心血,从国内和国际两个方面进行了深入思考。在经过两次调整后,基本明确了新时期的时代主题:"现在世界上真正大的问题,带全球性的战略问题,一个是和平问题,一个是经济问题或者说发展问题。和平问题是东西问题,发展问题是南北问题。概括起来,就是东西南北四个字。"① 邓小平当时提出的对时代主题的定位的观点,直至今天都是指导国家大政方针的重要依据,我们可以通过考察自 1987 年 10 月召开的党的十三大以来的发展历程就可以看出,党的历次全国代表大会报告中都将"和平与发展"作为时代主题,具体论述摘录如下:

表 1.1　党的十三大至党的十七大报告关于时代主题的表达

党代会报告	关于时代主题的表述
党的十三大报告	和平与发展是当代世界的主题
党的十四大报告	和平与发展仍然是当今世界两大主题。发展需要和平,和平离不开发展
党的十五大报告	和平与发展是当今时代的主题……要和平、求合作、促发展已经成为时代的主流
党的十六大报告	和平与发展仍是当今时代的主题。维护和平,促进发展,事关各国人民的福祉,是各国人民的共同愿望,也是不可阻挡的历史潮流
党的十七大报告	当今世界正处在大变革大调整之中。和平与发展仍然是时代主题,求和平、谋发展、促合作已经成为不可阻挡的时代潮流

其次,是对社会主要矛盾的认识。抓住主要矛盾就能够抓住问题的关键,对社会主要矛盾的认识是关系到大政方针制定是否科学、关系到改革开

---

① 《邓小平文选》(第三卷),人民出版社,1993 年,105 页。

放能否深入推进的关键,进入新时期,党中央对社会主要矛盾的探索就没有停止过。党的十一届三中全会废止了"以阶级斗争为纲"的错误观点,开始重新探讨我国社会的主要矛盾问题。在 1981 年 6 月召开党的十一届六中全会上,通过了中国共产党历史上第二个关于历史的决议:《关于建国以来党的若干历史问题的决议》。该决议标志着中国共产党始终坚持历史思维,强调以史为鉴,对新中国成立以来的问题做出科学的总结,最为重要的是,明确了社会主要矛盾。决议指出:"在社会主义改造基本完成以后,我国所要解决的主要矛盾,是人民日益增长的物质文化需要同落后的社会生产之间的矛盾。"① 对新时期主要矛盾的认识定位,从党的十二大到党的十八大召开的历次党的代表大会,都始终坚持这一表述,将这一社会主要矛盾写入党的文献,这不仅是对党的八大上对我国社会主义现代化发展阶段的主要矛盾的进一步继承和发展,并且赋予了其新的时代内涵,更是党制定现代化建设的正确路线和方针政策的主要依据之一。该研判作为建设中国特色社会主义理论的一部分,是中国共产党人对新时期社会主要矛盾的客观思考的结果,对于"一个中心,两个基本点"的基本路线的形成提供理论准备,因为主要矛盾是人民日益增长的物质文化需要同落后的社会生产之间的矛盾,解决时代问题的突破点就在生产力方面,把生产力的大力发展放在首要位置,确立以经济建设为中心任务。由此,新时期社会主义现代化建设从理论上实践上就更加明晰明确,有利于推进改革开放的各项政策措施的制定实施。

再次,是关于党的历史任务则是分析新时期的另一个角度。中国共产党对时代主题、主要矛盾和对发展趋势的深入认识,社会主义现代化建设任务也就成为党和国家的工作重点,从战略上强调要坚持"走自己的道路,建设有中国特色社会主义"。国家与社会的关系得以调整,通过改革开放,社会

---

① 《中国共产党中央委员会关于建国以来党的若干历史问题的决议》,人民出版社,1981 年,第 54 页。

的活力被激活,生产力获得极大解放,经济的发展进入新的快速阶段,使整个
国家与社会摆脱危机,中国真正进入改革开放和社会主义现代化建设新时
期。发展实践深入推进,对社会主义现代化的理论创新不断发展,在对新时
期的历史任务的创新探索中,从邓小平、江泽民到胡锦涛等历代党和国家领
导人分别聚焦不同的时代课题进行了概括研究,形成了不同阶段的理论成
果:聚焦对"什么是社会主义、怎样建设社会主义"的回答形成了邓小平理
论;就执政党的建设方面,关于"建设什么样的党、怎样建设党"的道路思考,
形成"三个代表"重要思想;就如何实现社会和谐,确立发展模式方面,就"实
现什么样的发展、怎样发展"的理论创新,形成科学发展观。由此可见,共产
党人接力对现代化之路上不同问题进行了理论突破和成功实践,这其中包括
1978 年关于"实践是检验真理的唯一标准"大讨论,打破了"两个凡是"的思
想束缚;邓小平 1992 年的南方谈话冲破"计划经济崇拜";1997 年党的十五
大冲破"所有制崇拜",从理论建构和思想观念上进一步汇聚共识,经济体制
改革逐步开展,逐步改革生产关系中适应生产力的发展环节,进一步解放和
发展生产力,在空间上,从农村到城市、从沿海沿江沿边逐步对外开放的步
伐,在时间上推进"三步走"战略实施。总结来看,新时期社会主义现代化建
设的战略规划、政策制定、成功实践的密钥就是始终坚持改革开放,坚持社会
主义道路。为了说明这一点,可以从党的十三大开始一直到党的二十大历次
代表大会报告的主题词来考察,这个主题词就是"中国特色社会主义"(汇总
如下表)。

表 1.2　党的十三大至党的二十大大会报告的题目

党代会	大会报告的题目
党的十三大	《沿着有中国特色的社会主义道路前进》
党的十四大	《加快改革开放和现代化建设步伐 夺取有中国特色社会主义事业的更大胜利》
党的十五大	《高举邓小平理论伟大旗帜 把建设有中国特色社会主义事业全面推向二十一世纪》

续表

党代会	大会报告的题目
党的十六大	《全面建设小康社会 开创中国特色社会主义事业新局面》
党的十七大	《高举中国特色社会主义伟大旗帜 为夺取全面建设小康社会新胜利而奋斗》
党的十八大	《坚定不移沿着中国特色社会主义道路前进 为全面建成小康社会而奋斗》
党的十九大	《决胜全面建成小康社会 夺取新时代中国特色社会主义伟大胜利》
党的二十大	《高举中国特色社会主义伟大旗帜 为全面建设社会主义现代化国家而团结奋斗》

中国特色社会主义是我国现代化发展道路的鲜明旗帜,标志着中国人民找到了一条社会主义现代化建设的正确道路。所以,习近平总书记强调:"中国特色社会主义是改革开放以来党的全部理论和实践的主题","坚持和发展中国特色社会主义是一篇大文章,……我们这一代共产党人的任务,就是继续把这篇大文章写下去。"①

最后,按照列宁时代观的理论,追问的另一个问题就是这一时期的时代策略是什么。坚持"改革开放"就是新时期破解中国现代化建设发展的时代策略。通过把工作重点放到现代化建设上,中国现代化的基本场域从"半封闭"性开始走向"全面开放",融入世界现代化的历史长河。当然,全面落实改革开放这一基本国策并非易事,涉及方方面面的社会关系调整,涉及各个群体的利益及诉求,需要勇于探索。同时这又是一个系统性、全局性的工程,不可能毕其功于一役,要采取稳步推进的渐进主义道路,通过改革开放的国策,本质上是改变生产关系中不能适应生产力发展的环节。1978 年后,关于计划和市场的问题也同样是一个探索的过程,从"实行计划经济,同时发挥市场调节的辅助作用",到"计划经济为主,市场调节为辅",再到"政府引导市场、市场引导企业",国家提供优惠政策以吸引外资,主动支持民营企业的发展。1979—1984 年,中国经济发展重心在农村,开始在农村推行家庭联产

---

① 习近平:《高举中国特色社会主义伟大旗帜 为决胜全面小康社会实现中国梦而奋斗》,《人民日报》,2017 年 7 月 28 日。

承包责任制,此后国家现代化建设重心转向城市,开始推动城市经济改革,商品经济迅速在城市崛起。1992 年,党的十四大指出,中国在社会发展上已经进入社会主义市场经济阶段。1992—1997 年,即在小平同志南方谈话之后的这六年间,中国经济发展以两位数速率增长,经济整体实力显著增强。到了 2000 年,中国已是世界第七大经济体,2007 年跃升为世界第三,2010 年超越日本成为世界第二大经济体。国民生产总值和财政收入获得了巨大的增长,基础设施建设、人民生活水平等诸多方面取得惊人的成绩。所以说,1978 年开启的"改革开放这场中国的第二次革命,不仅深刻改变了中国,也深刻影响了世界!"[1]

五、新时代:中国式现代化新道路

以 2012 年党的十八大召开为标志,中国进入现代化建设的新时代,中国人民取得了改革开放和社会主义现代化建设全面进步的历史性成就,迎来强起来的关键阶段。我们的现代化建设无论是理论上还是实践上都取得了新的飞跃,中国社会主义实践的后半程正式开启了。

中国进入新时代,这无论是从理论还是实践上,都是中国共产党对中国现代化强国建设的时代之问进一步深入回答。对此,习近平总书记在党的十九大报告中做出了"经过长期努力,中国特色社会主义进入了新时代,这是我国发展新的历史方位"[2] 的论断,新时代的定位意味着新的现代化征程的开启。

新时代的定位意味着中国式现代化建设的新起点。从时代主题的角度来说,当今中国正处于世界百年未有之大变局之中,意味着在以前所未有方

---

[1]　习近平:《开放共创繁荣 创新引领未来》,《人民日报》,2018 年 4 月 11 日。
[2]　习近平:《决胜全面建成小康社会 夺取新时代中国特色社会主义伟大胜利——在中国共产党第十九次全国代表大会上的报告》,人民出版社,2017 年,第 10 页。

式展开的世界之变、时代之变、历史之变正迅速推进,人类社会面临前所未有的挑战,正处于向何处去这样一个十字路口。回答好世界之问、时代之问、历史之问、人民之问,如何处理好中国与世界的关系、处理好国内的改革发展稳定安全的关系是中国共产党面临的挑战和机遇,怎样给出中国方案,推进中国现代化和人类未来这一大态势不仅关涉着中国的现代化强国建设,也关系到整个人类的共同命运。

表1.3　党的十八大至二十大报告中关于时代主题的论述

党的十八大报告	当今世界正在发生深刻复杂变化,和平与发展仍然是时代主题……中国将高举和平、发展、合作、共赢的旗帜,坚定不移致力于维护世界和平、促进共同发展
党的十九大报告	世界正处于大发展大变革大调整时期,和平与发展仍然是时代主题
党的二十大报告	中国始终坚持维护世界和平、促进共同发展的外交政策宗旨,致力于推动构建人类命运共同体

新时代的定位意味着社会主义现代化的主要矛盾的转变。每个时代有每个时代的问题,把握时代问题的重要前提是对社会的基本矛盾的认识。马克思主义认为,矛盾运动决定时代发展趋势,一个社会基本矛盾本身就是社会发展的动力。它运行方式包括对抗性和非对抗性的,解决这两种不同类型的矛盾的方式对应的是暴力革命和社会改革。其中,生产力的发展程度是"整个社会发展的主要标准",是"社会进步的最高标准"①。进入新时代的十年来,我们所进行的各项改革就是使生产关系不断适应生产力的发展,进而推进整个社会的全面进步。2017年10月召开的党的十九大报告提出了关于社会主要矛盾的新提法,即"人民日益增长的美好生活需要和不平衡不充分的发展之间的矛盾"② 这个最新论断。从社会主要矛盾的变化和基本国情

---

① 《列宁全集》(第十六卷),人民出版社,1988年,第209页。
② 习近平:《决胜全面建成小康社会 夺取新时代中国特色社会主义伟大胜利——在中国共产党第十九次全国代表大会上的报告》,人民出版社,2017年,第11页。

"两个没有变"这一论断来看,实际上是包含两个层面的含义:一方面是建立在中国政治经济文化各方面取得成绩基础上的客观认识;另一方面,需要有一个长期的建设过程来发展和完善社会主义制度,这是实事求是研判当前的世情、国情的结论。面对新的现代化建设目标和新时代的阶段任务,特别是尚未从根本上解决发展不平衡不充分的突出问题,还需要进一步全面提升我国现代化建设水平、建设质量。

新时代的定位意味着社会主义现代化建设新的历史任务尚待完成、新的时代课题尚待解决。开启建成社会主义现代化强国的关键阶段和重要加速期,表明进入新时代的中国,进入到改革开放的深水区。习近平总书记一再强调,作为社会主义的大国,坚持战略定力,稳定发展大局,绝不能出现颠覆性错误。习近平总书记在党的十九大报告中提道,"新时代坚持和发展什么样的中国特色社会主义、怎样坚持和发展中国特色社会主义",这是国内外形势变化和我国各项事业发展提出的重大时代课题。① 我们知道,大凡理论的创新概括和现实实践的深入发展总是相互映照、相互成就,随着中国共产党人对中国现代化建设中所遇到的国内国际新问题、新挑战,特别是主要矛盾转化的问题认识不断深入,中国共产党对需要解决的时代课题进一步丰富和完善有着清醒的认识和解决问题的决心,新时代的时代课题从一个概括具体分为三个,即"新时代坚持和发展什么样的中国特色社会主义、怎样坚持和发展中国特色社会主义,建设什么样的社会主义现代化强国、怎样建设社会主义现代化强国,建设什么样的长期执政的马克思主义政党、怎样建设长期执政的马克思主义政党"②。在这三个时代课题当中,每个课题的前一问都是回答的性质问题、价值目标的问题,后一问都是回答如何实现的问题,体现

① 习近平:《决胜全面建成小康社会 夺取新时代中国特色社会主义伟大胜利——在中国共产党第十九次全国代表大会上的报告》,人民出版社,2017 年,第 18 页。
② 《中共中央关于党的百年奋斗重大成就和历史经验的决议》,《党建研究》,2021 年第 12 期。

了理念与现实、理论与实践、价值目标与价值实践的有机统一，不仅要回答是什么、还要回答怎么办，既要搭桥还要过河，体现了中国共产党人求真务实的实干精神、问题意识。回顾进入新时代的十年，现代化建设的任务始终在我们脚下，在我们手中。在中国共产党领导下，一代代人接续用力，一个个阶段攻坚克难，随着现代化阶段性目标的实现，中国人民又迎来了以中国式现代化全面推进中华民族伟大复兴的新的历史任务和以中国式现代化实现第二个百年奋斗目标。

新时代的定位意味着指导中国特色社会主义现代化强国建设的新的指导思想形成。党的十八大以来，以习近平同志为核心的党中央把握历史主动，统筹中华民族伟大复兴战略全局和世界百年未有之大变局两个大局，就党和国家事业发展做出重大战略部署，使我们的现代化建设事业取得历史性成就和发生历史性变革。正是在新时代中国特色社会主义伟大实践中产生了习近平新时代中国特色社会主义思想这一理论结晶，对新时代坚持和发展什么样的中国特色社会主义、怎样坚持和发展中国特色社会主义这个重大时代课题的系统回答，明确坚持和发展中国特色社会主义的基本方略，提出一系列治国理政新理念新思想新战略，包括"十个明确""十四个坚持""十三个方面成就"，建构起当代中国现代化建设的主要内容，创立形成了习近平新时代中国特色社会主义思想，科学指引我们的现代化强国建设，实现了马克思主义中国化时代化的第三次飞跃。

通过上文以时代问题的分析视角，对近代以来中华民族演进的历史发展和中国社会主义现代化发展的回顾，可以看出在世界现代化的大潮中，经过一百余年中国的现代化之路经过的寻路、探路、筑路的每一个环节当中，都始终显示着中华民族对美好生活的向往和美好社会的追求，以无比坚韧的意志力和执行力取得今天的成功的内在历史逻辑。正如德国著名思想家约翰·沃尔夫冈·冯·歌德（Johann Wolfgang von Goethe）曾经说过的那样：世上只有两条路能通往成功的目标并成就伟大的事业,那就是力量和坚韧。通往成功的目标并成就伟大的事业,需要力量和坚韧。这在百余年中国的现代化建设中显得尤为突出,一代代人立足解决时代问题,今天的成功就是靠着这股劲儿,不屈不挠、接续用力,点滴叠加,逐步完成。在 2004 年召开的中国科学与人文论坛上,诺贝尔奖获得者、著名物理学家杨振宁把中国在 20 世纪能够崛起和 21 世纪后半叶变成世界上一大强国的基本原因归结为传统中国文化的韧性与中国共产党的韧性。始终坚持理想信念、锲而不舍,虽经百难而志不折,这种精神贯穿党的百年奋斗历程当中,贯穿中国共产党领导中国人民回答好时代问题,解决好时代问题的逻辑线索中。因此,这样的回顾,更好地回答了我们过去成功的原因,也是指引未来怎样才能继续成功的思想资源。

第三节　中国进入建成社会主义现代化强国的关键历史阶段

当前,我们已经步入全面建设社会主义现代化强国的关键时期和新的发展阶段。2022 年 10 月,在党的二十大报告中,习近平总书记发出号召:"从现在起,中国共产党的中心任务就是团结带领全国各族人民全面建成社会主义现代化强国、实现第二个百年奋斗目标,以中国式现代化全面推进中华民族伟大复兴。"[1] 基于当下我国发展的历史方位、主要矛盾、历史使命,习近平总书记提出的"中国式现代化"成为中国建成社会主义现代化强国的理论遵循和未来几十年制定路线方针政策的根本依据、实践指南。中国式现代化的实践开启,标志着一百余年来中国共产党人领导中国人民建设中国的现代化发展的更高阶段。

---

① 习近平:《高举中国特色社会主义伟大旗帜 为全面建设社会主义现代化国家而团结奋斗——在中国共产党第二十次全国代表大会上的报告》,人民出版社,2022 年,第 21 页。

一、中国式现代化是中国现代化探索的重要组成

　　每个时代有每个时代的主题,都有要解决的时代课题,每个时代的领导阶级及其先锋队都要肩负起那个时代的历史使命。中国共产党领导下的中国的现代化建设是一代一代接续进行的,每一个历史阶段都是前一个历史阶段的续篇,中国式现代化是新时代中国共产党人的理论创新,是中国现代化的理论与实践继往开来、不断创新的理论结晶,体现了历史与逻辑相统一。这里既包含着不断成功的历史逻辑,也内含着中国共产党始终坚持自我革命的实践逻辑。中国式现代化的形成源于中国共产党人对现代化的持续探索。[①] 一代代中国共产党人对现代化建设的整体性要求、具体内涵的认识,不是一步到位,而是经历了一个逐步深化的过程。每个时期都是基于具体历史阶段亟待解决问题基础上,持续进行理论创新和实践求解,因此在理论与实践的发展过程中,其理论内核和价值导向有着清晰的历史延续性、创新性。早在新中国成立前毛泽东就提出把由农业国转变为工业国的现代化任务。新中国成立后,党中央进一步明确"四个现代化"的建设目标和"两步走"的阶段任务。党的十一届三中全会后,新的历史时期开启的中国的现代化建设,是基于国际国内环境都发生了重大变革,现代化、全球化、信息化是时代的大环境,世界各国纷纷进行改革,工作重点转移到社会主义现代化建设上来同样是中国共产党致力实现的目标,但中国能否跟上、赶上世界发展大势,对于改革开放初期的中国来说尤其具有紧迫性。邓小平同志一直思考在中国这一社会主义大国如何实现现代化的问题,对此,邓小平提出了"实现中

---

　　① 习近平:《高举中国特色社会主义伟大旗帜 为全面建设社会主义现代化国家而团结奋斗——在中国共产党第二十次全国代表大会上的报告》,人民出版社,2022 年,第 22 页。

国式的现代化"的概念①，他指出："过去搞民主革命，要适合中国情况，走毛泽东同志开辟的农村包围城市的道路。现在搞建设，也要适合中国情况，走出一条中国式的现代化道路。"②他强调能否实现现代化决定着民族的命运和国家的未来。但中国的现代化始终是社会主义的，必须始终坚持有中国特色的社会主义现代化，那就只有一条路，就是从中国具体国情出发，走自己的路。可以看出，这一时期的中国共产党人对现代化认识进一步深入，已经认识到中国的现代化建设内容并不局限于"四个现代化"，而是包含着社会主义建设事业的各个方面，是全面的现代化。所以，在20世纪80年代初期，邓小平强调物质文明建设和精神文明建设都不可或缺，提出了"两手抓""两手都要硬"的观点。现代化的实践是理论的来源和动力，随着建设实践的不断推进，要解决的时代问题逐渐凸显，现代化建设的内容不断扩展。所以，从党的十三大"三位一体"的建设总体布局，到党的十六大上"四位一体"的设总体布局，再到党的十八大提出的"五位一体"的战略部署及现代化强国的战略安排。中国的现代化进程是一代一代人接力推进的过程，习近平总书记指出："从第一个五年计划到第十四个五年规划，一以贯之的主题是把我国建设成为社会主义现代化国家。我们走过弯路，也遭遇过一些意想不到的困难和挫折，但建设社会主义现代化国家的意志和决心始终没有动摇。"③抱有为中国人民谋幸福、为中华民族谋复兴的初心使命，秉持一以贯之现代化追求，一步步绘制蓝图、实现蓝图。

　　为进一步落实整体的现代化战略安排，党的十八大后的历次党代会进行

---

　　①　1979年3月21日，邓小平在会见英中文化协会执行委员会代表团时指出："我们定的目标是在本世纪末实现四个现代化。我们的概念与西方不同，我姑且用个新说法，叫做中国式的四个现代化。现在我们的技术水平还是你们五十年代的水平。如果本世纪末能达到你们七十年代的水平，那就很了不起。"3月23日，他在出席中共中央政治局会议的讲话中又说："我同外国人谈话，用了一个新名词：中国式的现代化。到本世纪末，我们大概只能达到发达国家七十年代的水平，人均收入不可能很高。"摘自《文摘报》，2021年6月22日。

　　②　《邓小平文选》(第二卷)，人民出版社，1994年，第163页。

　　③　《习近平著作选读》(第二卷)，人民出版社，2023年，第366页。

了不断深入的理论阐释、战略部署、实践推进。其中,党的十八届三中全会确定了全面深化改革的总目标;2015 年 2 月,习近平总书记提出的"四个全面"战略布局;党的十九大强调"新的两步走"战略。2021 年 11 月,在党的十九届六中全会上明确提出的中国式现代化道路。特别是在党的二十大上,习近平总书记代表党中央分为十五个部分做了报告,进一步明确了中国式现代化的基本特征与本质要求,而且在战略安排与重大原则做了系统阐述,全面解答了中国式现代化的理论内涵和实践方向,提供了"怎样实现中国式现代化"的路径方针,形成了中国式现代化这一新的理论体系、实践模式和文明形态,这一过程体现了中国式现代化与以往党中央对现代化的理论认识、实践探索、制度创新一脉相承,主观和客观具体的历史的统一。

二、中国式现代化开创了世界现代化的新模式

社会主义不是只有一种模式,也不是僵化教条的本本所能够涵盖的。正如恩格斯曾断言:"我认为,所谓'社会主义社会'不是一种一成不变的东西,而应当和任何其他社会制度一样,把它看成是经常变化和改革的社会。"① 中国人民选择了社会主义的道路,这是历史的必然选择,但中国人民取得成功,从不是照抄照搬、生搬硬套一个本本、一个模式的结果。从上文回顾可以看出,历史中走来的中国社会主义现代化建设事业,历经革命、建设、改革等各个历史阶段,不同时期有着救国、兴国、富国、强国的现代化任务。时至今天,我们正走在复兴之路上,中国发展的内在的现代化建设逻辑则是一以贯之:走自己的路。中国拥有五千年不间断文明,有着自身独特的文化传统和文化精神。从近代开启现代化之后,就能够发现中华民族所遭遇的历史命运、现实国情与其他先发国家不同,与追求现代化的其他后发国家也迥异,这一切

---

① 《马克思恩格斯选集》(第四卷),人民出版社,1995 年,第 693 页。

都决定着中国的现代化道路有着显著的自身特殊性,中国的现代化不可能有现成的答案和现成的样本,不可能也不现实地来简单套用马克思主义经典作家所设想的"模板",更不存在延续中国传统社会的"母版"的可能性,世界上其他国家的现代化模式从根本上说解决不了中国的现代化问题。历史其实已经一再证明了我们的现代化不是其他国家现代化实践的"再版",更不是西式现代化模式的"翻版",我们的现代化模式是走自己的路走出来的新的版本,是把马克思主义基本原理同中国具体实际相结合、同中华优秀传统文化相结合的伟大实践,更是符合中国历史与现实的新道路,中国式现代化从民族复兴的历史高度,体现了中国共产党的政党主体性,国家的现代化建设的主体性,中华民族的主体性,中国文明、中国价值、中国精神的主体性,这是中国人现代化建设的自信和自觉的动力来源。

中国走过的现代化探路、筑路之历史已经证明,理论上的懒惰必然是实践上的失能,现代化建设的失效。"中国人民和中华民族从近代以后的深重苦难走向伟大复兴的光明前景,从来就没有教科书,更没有现成答案。党的百年奋斗成功道路是党领导人民独立自主探索开辟出来的,马克思主义的中国篇章是中国共产党人依靠自身力量实践出来的,贯穿其中的一个基本点就是中国的问题必须从中国基本国情出发,由中国人自己来解答。"① 中国共产党人不信邪、不怕鬼,怕的是不根据中国的实际,乱开药方、乱吃药。中国式现代化是中国的药方,是解决我国的时代问题的"药方"。中国的现代化只能是"走自己的路"走出来的现代化,是对马克思主义思想创造性运用前提下,将我国现实具体国情实际、精神文化传统、时代实践要求与科学社会主义基本原则紧密结合起来,内生演变、实践拓展、系统生成的,中国特色社会主义现代化建设的人类的现代化"新版",是"中国版本"的现代化。

---

① 习近平:《高举中国特色社会主义伟大旗帜 为全面建设社会主义现代化国家而团结奋斗——在中国共产党第二十次全国代表大会上的报告》,人民出版社,2022 年,第 19 页。

第一,我们的现代化是后发国家的现代化。和先发的资本主义国家相比,我们有后发优势,可以最大限度上规避先发国家所走的弯路和歧路,在我国的现代化建设中,吸收借鉴其成功的经验,为我所用,这正如习近平总书记所讲,中国式现代化有各国现代化的共同特征,中华民族从来是一个崇尚学习的民族,对外来的文化文明始终保持开放的心态,辩证扬弃、拿来主义是我们对待其他文明的科学态度。同时,我们基于国情的中国特色的现代化,既科学规划脚踏实地,又能够激发广大民众奋起直追、赶超示范,作为后来者是有时代紧迫性的,对于中国这样发展中的大国,现代化建设仍处于社会主义初期阶段,采取赶超型战略仍是重要举措。综观世界,采取赶超战略往往是后发展国家进行现代化建设的普遍规律,这样的事例很多,即便是西方先发国家之间,后来居上的情况也不少见,如美国、德国等超过英国就是典型。身处世界现代化的大潮中,国家间竞争力与民族独立、人民幸福须臾难分。一个国家的现代化不进则退,对此,列宁曾针对苏联当时的现状指出:“要么是灭亡,要么是在经济方面也赶上并且超过先进国家。……要么是灭亡,要么是开足马力奋勇前进。历史就是这样提出问题的。”[1] 正是这样危机感使得后发国家有强烈的迅速发展的动机,特别是二战后的新兴国家,与先发国家相比,面临着更大的挑战,“处在完全不同的历史条件和国际发展环境中”,“一个突出的特点是政治变革引起经济变革,国家全力投入追赶型现代化、强制性工业化”[2]。

中国的现代化起步阶段同样如此。当时中国的经济水平可以说是“一穷二白”,不仅自身的基础差、底子薄,与同期资本主义发达国家无法相比,就是与国情相近的印度相比也存在很大的差距。作为后发现代化的典型国家,在历史同期错失现代化的机会恰恰使中国的发展更具有急迫性,因此采

---

[1]　《列宁选集》(第三卷),人民出版社,1995年,第271页。
[2]　罗荣渠:《现代化新论——世界与中国的现代化进程》,北京大学出版社,1993年,第140页。

取赶超型战略,大力发展生产力加强国家的实力,集中全力快速推进人民生活水平提高,迅速缩短与先发国家的差距,最大限度发挥社会主义制度的优越性,是中国现代化发展的当然选择。以五年为单位的"五年规划",以十五年为时间单元阶段性目标的两步走战略,以百年为时间跨度的长远规划,注重阶段性目标指向性和战略规划全局性脚踏实地,锐意进取,一代人接着一代人的努力,用了几十年的时间完成了先发国家几百年所完成的任务,创造了世界现代化史上的"两大奇迹",开启了建设现代化强国新阶段。但也要注意到,即使是已经拥有强大现代化实力的今日中国,所遇到的挑战并不比初发时少。在世界百年未有之大变局中,世界之变、时代之变、历史之变处于加速演进之时,一方面是深入发展的科技革命和产业变革影响巨大、调整日趋明显的国际格局变化、国家间竞争愈发激烈;另一方面,世界进入新的动荡变革期,区域性冲突和局部动荡影响下的全球性问题逐渐放大,西方先发国家,特别是美国搞你赢我输的零和博弈,对中国搞脱钩打压、搞小圈子抱团围堵,等等,国际环境并不友善。因此,在党的二十大报告中,习近平总书记特别提醒全党必须增强忧患意识,始终要做到居安思危,只有在现代化建设中坚持自信自立,发扬伟大斗争精神,勇敢面对重大考验。

第二,我们的现代化是超大规模国家的现代化。中国式现代化是立基于中国国情的现代化。超大规模国家是我们最为根本的国情,中国的现代化建设从来不能也无法回避自己"超大型"导致的独特性。当前,全球实现现代化的国家和地区人口约为 10 亿,而我国拥有 14 亿多人口,我国的人口数超过现有发达国家人口总和,比美日德法英等国人口总和的两倍还多,在中国之前,还没有一个有如此巨大人口体量的发展中国家进入现代化。同时我们也是一个超大型农业人口国家,中国是有 960 万平方千米的陆地面积,有着56 个民族的多民族国家,幅员辽阔、地理空间多元,各地区自然资源禀赋差异突出、发展程度和水平的差别之大在世界上是少有的,即使发展起来了,但是区域间、城乡间等方面发展不充分不平衡的问题仍然突出。同时,中国是具有五千年文明的国家,在四大文明古国里,只有中国的文明没有出现断裂,是世界上巨大的文化体,为中国的现代化提供了深厚的文化滋养和精神动力,但也要注意传统文化的现代化改造的任务并不轻松、传统文化创新转型的工作也更迫切。现代化建设的全面性受到社会发展的整体性制约,可以说,中国实现整体现代化的难度和复杂性是先发国家无法比拟的,在如此超大规模的国家实现现代化本身就是世界性的难题,在中国建成现代化强国任务更艰巨,使命也更光荣。

第三,我们的现代化是社会主义的现代化。这是中国式现代化的根本属性,首先,中国式现代化是由先进政党——中国共产党领导下实现了社会主义与现代化的有机融合与创新发展。美国学者亨廷顿就认为,处于现代化过程中的发展中国家,政党以及政党力量非常重要,决定一个国家走向成功或是失败。对于中国式现代化来讲,中国共产党是使命型政党、驱动型政党,是中国现代化建设的主心骨,实现国家现代转型是我们党的目标,作为拥有9600多万名党员的社会主义大党是现代化的决策者、建设者。中国共产党的全面领导是我们不断取得成功的保障,不断巩固和确保了中国现代化的社会主义方向。与此相对应,西方国家的政党大多是选举型政党,并不承担塑造社会的功能,至多起到反映社会的作用,所有的活动围绕选举而展开,资本是其背后强大的主导力量,在制度与政策建构中更多会沦为利益博弈的选举工具,实质上是以"私利"的逻辑取代"公益"的逻辑,他们没有能力也没有动力承担起引领现代化整体进步的责任。其次,致力于推进人的自由全面发展是中国式现代化的社会主义属性体现。先发现代化国家的形成有其自然生成演变的过程,这种以资本为核心的资本逻辑、市场逻辑的资本主义现代化,在国际上,将不道德霸权政治、殖民掠夺作为现代化实现策略①;在其国内,它的制度是倾向于资本的,围绕资本建构起来的资本主义体系,虽然现代化、全球化、经济发展创造的大量财富,但其无法解决两极分化问题,结果是社会日益分化割裂,收入分配差异拉大,普通老百姓没有获得感,实现的只是少数人能够享受到现代化的成果,这也是当今西方社会民粹主义崛起的根源。这种现代化模式不是中国发展的选择,与我们大力推进中国式现代化有着本质的区别。再次,坚持走和平发展道路是中国式现代化向国家社会发出响亮宣言,我们的现代化秉承马克思主义的理想信念,始终坚持的是对人的生命、生活的关怀,是从人类命运共同体的高度,维护世界和平与发展,在此过程中谋求自身的现代化发展。最后,内在包含着鲜明的价值观立场是中国式现代化的目标追求。从现代化的价值目标角度,拷问一个国家的现代化为了谁、依靠谁、成果为谁享用,是无法回避的伦理追问和价值预设。社会主义现代化始终坚持的是以人民为中心的人本逻辑和价值立场,这当然不是说中国式现代化不要资本、不要市场,而是对资本和市场既合理利用又严格规制,确立的现代化的根本原则是把人的全面自由发展作为目标,所有现代化发展的战略安排实践推进都将人民的获得感作为出发点。这源自中国共产党是人民的政党,始终秉持为人民服务的政党伦理和领导道德。与西方资本主义国家走过的现代化强国发展道路截然不同,我们的现代化建设只有一个立场,就是人民立场,每个中国人既是现代化的参与者、建设者,也是现代化成果的享有者,中国的现代化是追求全体人民共同富裕的现代化。回顾中国的现代化过程,从跟跑、并跑、领跑,形成了引领性的现代化模式,打破了所谓西方式现代化是独一无二现代化模式的话术霸权。

第四,中国式现代化是全面的现代化。综观世界历史,大凡以西方资本

---

① 习近平:《高举中国特色社会主义伟大旗帜为全面建设社会主义现代化国家而团结奋斗——在中国共产党第二十次全国代表大会上的报告》,人民出版社,2022 年,第 23 页。

主义现代化模式作为单一样本的后发国家,单纯追求经济、政治等单一维度的现代化、非均衡发展的现代化,都难以持续,要么落进发展中国家陷阱,要么最终导致国家衰败、现代化中断。而"全面"是中国式现代化建设的核心词,是建设内容、建设方式的全面性,是内容和形式统一角度的全面性,涉及国家建构的方方面面的全面性建设。这个全面一是体现在"四个全面"战略布局方面。二是体现在"五位一体"的现代化总体布局上的全面性、整体性。三是体现在现代化的人民属性上,"一个都不能少"是一个生动的中国式语言,但在现代化建设上则体现的是中国共产党追求的现代化是伦理诉求、价值初心。在实现脱贫攻坚、完成小康社会建设的历史阶段是一个都不能少,不放弃任何一个人,在我们的现代化强国征程上同样是一个都不能少,追求的是全体人民的共同富裕,不仅要求通过发展做大做好现代化"蛋糕",而且完善分配制度,切好分好建设成果这块"蛋糕",既要调动激发广大人民群众的积极性和首创精神,更要增进每个人的"获得感"。四是体现在物质、制度、人的现代化相统一上,实现发展合力最大化。中国式现代化突出物质和精神"两个文明"协调发展,硬实力和软实力齐头并进,既要物质富足,还要精神富有,不仅推进高质量发展的物质现代化,以中国精神引领推进人的全面现代化。突出核心价值观的建设,推进文化自信自强,强调加强教育优先发展、科技自强自立、人才引领驱动,既强调制度层面的国家治理,也要突出发展全过程人民民主,在政治建设上构建的是党的领导、人民当家作主、依法治国三方面有机统一的制度现代化。五是从共同体的角度把握全面性,从人与自然生命共同体的角度,强调的是人与自然和谐共生,从人类生命共同体的角度,强调各美其美、美美与共的文明属性。中国式现代化所构建的强国之路具有极为突出的示范效应,为其他国家提供了治国理政的中国智慧。

三、中国式现代化是走向社会主义现代化强国的实践指南

中国式现代化是中国走向现代化强国的宣言书,是中国走向现代化强国的理论,更是指引我国走向现代化强国的实践指南。

建成富强民主文明和谐美丽的中国特色社会主义现代化强国与实现社会主义现代化和中华民族伟大复兴的总体要求,在实践上是一体的,在价值上更是一致的,是把现代化强国建设、党的初心使命与民族复兴紧密结合起来的始终如一的价值追求。现代化国家和现代化强国虽然只是一字之别,却是战略目标的升级,内在包含着民族复兴的历史使命与国家现代化战略目标紧密结合起来的价值追求,是在完成第一个一百年历史任务基础上,实现第二个百年的战略部署。

在党的二十大上,习近平总书记报告中,始终贯穿着一个现代化强国建设的主线,勾画了中国式现代化这一中国社会主义现代化强国建设的宏伟蓝图,所以说,党的二十大报告为迈向中国式现代化强国建设提供了科学的理论指引、实践指南和实践依据。

第一,指明了中国式现代化的历史沿革性、必然性。中国式现代化理论的形成离不开对以往中国的现代化理论与实践的继承发展,是中国社会主义现代化建设实践的产物,包括了从新中国成立后的启动摸索,到改革开放后的探索和实践,再到进入新时代的十年来的创新突破,最终拓展形成了中国式现代化这一新的理论体系、实践模式和文明形态。客观回顾总结了中国的现代化取得的伟大成就,同时,直面继续要解决的问题,强调要掌握历史主动,彰显了中国共产党人对全面建设现代化强国的自信心和意志力。

第二,明确了中国式现代化的特征。从人口规模巨大这一基本国情出发,共同富裕价值追求、相互协调的两个文明建设、和谐共生的人与自然关系、对和平发展道路的坚持等五个方面概括中国式现代化的特征,明确回答

了有别于西方式现代化的发展道路的中国式现代化的正当性、道义性和模式的比较优势。

第三,强调了中国式现代化的本质要求。在领导力量上,强调现代化强国建设中党的领导核心地位,决定中国式现代化的根本性质,这是历史与现实已经证明的未来要始终坚持的。在发展道路上,以中国特色社会主义作为现代化建设方向;在经济方面,坚守高质量发展的追求;在社会方面,以全体人民实现共同富裕为目标;在政治上,强调中国的民主制度的比较优势,致力于推行全过程民主;在文化上,强调构建人民精神世界丰富的发展局面;在生态上,强调人与自然的和谐;在外交上,主张构建人类命运共同体;在人类文明发展方面,最为明晰的目标是开拓人类文明的新形态。

第四,规划了中国式现代化的主要任务,对十二个方面的中国式现代化建设主要任务目标进行了分解。强调加强党的全面领导、中国特色社会主义道路、以人民为中心的发展思想、深化改革开放、发扬斗争精神五个方面重大原则;提出了中国式现代化总的战略安排、阶段总体目标和五年建设的主要目标。进一步确认党的十九大、十九届六中全会提出的建成现代化强国两个阶段战略的时间表和路线图,确立了两个阶段的总体战略安排,即从2020年到2035年基本实现社会主义现代化;从2035年到21世纪中叶把我国建成富强民主文明和谐美丽的社会主义现代化强国。同时,规划了第一阶段,即基本实现社会主义现代化的总体目标,制定了未来五年即从党的二十大到党的二十一大之间开局起步期的主要目标任务,形成了系统的目标体系和每个阶段努力方向。

这一战略规划、理论创新和实践路径的系统提出,标志着中国现代化理论的成熟、道路的光明、制度的成型、文化的成就。一是充分体现了中国共产党对中国的现代化发展理论与实践上承前启后、继往开来、与时俱进的历史逻辑。二是进一步表明对我国现代化目标的认识更加全面、务实、理性,突出了协调推进物质现代化、国家治理现代化和人的现代化,发挥建设合力,协调共建发展的战略思维。三是中国式现代化创新中国共产党治国理政新理念、新目标、新境界、新发展、新担当的历史责任感。四是中国式现代化能够激发起每个中国人对中华民族伟大复兴中国梦的无比自信和坚定信仰。五是中国式现代化是坚定走自己的路,是国家、政党、民族、每个公民在现代化建设中的自主性,是保持自身独立性和高速发展有机统一的现代化新模式,是与西方资本主义国家走过的现代化强国发展道路截然不同的新道路。

今天是中华民族迈向伟大复兴中国梦的新的阶段、新的航程,在中国式现代化建设的时代宏图中,要更好地认识我们的现代化建设,通过物质现代化高质量发展、国家治理的完善定型,推进社会主义核心价值观建设中公民的主体力量,必须坚持以社会主义核心价值观建设引领人的现代化,激发起人这一最为能动的现代化建设力量,这是时代所需,更是时代必然。

第二章　中国式现代化是全面发展的现代化

中国式现代化是全面的、整体的现代化。新中国成立起来，中华民族从站起来、富起来到强起来的现代化进程一步步向前推进，国家现代化建构与现代化道路形成发展亦是同质同行的。经过几十年的发展，在物质现代化取得伟大成就的基础上，"建设什么样的国家制度、怎样治理国家"与"建设什么样的国家、建设什么样的社会、培育什么样的公民"这样的现代化建设问题进一步提上日程，成为需要重点攻坚的问题，决定着能否有效推进国家现代化的关键组成，即国家治理现代化与核心价值观建设成为现代化建设拼图中必须要建强建好的重要部分。在现代化整体建设中，制度现代化和嵌入与核心价值观建设是不可或缺的两翼、两轴，二者协力发展、有机协同能够有效推进国家整体现代化稳步发展。

第一节　现代化建构的基本内容

时至今日，在全球化、现代化、信息化驱动发展的现代社会，国家的作用不是削弱，而是更加突出，一个国家的经济发展、社会秩序、政治发展、文化建设、生态文明、国际地位取决于这个国家的国家建构创新能力和善政良治情况。但一个国家的现代化建构是生成而不是预设的，属于政治上层建筑运动的国家建构行为及模式建立在这个国家的历史和现实基础之上，最终目的是为经济社会的整体发展服务。而建设模式的特殊性不仅在于"显性"现实发展基础的差异，更具有"隐性"文化之不同，具体到一个国家来说，则意味着发展道路、制度建构、经济基础、理论体系、文化精神不断完善并走向成熟的进程。

中国的国家成长之途与现代化建构之路是同步推进、一体构建的。在新中国成立后，中国共产党始终将二者结合在一起，一方面，现代化国家建设始终是当代中国现代化发展的重要组成内容；另一方面，通过国家的现代化建构来引导推进中国的现代化稳步向前，是中国赶超式现代化发展的理论逻辑，更是中国共产党治国理政的实践路径。当然，理论的概括高度要和实践发展程度密切相关，党的十八届三中全会确立全面深化改革开放的总目标时提出把国家治理现代化上升到中国现代化发展的战略高度，这本身就是我国国家现代化建设进入新的历史阶段的重要标志。可以说，它强调将完善和发展中国特色社会主义制度，推进国家治理体系和治理能力现代化作为目标内涵，标志着在新中国成立以来现代化取得的伟大成就基础上，中国共产党带领中国人民的现代化建设理论自觉和国家成长的实践自信，是中国式现代化建设的理论逻辑和实践趋势。

一、国家在现代化建设中具有突出的地位和作用

国家作为一个实体，是社会政治生活的基础要素，在人类社会变革与发展的进程中始终占据着主导性的地位，自产生以来，其所产生的影响几乎遍及一切人类活动，离开国家的主体作用来进行现代化几无可能。由此，国家始终是古今中西思想家们的研究主题，其间观点交锋贯穿于人类思想发展的历史脉动之中，不同思想家有着不同的界定。

我们首先考察一下西方思想家对国家的地位和作用的认识与反思。对

国家的研究始终是西方学者从古至今的经典研究主题,包括把国家视为追求至善而在的社会共同体(亚里士多德),抑或认为国家是领土内最高政治权力的所有者(布丹),是保障自然权力和财产而订立的社会契约(霍布斯和洛克),国家是作为建立在普遍利他的道德共同体(黑格尔),以及确定的领土边界内对暴力的合法垄断(韦伯),等等观点不一而足。所列不全,但概言之延续至今,在西方存在着两大关于国家的理论传统:一是以洛克国家思想为代表的"社会先于国家"的自由主义传统,二是以黑格尔国家思想为代表的"国家高于社会"的国家主义传统。其中,长期以来,自由主义国家观的传统在西方一直占据着主导地位,鼓吹的消极国家观的弱国家强社会的逻辑一定程度上遮蔽了对国家问题的研究。当然理论的归类总是粗略的,具体学者的观点并非完全不互涉,因为即便是西方近代早期的学者,包括亚当·斯密、大卫·李嘉图、弗里德里希·李斯特等在内,并未完全否定国家的作用。以李斯特为例,他从西方现代化的历史考察分析中,从政治经济学的角度,将国家引入现代化理论体系,强调国家在现代化发展中的积极主导作用,他的这一观点具有较强的代表性,对于客观认识国家在现代化进程中的主体作用,从理论和实践上都产生了较大影响。所以,我们考察欧美现代化先发国家的经验会发现,国家作为现代化建构的主体地位和发挥国家积极的作用并没有从根本上被忽视。尤其是到了现代社会,国家的作用不是削弱了,而是更加突出,成为推进现代化的主导力量,这主要在于国家具有特定优势,拥有其他组织所不具有的功能和能力,能够完成其他组织不能够完成的任务。一个民族离开国家这一实体,其民族发展、社会进步、现代化的实现都是不可能的。同时现代化又是对现代国家的关键要求,现代化的实现程度关系到国家的存继兴衰,一个国家只有大力发展生产力,建构起能够支撑现代化发展的各个要件,对内动员激发汇聚整合全社会的现代化建设力量,对外强大其国家竞争力,才能够维护这个国家的独立、主权和安全,才能够争取到在世界体系中的位置和地位。

20世纪以来,以国家地位和作用的议题作为争论的焦点有两种截然相异的理论范式,即"去国家化"和"国家回归"两种分析模式。其中"去国家化"源于20世纪50年代后曾盛行一时的行为主义作为西方政治学主流范式,执着于主体的具体政治行为及过程的定量化研究和微观层面的考察,由此导致作为国家社会二元分析框架之一维的国家在理论上被遮蔽悬置,而成为一种影响较大的社会思潮。该现象的改观,其一起步于20世纪80年代后伴随"回归国家"学派的兴起,在这种"重新找回国家"范式中,国家主体作用和地位被重新认知。其二则是政府改革实践的推动,20世纪70年代末、80年代初,一场世界范围掀起的政府改革运动,无论欧美资本主义国家还是苏东前社会主义国家,当然更包括中国的改革开放,国家、政府、政党的作用进一步凸显出来,实践驱动着理论的创新发展。其三是一些所谓失败国家(failed state)和脆弱国家(fragile state)的政治经济等方面出现的实践问题,反过来为理论上思考国家在现代化中地位和作用提供了现实的比较分析和认识实践之样本。

其次,马克思国家自主性理论对国家主导作用的认识。无论自由主义还是国家主义思想家的观点总有其局限性和片面性,而一旦涉及国家的问题、现代化的问题,"要正确地理解现代化和现代性的问题,我们仍然无法回避马克思"①。在马克思主义经典作家那里,对国家的分析始终是被关注的研究内容,历史唯物主义和辩证唯物主义是我们分析问题、解决问题的世界观和方法论,根据马克思主义的国家理论,国家不是从来就有的,而是社会的产物,根植于社会又高于社会的力量,其存在价值就是解决社会不可解决的自我矛盾,作为阶级统治的工具国家的作用就是把冲突保持在"秩序"的范围

---

① 俞吾金:《重新理解马克思:对马克思哲学的基础理论和当代意义的反思》,北京大学出版社,2005年,第378页。

内,"至今一切社会的历史都是阶级斗争的历史"①,阶级性是国家的重要特征,国家具有阶级统治的功能。同时,国家作为合乎理性的社会存在,具有"相对独立性",因此要考察国家,一定要认识到国家自主性理论的重要性,该理论正是马克思主义国家思想的组成部分。这包括相对于经济基础的自主性,即作为实体的国家有自主性,是一个整体,具有上层建筑的自主性和反作用功能;相对于统治阶级来说,国家实体又是主体,具有自主性;以及相对于集团政治而言,国家官僚的自主性等。

关于马克思的国家自主性理论,众多西方马克思主义思想家,诸如阿尔都塞、葛兰西、普朗查斯、密利本德等都对马克思国家自主理论进行深入阐发和拓展研究,客观上看,他们的研究在很大程度上推进发展了马克思主义国家理论,并且在回归国家学派的兴起过程中,该理论研究被推向一个新研究层面和研究阶段。归纳一下,国家追求特定的目标,制定和实施具体的政策,具有相对的自主性,这就是所谓的国家自主性,是国家相对于其他社会力量,所拥有的超越特定社会部门、群体或阶层的自主性、超然性。这里的国家作用的发挥,是通过对经济等领域的调控,以积极的方式治理国家、管理社会、引导公民。因此,作为主体的国家不仅承担政治统治职能,在整个国家建设中,社会管理职能也必然存在,进而保持社会平衡稳定。但马克思经典作家对国家的论证不限于此,作为生于资本主义现代化国家进程中的见证者,马克思、恩格斯从唯物史观的角度,在肯定资本主义现代化推动社会进步的同时,深刻揭示了资本主义社会在迈向现代化过程中,资本主义生产方式本身所带来的丑恶和弊端源自社会化大生产和资本家私人占有之间的矛盾,并且该矛盾无法靠资本主义本身克服。事实上,在资产主义现代国家的制度框架下,基于维护资产阶级利益的"资本中心"地位和以资本为中心的利益,资本

① 《马克思恩格斯选集》(第一卷),人民出版社,2012年,第400页。

主义国家建构的民主法治等被西方学者鼓吹的所谓进步的政治价值只能以虚假的面貌呈现,这种状况的改变只有社会主义现代国家建立起来,在社会主义国家才能保障民主法治的真正落实,民主法治的形式合理性与实质合理性才能够实现真正的统一。所以要解决这一问题,最终要经过"过渡时期"①国家阶段,最终进入共产主义社会,从而使多数人获得解放,实现"自由人的联合体",使现代化向更高层次进化。

依据经典作家的看法,依据中国现代化实践经验,马克思主义理论本身就是开放的思想、需要发展的理论。这是因为,马克思主义经典作家生活的那个年代、那个历史时期,遇到的是资本主义那个阶段的具体问题,仍有许多现代化发展所带来的问题还尚未出现,或者即便是出现了也表现得不太充分。这并不是简单粗暴的断言马克思主义已经过时,马克思主义经典作家对于国家的认识,对于现代化的相关看法及观点对于今天仍有许多可鉴之处,对于我们考察国家现代化生成和建构具有重要的内在关联和理论价值,对于理解我们今天中国式现代化依然具有指导意义。

最后,国家主导是中国现代化建设取得成功的关键保证。政党驱动是国家主导现代化建设的突出动能,政党作为现代政治的产物,具有实现国家现代化的重要功能,是其中重要的推动力量。在我国政治发展中,政党驱动的国家主导是现代化建设的重要特色和制度优势。从新中国成立那天起,中国共产党始终发挥着总揽全局、协调各方的作用,尤其是对于中国这样一个超大规模的、后发现代化的国家而言,执政党的坚强领导和国家作为主体力量始终处于主导、主体地位有其历史的必然性。难以想象一个缺乏自主性的国家、缺乏自主性的政党能够制定出长期的战略决策,一代接着一代干下去,取得今天的成功。而以现代化的政党驱动和国家主导的现代化模式是顺利推

---

① 《马克思恩格斯全集》(第十九卷),人民出版社,1963 年,第 31 页。

进我国现代化进程取得成功的关键,在这一点上,我们要跳出西方所谓的拥有强大国家权力和政府权力的国家就不是现代化的国家的非此即彼逻辑陷阱和理论话术。当前,中国正处在建设中国式现代化和实现现代化强国的关键阶段,在推进国家现代化的过程中还面临不少挑战与问题,这对中国式现代化进程中发挥国家自主性与国家能力均提出了较高要求,"伟大的事业必须有坚强的党来领导"①,中国式现代化需要在中国共产党领导下,站在时代的高度,有效统合国家意志,驱动发挥国家的主导力量,化解现代化建设中的难题,规划绘就未来发展的蓝图,实现中华民族的伟大梦想。

二、现代化是国家各要素有机协同发展的结果

作为一个整体,国家是由具体的政治、经济、文化等要素构成的有机体,现代化建设必然涉及国家建设、政治建设、经济建设、社会建设、文化建设、生态建设等方方面面。在马克思主义那里,人类社会是一个有机整体,其中包含着政治、经济、文化等各方面要素和领域构成的体系。社会的整体进步从来不能剥离掉人的现代化,它与人的全面发展是辩证统一的关系。现代社会一个最本质的特点是,社会的生态属性日益凸显,生态整体有机发展的属性表明构成社会的各因素间整体创生的关系,这一特点决定着任何阶段现代化建设都具有整体性。

首先,作为发展的概念的现代化,描述的是一种状态,更是一个过程,从来不会只有一个模式,也没有这样一个模式,执着于一个样板和模式的现代化尝试,历史与实践已经证明不可行。其次,一个国家的现代化内容也不是单一向度的,某一个领域的现代化不意味着这个国家的现代化实现。作为一个国家实体,生态有机、开放多元的整体,在社会生态整体性结构中,社会各

---

① 《习近平谈治国理政》(第三卷),外文出版社,2020年,第54页。

个生态因子之间的关系链接不是嵌入式的(后置入的),而是深深根植于整个社会有机体中,现代化国家是多种因素共同作用的产物,其内部政治、经济、文化等因素构成了一个有机结合的系统整体,其中每一部分都不是孤立独存,而是处于普遍的联系中,每一个组成部分都只是整个社会生态系统这一有机网络上的具体节点乃至社会事实的增长点。于中国的现代化而言,它是在对社会主义生产方式、国家管理中制度机制,以及文化意识形态的全面改革建设发展的现代化,其过程是艰难的,唯有通过对包括政治、经济、社会、文化、生态等领域的现代化建构,需要各方面力量和发展的整合协同推进,以焕发社会主义内在生命力为前提,以最终形成的历史合力推进国家和社会由低级到高级的变革,向着更完善更合理的理想社会状态的目标发展。其中,经济基础产生并决定着根植其上的上层建筑的产生和性质,无论是思想的还是政治的上层建筑都是适应这个国家和民族的经济基础之需要而产生和发展的,同时,上层建筑并不是完全被动,而是具有相对独立性,能够反作用于经济基础。但是这种反作用和变革不是无条件的,须具备相应的前提:要有围绕先进的生产力形成坚实物质基础和充满活力的经济样态,要有一个完善的制度平台,要有积极有为的参与主体和有为向上的核心价值精神。现代化作为一个有机整体由物质现代化、制度现代化和人的现代化构成,对应的是物质层面、制度层面,还有人的现代化,这三个方面塑造着国家现代化建构内容和需要完成的目标任务,三者互相关联、协同推进,形成和谐的整体秩序和现代化建设的协同力量,其中任何一项发生变化都会引发其他的变化,任何一项因素缺失都会导致整个系统的变化。

其中,首要的因素是物质层面的现代化,也即经济基础的建设,现代化的实现离不开对国家经济发展的建构,生产力的发展程度是衡量社会进步、社会发展的根本尺度。马克思认为,人类社会产生和发展的基础和前提是物质生产,作为决定性力量的生产力是现代化发展的根本要素,是实现现代化的根本动力,它的发展决定着社会主体间的各种关系和活动,所以在现代化进程中,物质现代化是整体现代化的基础。其次,任何领域的现代化都不是自然进化的,都离不开人的活动、人的能动创造。经济是决定因素,但不是唯一的决定因素,社会运动发展不过是"作为既定的主体的人的现实历史",现实的人才是现代化历史的"剧中人",更是该过程的"剧作者",身处现代化进程的人的现实需要及利益推动人的现实活动和具体实践,这是现代化前行的源源动力,实现人的现代化则是整体现代化的本质内容。中国式现代化建设与发展,归根结底要致力于实现人的自由全面发展这一目标,当然,这一层次的现代化是最难的也是最必须的,只有实现这一层次的现代化才能促进国家的全面现代化。① 最后,制度建设作为政治上层建筑,更带有根本性、全局性、稳定性和长期性。综观人类的现代化进程,所有能够成功的现代化,无不是以建构一套稳定成熟、运行有效的制度体系作为发展保障,而成为建设的基础和表现为标志。国家整体现代化的要求决定了制度的现代化目标,制度现代化作为整体现代化中的重要杠杆,是保障和调节物质现代化与人的现代化均衡推进的重要支撑,制度因素是现代化发展的关键因素。

在这方面,国内学者做了大量的工作,特别是在近代以来的中国现代化探路中,追求单一向度的现代化都以失败告终,这是重要的历史经验和教训。其中,中国学人对现代化的界定和近代以来国人对国家现代化实践求索过程的历史经纬是一脉相承的。向前追溯,代表者如梁启超,他对 1840 年后中国现代化的探路过程概括为器物层面、制度层面、思想层面三个层面和三个阶段。进入当代,学者们进一步认同三个层面,但强调三个层面的协同发展,比如现代化研究的著名学者罗荣渠先生则强调现代化是一个每一个国家都要面对和实践的历史任务,是一个国家在政治、经济、社会、文化等领域的深刻

---

① 金耀基:《中国现代化的终极愿景——金耀基自选集》,上海人民出版社,2013 年,第 12~13 页。

变革,既包括物质层面的经济发展,也要致力于制度层面的政治发展,同时必须包括思想行为层面的社会文化建设。① 香港中文大学(深圳)郑永年教授也认为,对于一个国家和社会来说,其内在的现代化分三个层面,物质层面的现代化是第一个层面,人的层面的现代化是第二个层面,第三个层面是制度层面的现代化,三个层面的现代化是三位一体的,其中,制度现代化是调节物质现代化与人的现代化的一个重要杠杆,是重要的调节轴。②

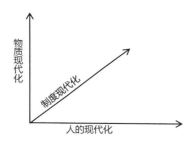

图 2.1　物质现代化、制度现代化与人的现代化的关系

注:本图根据郑永年《如何理解中国式现代化》一文的观点整理。③

综上,现代化发展中的物质、制度和人三要素的有机协同决定着现代化建设的最终结果和最终效果。对此,习近平总书记强调,要在坚持以经济建设为中心的同时,全面推进经济、政治、文化、社会、生态建设,促进现代化建设各环节、各方面协调发展。所以说,中国式现代化是整体的现代化、是全面协同发展的现代化。

---

① 罗荣渠:《现代化新论——世界与中国现代化进程》,商务出版社,2006 年,第 17 页。
② 郑永年:《现代化不能误解为西方化》,《新京报》,2022 年 10 月 24 日。
③ "现代化可分成三个层面:1. 物质意义上的现代化,包括公路、桥梁、高楼发展与科技创新的现代化。2. 以人为中心的现代化,由于人是文化的产物,故而要实现自身传统文化的现代化。3. 制度方面的现代化,这一点尤为重要,因为制度的现代化是调节物质跟人现代化的一个中间的变量。所以我们深入推进中国式现代化,就是要做到物质、人与制度这三大层面的现代化的协调发展。中国方案也拓展了发展中国家现代化的路径……首先,制度的现代化是调节物质现代化与人的现代化的一个重要杠杆。如果把物质现代化比作一个纵轴,人的现代化为横轴,制度现代化就是中间的一个调节轴。"参见郑永年《如何理解中国式现代化》,http://news.sohu.com/a/595556890_761816,该文是 2022 年 10 月广州粤港澳大湾区研究院综合整理自郑永年接受深圳卫视、21 世纪经济报道、新京报等媒体的报道。

三、中国式现代化是国家发展的阶段性和整体性统一

每个时代有每个时代的问题,这些时代问题中又存在主要矛盾次要矛盾及矛盾的主要方面和次要方面。可以说,无论是上到国家现代化建设,还是下到日常生活中做工作办事情,都要发现主要矛盾,这样在人们认识和评价事物的时候,通过抓住矛盾的主要方面开启工作,才能够找到问题,发现问题的关键,才能够解决问题。认识我们的现代化建设进程和发展阶段同样要坚持马克思主义辩证法。一方面,基于不同历史阶段的现实国情和现代化赶超的实质,社会主义现代化是一个进行时态,一个不断发展完善的过程,在发展中发现问题解决问题是常态。在我国的社会主义现代化建设不同历史阶段、发展时期,不同的阶段有不同的问题需要解决,也总会有不同的建设目标和要聚力攻坚的重要任务,所以具有过程性和阶段性的特征。另一方面,现代化是一个整体,现代化的实现和现代化建设并不能完全画等号,现代化的实现强调各领域、各方面的实现,是一个具有整体性质目标的范畴。尽管现代化建设所涉方方面面,但在一个国家一个社会实现现代化,在现代社会、现代国家中,人、物、制是基本要素,没有人这一主体因素,也就不存在社会、国家;没有物质,这个国家社会一天也存在不下去;没有制度机制就无法保证秩序,人财物事也无法进行有效的管理组织。所以这三个方面哪一个方面建设出现的短板,滞后于其他层面现代化的步伐,都会使整体现代化滞后。其至会出现发展中国家陷阱、现代化中断等问题和现象,实则就是现代化建设的单一发展,其他层面却被忽略或建设不力,诸如拉美一些国家通过复制西式特别是美式现代化模式,采取出口导向战略,物质层面现代化、经济增长很快,在人的层面、制度层面建设不力,结果是资源配置不合理、贫富差距拉大、国际依附加强、社会动荡不稳,持续发展难以实现,变成了有增长无发展现象和问题。所以说,现代化的整体性、全面性是目标也是现代化可持续的条件,现

代化不是单一层面的现代化，而是人、物、制全面协调发展的现代化。

中国式现代化同样涉及物质、制度、人的协同发展的问题，现代化建构进程包含着物质层面现代化、制度层面现代化、人的现代化，三者共同构成了整体现代化的基本内容，是三个方面但又是一个整体。现代化的阶段性特性，说明整体现代化及三个层面的现代化实现具有一定时序性，不同的阶段侧重解决问题。包括物质层面的现代化的建设就是明证，不同的阶段有不同时期的建设任务要完成、不同阶段有不同的时代问题要解决，新的历史时期同样会有新的建设目标。在这方面中国共产党人有着清晰的认识，无论是改革开放新时期的"三步走"战略，还是新时代强国建设的"两步走"即基本实现和全面建成的战略安排，都是根据发展时期要解决的主要问题，而进行的阶段性战略目标的设置、阶段性发展策略的安排。同时，作为后发的社会主义现代化国家，道路和制度属性决定我们的现代化建设追求的是全面的现代化，是一个方面都不能少的现代化。与西方式现代化采取"串联式"发展策略的现代化模式不同，我们的现代化是"并联式"的现代化模式，既要每个领域和层面现代化突破进展，又要相互协同稳进，这也正是中国式现代化均衡发展的建设目标的要求，最终要实现综合的、全面发展的现代化。特别是经过一代一代人的接续用力，一个一个难关的相继攻克，经济建设取得了举世瞩目的成就基础上，新时代的中国现代化建设全面性的要求就更为关键和更为重要。

今天的中国已经进入现代化建设的新的历史阶段——全国上下致力于全面建设社会主义现代化强国，在这个聚力攻坚的关键阶段，只有从经济建设、政治建设、文化建设、社会建设、生态文明建设五个领域协同发展，每个领域都不能有明显的短板，所以任务更为艰巨，啃得都是硬骨头，不仅要解决单个领域的新问题，还要解决"五位一体"整体推进的有机协同的问题，需要形成的是领域协调发展且重点突破相结合的建设发展格局，只有全面实现中国式现代化,中华民族伟大复兴的"中国梦"整体目标性才能实现。在当前小康社会已全面建成的前提下,中华民族走上了飞速变迁的现代化快车道,全面建设现代化强国成为新的建设目标。谱好这张蓝图,关键是完成现代化强国建设的重要一块拼图:上层建筑。所以,确保中国特色社会主义现代化建设持续推进,于今天而言,无论是加强政治上层建筑还是思想上层建筑的建设都刻不容缓,在这块拼图当中,人的发展和制度的完善是最为重要的要件。党的十八大以来,党中央全面部署、全面规划的现代化强国战略,进一步构建与物质层面现代化协同的国家治理现代化(制度现代化)和人的现代化。其中,公民(人)是现代化强国建设最有活力的、能动的因子,所以说,加强公民核心价值观、建立良序社会是现代化国家构建不可或缺的组成要素;而制度是国家现代化建设的重要保障,是现代化实践的道路规则,合理的制度为国家治理的顺利展开奠定基础。公民美德和正义的制度的有机统一体现了个人之善和群体之善的结合,二者构成了中国共产党人开创的中国式现代化国家建构的重要领域。

第二节　物质现代化是现代化的重要支撑

物质现代化是整体现代化的首要目标,没有物质上的强大,没有物质层面的现代化,现代化国家也无法建成,没有坚实的物质技术基础,更不可能全面建成社会主义现代化强国。新中国成立后,我国的现代化开启就是从农业大国变成向工业国这一目标开始的。经过七十多年的发展,从纵向来看,中国经济总量 1949 年为 179 亿元,2021 年达到 114.4 万亿元,翻了 6391 倍;从横向来看,这些成就即使与今天其他先发国家相比,中国在物质现代化方面取得的成就也是举世瞩目的。这一成绩为当前的中国式现代化建设奠定了雄厚的物质基础,为从现代化大国向现代化强国奠定了坚实的基础和保证。

一、物质现代化是整体现代化进程中的重要组成

人类社会是由诸多要素共同构成的,在这个不断创新发展的有机整体中,"物质资料的生产是人类社会存在和发展的基础"。对此,马克思曾指出:"我们首先应当确定一切人类生存的第一个前提,也就是一切历史的第一个前提,这个前提是:人们为了能够'创造历史',必须能够生活。但是为了生活,首先就需要吃喝住穿以及其他一些东西。因此第一个历史活动就是生产满足这些需要的资料,即生产物质生活本身。"[①] 物质层面的发展则主要指的是经济领域发展进步的情况和客观成果,通过改造客观物质世界,人类能够获得的物质生产的进步和物质生活的改善,在整个人类有机体诸要素中处于最为基础的地位。综观世界现代化发展史,所有模式的现代化都是建立在生产力大发展的前提下,没有强大的经济上的实力保障和经济支撑,就不可能有现代化强国建设的物质基础,其他领域的现代化也不会顺利推进。因此,现代化建设全局中物质层面的现代化居于基础地位,决定着现代文明的底蕴。对于物质层面现代化、经济现代化的作用意义,无论先发还是后发,国家对此没有多大分歧,特别是后发现代化国家在物质层面求变求强的欲望追求最为强烈。同时,作为现代化的其他部分,无论是制度现代化还是人的现代化,离开了经济现代化这个基础前提,都只是空中楼阁。因此,物质层面现代化始终是国家现代化的最为核心的领域和内容,构成了整体现代化的物质动力基础和实践源泉。

回顾中国的现代化寻路、筑路的历史,先发国家的现代化给近代中国人带来的首先是器物层面的冲击。1840 年鸦片战争之后,中国进入近代社会,中华民族进入半殖民地半封建社会,对外没有民族独立和主权安全;在内是

---

① 《马克思恩格斯选集》(第一卷),人民出版社,1995 年,第 78~79 页。

封建统治的极端压迫,没有民主制度,政治腐败、经济落后、科技落伍、社会混乱、人民贫困。依据英国经济史学家安格斯·麦迪森一份统计资料(他是按照国际元来计算的),在1820—1952年的百余年间,中国的国内生产总值年均增长率仅为0.22%,相当于同期世界各国的平均增长率1.65%的13.4%。造成这种状况的原因,主要在于中国当时深陷于半殖民地半封建社会,中国人面临的是多重挑战和压力,内外压迫交织,帝国主义、封建主义、官僚资本主义三座大山压在中国人身上,在这种统治、压迫和剥削的情况下,经济低速发展,物质发展极端落后,人民处于极端困苦的生活状态。先发国家是造成中华民族物质层面极端落后的重要因素。

不是单纯解决物质贫困的问题就能破解中国的困境,于近代中国而言,首先要有独立主权、建立真正的民主国家,才能够解决富裕发展的问题,或者说完成不了民族独立、人民解放的历史任务,就无法实现国家富强、人民富裕的历史任务。这是中国近代、乃至现代所面临和必须直面解决的最大问题。这两大任务的主题、内容与实现方式不同,解决策略也不同,但二者息息相关,不可分割,前者是后者的前提和基础,后者是前者的最终目的与必然要求。这就是为何新中国成立后,民族独立、国家独立之后,实现国家繁荣富强,实现人民共同富裕才能提上日程、上升为根本任务,而实现的关键即解决生产力问题,归根结底是实现物质现代化。

二、物质现代化是中国现代化建设的目标任务

新中国成立后,中华民族赢得了民族独立和人民解放,实现国家富强和人民富裕这一历史目标就成为新中国矢志坚持的奋斗目标,我们的现代化建设也首先着眼于物质力量的现代化。在迎来新中国成立的关键时刻,党的七大在勾画党在全国胜利后的建设蓝图时,就提出了实现工业化的宏伟任务。毛泽东在他发表的《论人民民主专政》一文中对新中国成立后物质现代化发

展进行了战略思考,提出首先要解决的问题:人民民主专政的任务就是使中国稳步地要从农业国变成工业国。新中国成立后,自 1949—1978 年这一阶段主要是对中国现代化之路进行探索时期,找一条适合中国国情的工业化和现代化道路。在实现工业化这一目标的指引下,中国共产党领导中国人民在"一穷二白"的基础上,战胜了经济、政治、军事等方面的一系列挑战,克服了巨大困难,在较短的时间内迅速恢复了遭到严重破坏的国民经济基础。实现物质现代化的问题也很快提上日程,当然这也是中国发展首先要解决的问题。

1953 年 9 月制定的过渡时期总路线就明确地提出:逐步实现国家的社会主义工业化。在那个特定的历史阶段,面对具体的国内国际实际,集中精力进行工业特别是重工业建设,对于新生中国是更为紧迫的需要,只有工业发展了才能奠定现代化的发展基础。但这个层面的现代化不是以忽视人民的生活水平为代价,而是要实现共同富裕。毛泽东等中央领导同志始终强调社会主义不应该贫穷,而应该是全体人民共同富裕。比如关于在农村发展问题上提出:要"使农民能够逐步完全摆脱贫困的状况而取得共同富裕和普遍繁荣的生活"[①]。特别是 1956 年 9 月党的八大对社会主义改造基本完成之后,对国内主要矛盾进行了科学判断,指出我国当时的主要矛盾是建立先进工业国的要求同落后农业国、人民的发展需要与经济文化不能满足之间的矛盾。解决这一矛盾,出路就在于全国人民聚焦壮大我国经济基础,集中力量发展社会生产力,实现国家工业化。于是,从 20 世纪 50 年代中期首次提出"四个现代化",到六七十年代的逐步明确,强调物质现代化建设要以农业、工业、国防和科学技术的现代化为核心内容,全国上下要致力摆脱贫穷落后的社会面貌。面对新生的社会国家建设现代化的问题,实质上仍是一个探路

---

① 《建国以来重要文献选编》(第四册),中央文献出版社,1993 年,第 662 页。

的过程,鉴于对发展实际的认识有限性,建设过程中间经历曲折,比如在1953—1978年,曾出现了六年经济负增长,则是因为"大跃进"和"文化大革命"错误决策所导致。尽管如此,我们也不能忽视这一时期的历史成就。经过新中国成立到改革开放之前的三十年的现代化发展,中国拥有了独立的、比较完整的工业体系,从经济指标看,国家固定资产原值也从1957年的522.9亿元增加到1978年的4488.2亿元,增长了近八倍,为在改革开放后推进社会主义现代化建设提供了重要条件。

新时期的经济现代化建设进程肇始于1978年开启的改革开放。改革开放作为关键一招极大加快了社会主义经济现代化进程。1978年后,如何摘掉贫穷落后的帽子,发挥社会主义制度的优越性是邓小平最为关注的问题,他深刻地认识到:"我们的政治路线就是搞社会主义现代化建设。……社会主义如果老是穷的,它就站不住。"① 此后他多次提到"贫穷不是社会主义"②的观点,而解决贫穷问题,必须解放思想、实事求是,突破原本对社会主义的僵化认知,强调党的工作重心和基本的战略目标就是建设社会主义,就是要集中精力发展生产力,聚焦到"四个现代化"建设上来,稳步提高人民生活水平。经过改革开放最初几年的摸索探路,对中国的社会主义现代化的认识不断得到完善和发展。从具体的经济指标来看都进一步佐证了这一点:从经济总量上来考察,可以说,从"一度濒于崩溃的边缘"的中国经济,经过改革开放四十余年的发展,强调实干兴邦,真抓实干、稳扎稳打、一步一个脚印,不断取得突破。结合新中国成立以来,我们可以做纵向的比较:在新中国成立之初,我国人均GDP只有几十美元。经过三十年的建设,到了1978年,人均GDP也只有156美元。从生产力发展水平角度来考察,党的历次会议对发展情况分别做了定性:在1981年十一届六中全会时用了"很低"的定性,党

---

① 《邓小平文选》(第二卷),人民出版社,1994年,第191页。
② 《邓小平文选》(第三卷),人民出版社,1993年,第116页。

的十三大时提出生产力时的用语是"相当落后",党的十七大则指出我国的生产力发展水平"总体上还不高"。如果从人民群众的生活水平来看,党对不同时期的界定也是一个变化的过程,当然这都是基于当时的发展实际:比如改革开放开始时用了"温饱不足"的表述、党的十三大提出"基本解决了人民的温饱问题"。而进入新世纪,中国的生产力迎来飞速发展,产业结构、经济总量等各个方面都取得了显著成就。回头看我们的物质发展有几个代表性的时间点:2000年时,国内生产总值就突破10万亿元,如果说这是一个里程碑式的发展标志的话,随后的发展会不断证明中国发展的奇迹,经过大力建设,用了十年的时间到2010年时,就突破40万亿元,当时我国的国内生产总值达到了41万亿元,发展速度和规模令世界震惊,当年我们的经济总量比日本还多4044亿美元,一举超过占据世界经济总量次席的日本,此后至今始终位居世界第二位。可以说也正是有了新中国成立后、特别是改革开放中一代代人的奋斗取得物质现代化建设成果的前期保障,中国才能说,作为物质现代化的"四个现代化"的目标已经基本实现。20世纪70年代末80年代初邓小平提出的小康社会目标,在2020年中国全面建成了,标志着中国第一个百年奋斗目标实现了。同时也是在这一年,在全国人民努力下,在世界的关注目光中,中国人历史性地解决了绝对贫困问题,这可是存续数千年的大问题。可以说,中国的发展取得物质成就为我们今天大力建设的现代化提供了充满新的活力的体制保证,为我国现代化的快速发展提供了物质条件。

三、新时代物质现代化取得的伟大成就

进入新时代,中国大力推进经济建设、提升物质现代化水平作为中国建成现代化强国的中心工作这一目标始终没有改变。物质现代化是党和国家领导人始终强调的战略任务,习近平总书记多次强调经济建设的中心地位,他强调"以经济建设为中心是兴国之要,发展是党执政兴国的第一要务,是

解决我国一切问题的基础和关键"①,"发展是基础,经济不发展,一切都无从谈起"②。回顾新时代这十几年,在中国共产党的领导下,经济发展上强调以新发展理念推动经济的高质量发展,同时强化经济制度的完善,推进供给侧改革,制定了系列区域重大战略,我国各方面现代化事业无论从数量还是从质量上都取得历史性的发展,无论是经济生产力,还是文化生产力、生态生产力、社会生产力包括国防生产力都有质的提升。

我们从经济指标角度来分析,从 2013 年到 2016 年新时代开启后,我国的 GDP 的年均增长率为 7.2%,这个增长率高于同期世界的 2.6%,也以较大的差距超过发展中经济体的 4%的平均年增长率,我们国家的经济年均增长 444.130 万亿美元。到了 2016 年底,我国 GDP 已达到 80 万亿元人民币。2017 年经济总量达到 82.075 4 万亿元人民币。对我国的生产力发展水平的成绩,党的十九大报告概括为"总体上显著提高,社会生产能力在很多方面进入世界前列";2018 年我国的全年国内生产总值为 99 万亿元,突破 90 万亿元大关。尽管受到全球疫情影响和国际性逆全球化浪潮等复杂严峻的国际形势冲击,我国的经济发展保持了进一步增长,反映了中国物质现代化的强大力量和发展韧性,也是在 2019 年,我国人均 GDP 迈上 1 万美元的台阶,进入中等收入国家行列。先发国家用了两百多年进行工业化和现代化发展到今天的水平,我们用了 12 年的时间实现了从低收入国家到中等收入国家跨越,即使同比快速发展的几个新兴国家,我国也是走在前面的。

中国物质现代化取得的成功可以说是世界经济史上的奇迹,中国后来居上,为二战后的发展中国家开辟了一条新的现代化道路,新的文明形态,这也是先发国家无比紧张、抱团围堵的原因所在。2020 年这个关键年份,是实现第一个百年奋斗目标的年份,中国国内生产总值突破百万亿元,伟大的中国

① 《十八大以来重要文献选编》(中),中央文献出版社,2016 年,第 245 页。
② 《十八大以来重要文献选编》(中),中央文献出版社,2016 年,第 828 页。

全面建成了小康社会,中华民族的千年梦想在新时代中国人手中实现了。我国历史性地解决了绝对贫困问题,这是人类有史以来最大规模的脱贫攻坚战,我们的脱贫攻坚工作具有前所未有的示范效应。可以说,除了中国共产党,世界上还没有一个发达国家政府也没有一个发展中国家政府敢于真正作出政治承诺并真正解决其本国的绝对贫困问题。2021 年我国全年国内生产总值突破 110 万亿元,达到 1143670 亿元,占世界经济的比重的 18.5%。在复杂的国际环境下,我国是持续引领世界经济恢复的主要力量,数据显示,我国的制造业规模、外汇储备持续稳居世界第一。

如果说以上的经济指标上的显著发展只是我国物质现代化建设取得成就的一个面向的话,新时代以来,我国其他物质层面建设取得的成就更是不容忽视,实现了从高速度发展向高质量发展的成功转型,整体上呈现推进同步进步、叠加发展。首先是作为第一生产力的科技发展。我国从战略高度,面对西方的抱团围堵,特别强调高水平科技自立自强,攻克卡脖子技术,全面落实科技强国战略和创新国家战略。根据世界知识产权组织公布的数据,我国 PCT(即专利合作协定,Patent Cooperation Treaty)数据 2017 年超过了日本, 2018 年超过了美国,我国在发明专利申请量、授权量方面是第一大国。城镇化成为我国经济发展最大的动力和潜力,新时代中国城镇化道路进入快速发展的阶段,今天,中国的城镇化率已经达到了 64.7%,中国已经从世界最大农村社会到世界最大的城镇社会,在较短的时间内走完了西方先发国家用上百年或更多时间的城镇化道路。实施乡村振兴战略,我国谷物总产量位居世界首位,面对复杂的国家环境,中国确保了我们的粮食安全和能源安全。这一切成就的取得和我们的现代化与始终坚持正确经济发展制度密切相关,我们进行了卓有成效的全面深化经济体制改革,建设起高标准的市场体系,构建了更加成熟定型的高水平社会主义市场经济体制,实现了制度安排和实践策略的有机统一。

以上被称为"中国奇迹"的物质现代化成就背后,就在于中国共产党领导和驱动的国家主体性得到充分发挥,国家主体性建构的蓬勃力量的有力推进。正是中国取得的物质现代化成就,为我国制度现代化和人的现代化有序展开提供了坚实的物质保障,同时经济发展、物质现代化的建设无论在过去、现代还是未来的现代化强国的征程上,都是我们要坚持的建设目标,正如习近平总书记在二十大报告中所说,"发展是党执政兴国的第一要务。没有坚实的物质技术基础,就不可能全面建成社会主义现代化强国"①。

第三节　国家治理现代化实质是制度现代化

考察一个国家现代化程度的一个重要因素就是国家的治理水平,治理是国家的重要职能,尽管不同的制度下具有不同的性质和形态,但本质都在于通过治理职能的发挥,协调和缓解社会的冲突与矛盾,实现维持社会特定的秩序目标。换言之,在现代化建设全局中,国家治理的地位愈来愈突出,我们的国家治理现代化聚焦的及时制度设计完善和制度的执行,实质上就是制度现代化,从属于中国式现代化的整体内容。其中国家治理体系和治理能力与制度和执行一一对应:国家治理=中国特色社会主义制度,国家治理能力=中国特色社会主义制度执行能力。所以说,国家治理现代化集中体现了我们的社会主义国家制度现代化,是我国国家现代化建构的关键方面。国家治理现代化的提出及实践,本质上是中国自信、中国价值的体现,体现了中国始终坚持"走自己的路"的国家主体性精神意旨,是国家成长的重要标志。为了进一步厘清国家治理的理论逻辑,本书以比较的视野来分析。

---

① 习近平:《高举中国特色社会主义伟大旗帜 为全面建设社会主义现代化国家而团结奋斗——在中国共产党第二十次全国代表大会上的报告》,人民出版社,2022 年,第 28 页。

一、国家治理现代化是国家成长的重要标志

现代化是一个国家在发展中不断增加新的现代化要素,不断累积现代化成果的国家成长与建构的过程。从世界历史的角度看,于先发国家的现代化而言,西方国家现代化建构的历史逻辑,实际上是通过资本扩张,促进形成民族意识和民族国家建构的过程,一个不断把分散市场整合成统一大市场的过程,资本逻辑和市场逻辑是其现代化国家建构的深层结构。作为理论上的阐述,自从查尔斯·蒂利(Charles Tilly)1975 年提出"国家建构"概念,早期的理论侧重历史比较研究角度,主要基于传统国家与现代国家区分的背景,关注国家能力建设问题,比如在蒂利那里强调的是国家对于社会权力的强化进程,他认为现代国家建构和形成是内生推动,实质上是国家权力与能力的建构过程。至于当代国家建构研究则扩大了研究对象,不再只局限于欧洲民族国家建构的经验总结概括,与现实政治联系十分密切,开始关注后共产主义国家、"失败国家"和战后国家等。

这一研究主题吸引了西方学人、国际组织、智库等,从集中权威和资源建构强大国家,以及如何实现政治安定、促使国家增能、推进行政有效的过程等方面进行探讨,包括从外生或外源的角度来探讨,其中弗朗西斯·福山(Francis Fukuyama)是其中较早系统关注该问题的学者。在福山的定义中,"国家构建就是在强化现有的国家制度的同时新建一批国家政府制度"[①]。福山认为,政治发展内容包括国家建构、法治和问责这三个维度,其中"国家建构"是核心要素。他从历史起源的角度分析,认为最早开始了"国家建构"进程的是古代中国的秦朝,"中国就独自创造了韦伯意义上的现代国家,即,中国成功地发展出了一个中央集权的、统一的官僚政府,去治理广大的疆域与人

---

① [美]弗兰西斯·福山:《国家建构:21 世纪的国家治理与世界秩序》,黄胜强、许铭原译,中国社会科学出版社,2007 年。

口"①。但实际上福山研究的出发点还是在探讨西方的自由民主制为何最终能和为何还未能征服世界,因此不论他的观点前后如何转变,以西方现代样式来比对非西方国家的主旨没有区别。但总体上看,他们发现了国家建构对一个国家现代化的重要性和国家能力建设的这样的目标。

进入 21 世纪以来,国家建构的理论依然是考察一个国家政治发展的重要分析视角和理论议题。总之,国家建构指的是一个国家强化其国家能力的过程,不仅是一种理念,是从本国实际出发,推进国家综合能力建设的历史过程。尽管国家建构是一个世界性问题,但事实上"非西方社会不可能重复欧洲的现代国家建构历程,更无法想象通过人为建构现代国家结构及相关制度要件,拼接出一个具有同等治理效能的国家治理体系"②。对此,西方学者在这方面也做了反思,认为新自由主义式的国家建构模式是导致了以往国家建构努力的失败的原因,需要发挥国家的作用。③ 在理论研究中,国家建构与国家成长、国家治理是交叉混合,即使是蒂利也主张使用较为中性的国家形成(state formation)一词。尤其对于后发国家而言,从政治生态学的角度进行分析,在全球化不断深化和信息社会推进的互联时代,每个国家都不可避免地要同时处理国家建设、国家成长、国家发展与国家治理等多项任务,国家成长一词能够形象地展现了国家现代化建构的演进、发展、优化之过程。这里的形成或成长的本来含义是一个有机体的生发机制和长大、长成的变化状态,国家形成或成长包含着国家建构的各个环节,是对国家建设、政治发展的有机化、系统性的生动概括。

但西方的研究中依然有着明显的西方中心主义色彩和理论的坐标,缺乏

---

① [美]弗兰西斯·福山:《政治秩序的起源:从前人类时代到法国大革命》,毛俊杰译,广西师范大学出版社,2014 年,第 25 页。

② 何显明:《中国现代国家建构的内在逻辑》,《浙江学刊》,2020 年第 6 期。

③ BARBARA J. *Rethinking Neo-Liberal State Building: Building Post-Conflict Development States*[J]. Development in Practice, 2008:18(3).

对后发现代化的国家"主体性"尊重,后发现代化国家只被看作世界现代化浪潮冲击和波及对象性的存在。也由此,无论西方的现代化理论还是对现代化的反思,都始终存在着将西方的现代化国家建构作为样本标准的思维逻辑惯性,结果是作为一个理论探讨始终无法回避和回答、解释与解决不同国家的适用性问题。此外,在全球化的今天,先发国家的现代化没有突破资本的强大逻辑影响下的控制人、奴役人的实质,经典马克思作家当年所揭示的资本主义制度的弊端在西方仍然普遍存在,这个实践基础上的国家成长论述有其根本的理论误区。中国的国家成长和建构有着鲜明的价值导向和精神依归,因此回望历史,中国无论从革命、建设、改革各个重要历史阶段,从建立真正的民主共和国、由落后的农业国变为先进的工业国、把工作重点放到现代化建设上、建设中国式现代化强国递进发展的历史任务中,制度建设从没有停止,中国共产党人对中国特色社会主义制度的国家建构一直在努力,伴随着对社会主义国家管理的科学规律认识的不断深化和实践的不断探索,国家治理现代化的提出和实践体现了新时代中国现代化国家成长的标志性理论成果归纳和战略安排。

二、国家治理理论是对西方治理理论的超越

治理理论作为一种舶来理论,有其特殊的西方语境和价值取向,我们在分析中国的国家治理问题时,需要对该理论进行批判性分析和扬弃。

西方治理理论中的"治理"一词是一个包容性很强、内涵不断演化的概念,是一个"本质上有争议的概念",同时也是一场政治改革实践,从这个角度上说,国家治理属于国家建构的理论范畴。通过追溯西方治理理论的兴起,可以看出,西方治理理论形成深受新自由主义思想和后现代主义文化的影响,有其特定语境下的理论和实践的发展逻辑,西方国家所鼓吹的新自由主义的弊端、问题,在治理理论范式的实践中同样存在。

其一，20 世纪 70 年代中期的经济危机进一步推动凯恩斯主义的逐渐隐退，西方左翼理论和实践转入低潮，为帮助西方国家走出财政危机、管理危机、信任危机等三大困境，西方学者开始了新的理论和实践探索。特别是以哈耶克为代表的新自由主义理论家走到了前台，包括公共选择理论、新公共管理理论等相继出现，20 世纪 70 年代末和 80 年代初以英美国家的改革实践逐渐推广开来，其中最重要的代表就是英国的撒切尔主义和美国的里根主义，作为对凯恩斯主义的反对，"新右派"理论观点，意识形态倾向逐步上升成具有统治地位的观念主张，他们的代表理论——新自由主义逐渐成为西方国家制定内政外交政策的重要指南，成为该政治思潮所主张的政治民主化、经济自由化与治理社会化理论源泉，突出强调推进私有化、市场化及世界经济一体化，反对政府干预，主张最低限度的国家，实际上就是去国家化、去政府化。客观地说，新自由主义政策实施之初，部分解决了这些国家长期存在的问题，一度也推进了西方世界发展和经济繁荣。于是，在这样的背景下诞生的治理理论背后的实质就是新自由主义的关键主张。但只要资本主义社会基本矛盾得不到解决，以资本为中心、资本逻辑主导下的市场机制的弊端就不会因一套新的话语、新的机制而解决，资本主义国家建构的根本问题导致的一系列社会乱象的根源病灶就仍在。

其二，自从 1989 年世界银行在其报告中提出"治理危机"的概念，有关政治与公共事务新的理念和实践的"治理"（governance）理论因此诞生并吸引了不同学科领域的学者和公共管理者的关注，并从不同角度进行理论构建和实践探索，也由此对其的界定仍是相对模糊和复杂的，是在 20 世纪 90 年代诞生的一个概念及理论体系，它的诞生有特殊的问题背景和实践指向。面对南撒哈拉沙漠国家的普遍性的国家失败、政府失灵和现代化中断等问题，世界银行专家为此提出一个指向性明确的政策设计和机制措施，强调这些国家要发挥社会作用以达到去政府化的目的，通过加强非政府组织、其他各种类型社会组织乃至其国内民众个人的作用,弥补政府的无能为力,世界银行也由此创建基于"世界治理指数"(Worldwide Governance Indicators, WGI)的聚合指标——国家治理指数,作为衡量一个国家治理水平的价值取向和指标体系。国家治理危机自诞生就引发了众多学者的关注,成为一个重要研究议题。它主要围绕国家与社会、政府与市场、权力与权利的关系展开,以社会秩序可持续和公共利益最大化为目标,为提高效能效力,在公共事务管理上主张强化政府、市场、社会各主体的共同责任,以应对复杂的治理问题,该理论的核心原则是"合作",对国家与社会的关系进行再认识,强调国家与社会之间的合作而不是冲突,重点关注公共权力获得和运行,以及相关主体的参与和互动过程。追求最低限度的国家,强调多中心、多主体的治理新模式,提倡"没有政府的治理"或"多中心的治理"。

其三,西方治理理论通过对国家与社会、政府与社会的关系重新界定开出的药方并没有解决后发国家的问题,因为面对一个弱国家弱政府导致的失灵、失败,而采用基于个体权利为核心的理论范式,以自由主义价值观设计的制度、政策设计作为行动指南,而片面"否定、忽视国家作为治理主体的地位和作用,会产生对市场和公民团体的过度崇拜"①,所导致的结果是,国家在治理体系和治理能力建设方面的缺席或软弱无力,实际结果可能是进一步削弱了这些国家的自主性、权威性和治理能力。因此,在西方治理理论范式设计指导下的南撒哈拉国家并未能够实现好的治理,反过来却导致众多国家治理状况的进一步恶化,这些国家失败、政府失灵、现代化中断的问题依然存在甚至加剧。不顾国情,片面的移植照搬,在实践中南橘北枳难以产生应有的效果,甚至会导致南辕北辙的方向性错误,所以对后发国家来讲,这种理论指导开错了药方、治坏了身体,不可避免地沦为道德说教,实践的结果必然全是

---

① 郁建兴:《治理与国家建构的张力》,《马克思主义与现实》,2008 年第 1 期。

失败的教训。当然这也一贯是西方的政客、学者或有意或无意的思维习惯使然，他们往往站在道德的高度，居于中心的地位视角形成的治理理论"是'空洞的能指'，缺乏根据具体一国一地的具体情况来诊治施药，在实践中不解决任何问题"①。根本原因就在于西方治理理论的"治理"不单纯是工具性的政治行为，更是一种价值性的政治理念，是基于新自由主义的规范性宣示，与西方的价值输出一脉相承。

在治理理论诞生后不久的 20 世纪 90 年代中期以后，面对治理理论在国外的盛行，国内的研究也开始了，首先是国内学者、特别是政治学的学者开始翻译介绍西方的治理理论。当然，国家治理不只是"术语革命"的问题。在中国的社会主义现代化建设问题上，继"四个现代化"后，国家治理现代化被视为是"第五个现代化"，是政治现代化的重要方面，是政治上层建筑领域的现代化。后续的研究则结合中国的具体实践进行反思和多样化阐发，与国际学界的治理理论的去国家化、去政府化不同，国内学者主动研究治理理论对中国的适用性，从现代国家成长与建构的角度分析具体的模式中统治、管理、治理的联系性。事实上，在国家层面上，没有统治和管理的治理，或者完全将三者对立起来的治理是不可能存在的，不能将其完全割裂开来，特别是针对我国这种超大规模的国家现代化建设来说，国家和政府的积极作用尤为重要，因此强调向国家治理、政府治理的回归，如将治理理论的观点融入"服务型政府"理念的建设中、提出构建中国治理的评估体系等。而党的十八届三中全会将"坚持和完善社会主义制度，国家治理体系和治理能力现代化"作为全面深化改革的总目标提出以后，国内学者关于治理理论研究进一步系统化和中国化展开而进入了一个新的阶段，形成了中国的治理理论——国家治理。从这个角度上说，"国家治理"实际是一个深具中国特色的理论和实践

---

① 杨光斌：《从抗疫斗争看中国的国家治理理论及其比较优势》，《光明日报》，2020 年 7 月 8 日。

概念,国家治理的核心是充分发挥政府治理的功能,坚持党的领导是其中关键因素,是包含政治、经济、社会、文化、生态等领域的全方位治理,我国学者对此方面进行了分项研究,尤其是聚焦构建现代国家治理体系完善的思考和治理能力的提高的策略分析。因此,关于国家治理现代化的研究从属于中国式现代化研究的重要领域,从理论上进一步加强对制度软实力建设的探索,研究者们也从各自的角度对区域治理、协同治理及治理的系统性、治理能力以及治理现代化等问题进行了深入的研究和探讨。

中国共产党基于新时代党治国理政的新特征与新要求,紧密结合中国社会主义发展实际,对现代化发展的客观规律进行科学认识,持续推进社会主义现代化基础上的理论升华。我们国家治理理论建构始终坚持共性与个性的辩证统一。一方面现代化不是凭空而生的,现代化的持续推进的一个重要体现就在于对其他民族有益经验的吸收,中国的国家治理同样借鉴人类文明的一切有益成果,主动吸收西方治理理论与实践中共性的内容,如考虑到治理理念所强调的社会诉求,吸纳其中多元主体参与协商的理念,但不是直接移植西方的理论框架,不是所谓的非中心和社会导向的治理,不是将国家治理等同于所谓的“元治理”。因此科学理性的态度是,把国家治理放在全球治理的角度,通过梳理总结中国国家治理的比较价值和优势,向其他国家和民族讲好中国国家治理的故事、经验,丰富全球治理的内容,为解决全球性的问题提供中国方案。另一方面,也是最重要的,中国国家治理理论的创新构建,实际上反映的是中国共产党人理论创新的主动性,在理论创建和实践中自觉地以马克思主义国家理论为指导,坚持自己的发展道路,从更为均衡发展理论视角和我国国家治理的客观实际出发,突出国家和政府作为治理主体的作用,强调其在社会行为规范与秩序的现代化建构中的主导性功能,特别是转型社会国家发挥主导作用的重要性,内在体现了国家的阶级性和公共性辩证统一。同时,我们的国家治理理论体现了历史性和现时性的统一,现代化是一个连续的历史进程,不能脱离这个国家的历史实践,中国的现代化建设有特定的历史特点和民族特色①,中国的国家治理理论的凝练形成,不仅体现了中国具体实际同马克思主义基本原理相结合的理论特色,也是在新的时代特点、历史任务、科学实践基础上,有效地吸收了中国传统文化中有关国家治理的思想资源,对传统政治文化、管理文化、伦理文化中有益成分进行创造性转化、创新性发展而结出的现代果实。

因此,中国"国家治理"理论从属于马克思主义国家理论话语体系,在很大程度上,该研究与实践结果创新发展了马克思主义国家学说,进而进行的中国化时代化的理论话语的现代建构。同时,它立足的底板是中国社会主义现代化建设实际,着力解决中国式现代化中制度体系现代性建构完善和国家治理能力现代化问题的理论与实践,该理论是中国的理论、中国的学术话语,提供的是中国的国家治理方案,反映的是我们国家建设的理论自主性和民族自信力,可以自豪地说,超越了西方自由主义治理理论的主张,体现了中国理论的根本特征,丰富了人类治理理论,开拓出后发国家有效治理的新路径。

三、推进国家治理现代化的实质就是实现制度现代化

在人类社会发展过程中,人类社会的演进发展总是处于无序和有序的矛盾之中,为了保持社会发展的连续性和稳定性,避免出现不可操控的混乱局面,良好制度成为人们一直追索的目标,通过确保国家和广大民众的利益和福利最大化,以期实现社会良序化的治理。在现代国家中,国家治理的基本制度是国家"基础设施"、国家治理的系列政策措施是"国家性公益产品",国家治理的现代化和国家制度建设成就体现其软实力,是其政治文明的外化,追求制度的现代化是每个国家的天然使命,也是一个国家实现现代化的必由

---

① 《习近平谈治国理政》,外文出版社,2014年,第105~106页。

之路。

所谓制度,从一般意义上讲,往往被界定为一种无处不在的规则,是特定社会组织结构或政治经济中的正式或非正式程序、惯例、规范和风俗的总称,从宪政规则或科层制中执行的标准程序到影响人们行为的习惯和风俗等都属于制度的范畴。① 它具有以下特征:

一是客观实在性。"现存制度只不过是个人之间迄今所存在的交往的产物"②,体现了一定历史时期社会关系的定在。所以,一定的社会制度体现的是一个国家、一个民族乃至一个地区的社会关系状况,有着鲜明的历史性和时代特色。③ 此时此地的时空情境是进行制度分析和制度建构时所不容忽视的,任何形式化的制度外衣下包裹的都是一个民族国家所特有的精神气质和价值内涵,包括从思维模式、话语结构到世俗伦理、制度架构等要素不一而足。而制度的作用就是将人与人之间的关系共识固定下来,形成稳定的形式化规范,外化为一种客观实在。制度是人类处理相互关系的规则,其目的都无外乎是控制人们在交往的过程中可能出现的随意行为或机会主义④,制度的稳定性特性保证整个社会行为系统的确定性和稳定性。

二是公共性。用黑格尔的话说就是"国家制度在本质上是一种中介关系"⑤,是一个社会的"黏合剂",目的是保障共体中每一个成员获得普遍性的行为方式,内在的公共性是制度的合理性所在,强调公共利益和共享共同的价值观念。制度的公共性机理的目标就是个体与实体的统一、普遍性与特殊性的统一。⑥

三是创生性。制度是人们有目的建构的存在物,是国家的公共品。但要

---

① 孙宽平:《转轨、规制与制度选择》,社会科学文献出版社,2004年,第10页。
② 《马克思恩格斯全集》(第三卷),人民出版社,1960年,第79页。
③ [德]黑格尔:《法哲学原理》,范扬、张企泰译,商务印书馆,1996年,第291页。
④ [美]道格拉斯·C.诺斯:《经济史中的结构与变迁》,陈昕、陈郁译,上海三联书店,1991年,第226页。
⑤ [德]黑格尔:《法哲学原理》,范扬、张企泰译,商务印书馆,1996年,第322页。
⑥ 樊浩:《伦理精神的价值生态》,中国社会科学出版社,2001年,第444页。

注意,所有存在的人为建制,都会带有价值判断在里面,在制度实践的过程中,实现规范、影响建制内人们的行为的目的。任何制度都是社会生产方式发展到一定阶段的产物,因需而生、因需而变。一个行之有效的制度体系必将是现代、有序、有效的制度化模式,不仅以规范化的约束机制促进社会和经济的发展,而且在时刻因应社会变迁的具体情境,将发展过程中所产生的新的价值观念和社会力量吸纳到制度体系中来,从这个角度来说,制度是在根据社会发展实际进行调试和生成,① 从而在一个整体有机的社会结构中,形成一套具有整体创生特性的生态机制,以确保社会的稳定和制度演化,将人类的行为导入合理预期的轨道。

四是规范性。一套制度体系实际上包含两方面的内容:具有一定的理念目标、通过人的思想行为获得实现②,在整个社会历史的变迁过程中,既体现了一定的价值追求,建立确定性规范、形成具有透明度的社会组织和稳定的社会秩序,同时规定着权力的责任性、设定权利和义务,在这方面,制度天然具有强制性。换言之,就是通过制度的方式告诉人们什么该做、什么不该做,并经由强化而内化为个体和组织实体的行为模式,塑造着个体价值观,从而有效地增进社会治理秩序,引导公共生活的有序化、规范化、合理化。

新时代中国的国家治理现代化就是从制度层面提出的现代化目标,"是关系党和国家事业兴旺发达、国家长治久安、人民幸福安康的重大问题"③。健全完善的制度体系是实现国家和政府善治的结构性基础,现代化发展的目标和制度目标的有效衔接,二者是手段与目的的统一,通过国家治理现代化来推进完善和发展中国特色社会主义制度的目标,反过来可以通过国家治理的现代化程度,来验证考察制度完善与定型的效果和效能。国家治理现代化

---

① [德]黑格尔:《法哲学原理》,范扬、张企泰译,商务印书馆,1996 年,第 315 页。

② [美]约翰·罗尔斯:《正义论》,何怀宏译,中国社会科学出版社,1988 年,第 51 页。

③ 习近平:《坚持和完善中国特色社会主义制度 推进国家治理体系和治理能力现代化》,《求是》,2020 年第 1 期。

的关键内容,应该聚焦解决制度现代化问题。但相比物质层面的现代化而言,国家制度的现代化建设则是更为复杂的一个系统工程,是一个历时性的发展过程。制度建设不是一蹴而就、一夜之间就完成的,社会意识的变迁总是建立在一定的社会存在基础之上,经济发展决定着上层建筑的发展,只有现代化的实践发展到一定程度,需要攻坚解决的制度问题、现代化建设的制度要求、制度建设的窗口才会逐渐凸显和打开,也只有发展到一定程度,制度完善的可能性和现实性的条件才会具备。以经济层面的现代化发展程度为基础,能够推动催生制度层面现代化建设的步伐和进度,因此说,没有经济领域的建设成就,制度的现代化建设就失去了根基,制度现代化只有在深化改革中、在现实的改革实践基础上不断完善和逐步定型。改革开放以来,推进国家制度的再建设是一个重要的历史任务,系统创立和全面完善中国特色社会主义制度一直是现实的需要。邓小平在 1992 年南方谈话中讲道:"恐怕再有三十年的时间,我们才会在各方面形成一整套更加成熟、更加定型的制度。"[①] 此后,自党的十四大开始,历次大会报告都把制度的更加成熟和定型的目标写入大会报告,针对前置体制的弊端、回应时代发展新要求,破立结合,自主创新,制度建设渐进推进。

在新的历史时期,"建设什么样的国家制度,怎样进行国家治理"成为重要的时代课题,为步入现代化强国,如何进一步深化体制机制的改革是取得现代化进一步成功的重要活力源泉。中国共产党为进一步完善"中国之制",探索适应现代化发展的"中国之治",加强顶层设计,推出了一系列方针、政策和措施。特别是党的十八届三中全会提出了推进国家治理体系和治理能力现代化这一极具时代特色和中国特色的科学命题,这是党中央在新时代关于中国特色社会主义制度建设的一次重要、系统加强"顶层设计"和战

---

① 《邓小平文选》(第三卷),人民出版社,1993 年,第 372 页。

略安排。党的十九大作出国家治理现代化建设的路线图时间表。十九届四中全会更加明确地提出，我国国家制度和国家治理体系的 13 个显著优势，强调到我们党成立一百年时，在各方面制度更加成熟更加定型上取得明显成效等。我们的国家治理现代化实际上就是制度现代化，是中国共产党治国理政的理念变革，进一步说明了中国治理取得的"两大奇迹"离不开中国特色社会主义的基本制度安排和治理能力的有效性，因此，从国家管理到国家治理的理论逻辑和实践逻辑演进有其历史必然性。

回顾这十几年来围绕各个领域的制度建设，从坚定"四个自信"和坚持"两个维护"的方面，从围绕"五位一体"的总体布局和"四个全面"战略布局的角度，在整个上层建筑的不同领域和层面，一个一个领域重点突破，专题研究，加强顶层设计，强化制度的执行和治理的效能，通过对各方面的制度创设完善，国家制度现代化的实践和理论上都取得了一系列创新性成果。所以说，新时代以来，中国共产党人从整体上对上层建筑进行了系统的理论深化和完成了实现现代化强国的制度建设的理论建构与实践答题，奠定了中国式现代化顺利展开推进的制度前提和体制机制保障，更好地发挥了中国特色社会主义的制度优势，对于国际社会、其他国家同样有着普遍性意义，对 21 世纪中国马克思主义发展做出了独特性贡献。

第四节　现代化的本质是人的现代化

人类的现代化进程表明，现代化始终是整体性的、全面性的社会变革，在现代化诸要素中，人是现代化的具体实践者，是推进现代化的根本动力，是现代化的主要内容之一。现代化实践并非是自发形成、自然建成的，人通过主体性实践获得自身规定性，成为现代化建设的主体，人的现代化不仅是"成人"的现代化过程，而且是"为人"的现代化目标。所以，它包括两方面的内容,一方面是作为现代化的建设主体所需要具备的现代素质和能力;另一方面整体现代化给人带来的利益福利,使人拥有现代化的生产生活条件。从这一点上说,物质现代化和制度现代化提供"为人"的现代化的物质和规则基础,使人现代化的条件。所以说,一个国家现代化的实现程度是由这个国家人的现代化程度决定的,而人的现代化首先又应该是观念的现代化、文化的现代化。

一、对于人的界定是东西方思想元话题

对人的现代化的分析离不开对人的认识,对人的认识实际上是人类追溯的一个元话题,即"我是谁"的问题。从何角度切入有着不同的结论,但是最终对这一问题的自我确认和发展,都是要从人的本质特性出发理解人的发展、人的现代化乃至国家的现代化。人作为这个世界的主体,所有的研究和实践都是从人出发,才有价值和意义。其中,对于主体及主体性(subject&subjectivity)的分析可以说是哲学诞生以来持续研究的主题(subject),二者不可分割。撬动人类对自己作为主体的认知,要从苏格拉底说起,通过去除外相,进行解蔽,他实践了"认识你自己"这条诫命,主张人向自身观看,这是一个变革①,为后人把作为主体的人自身提升的研究做了理论上的准备。此后已降,主体的话题没有离开哲学的论域,但主体性作为一个概念范畴的提出则是近代以来的事情。

我们通过学说史去追溯,综观人作为认识和改造世界的主体再发现和建构的过程,学界把文艺复兴运动视作崭新时代的开启,重要标志就是随着宗教神学逐渐丧失社会整合力量及其合法的正当性,而导向主体性表现为人的个性解放、个人理性、新宗教理论三个方面的表征意识觉醒。推进了从以神

---

① [德]黑格尔:《哲学史讲演录》(第2卷),贺麟、王太庆译,商务印书馆,1997年,第96页。

为中心向以人为中心的转变,他们主张要张扬人性而非神性,推崇人之自由及理性,积极反对专制和蒙昧,结果是资本市场理性得以兴起、个人价值理性得以张扬、追求自然科学理性成为发现真理必然之路。所以说,西方启蒙运动已降,祛魅与启蒙是相伴相随、一体两面,祛魅运动使世界理性化,将人从神的奴役中解放出来,由此,建构在反封建、反教会的启蒙主义之上的自由的、理性的个人逐渐成为思想、行动的主体,在诸多思想家的方案中体现为大写的人替代上帝,肯定个人的自主性、能动性、自由性,强调人具有"主体的立法理性",这包括从笛卡尔这位"近代哲学真正的创始人"[①] 的"我思故我在"[②] 到康德的"人对自然立法"和"人对道德立法"再到黑格尔主体性的自由是现代世界的原则的理论认识。一代代思想家接力构建,最终确立了以理性主义、人本主义和个人主义为内蕴的主体性原则[③],从这个意义上说,人的现代性启蒙完成。

当然,东西文化之别,言说方式自是不同,若论及,亦可说,而于中国传统思想中的人之主体及主体性探索之历史同样久远,乃至近代在西方思想的影响下,由散见而逐渐澄明。上可追溯到孔子的"天道远,人道迩",再至宋元明清思想家的分析,诸如北宋五子之一的张载所讲的天人性能问题,"天地设立,圣人成能"。及明代心学,则以王守仁的阳明学之"内在的主体性"为主要代表。但封建时期对人的研究尚不足以说明与西方话语的主流传统中的主体性思考是同一理路,更多还是在主客未分或是在封建君权的合法性论证的角度,此等论述尚不能达到主体性原则的高度。乃至明代后期,例如李贽、王夫之等,特别是王夫之那里主客二分的关系已不同于传统的天人合一的观点定位,所谓"能所之分,夫固有之"的观点,对人之主体性的思想亦有

---

① [德]黑格尔:《哲学史讲演录》(第 4 卷),贺麟、王太庆译,商务印书馆,1978 年,第 63 页。
② 《艾四林论文选》,中华书局出版社,2011 年,第 145 页。
③ 韩庆祥:《马克思主义人学思想发微》,中国社会科学出版社,1992 年,第 167 页。

所涉论,此后的戴震从批"儒"的角度则向前进了一步。此"我"和"心"之论尚不能足以说明主体性原则,或言"前主体性"①,转言之,中国传统思想中关于人的主体性论证,关涉到其以何样的理论角色进入我们的言说场域、实践场域的问题,后人以什么样的方式样貌发展和呈现,关键在于创新性发展与创造性转化的问题。至鸦片战争后,时代变局激发起仁人志士救国救民之匹夫之责,引入和学习西方的思想,通过对西方主体性原则的吸收和融合,中国主体性思想也逐渐明晰起来。

虽说马克思主义经典作家没有明确提出"人的现代化"的术语,但马克思创立的历史唯物主义本就是"关于现实的人及其历史发展的科学"②,所研究的就是人的发展及人类社会发展一般规律,对于我们今天考察人的现代化问题提供了理论和方法论依据。马克思经典作家始终关注着"人"这个主体,其理论和实践的目标就是为了人摆脱"异化"而获得自由全面发展,强调全部历史就是使人作为人,使人成为人。③

一是人的本质思想。马克思对人的作为主体和人的主体性的科学论断,在于对人的社会本质和实践本质的揭示。其一,何者为主体、谁之主体性。主体是关系性的存在,离不开相对于他的实践和认识指向的对象/客体,但是主体只能是人,"人始终是主体"④,"人"是相对于自然界和动物而言的,是个体的概念,也是群体的概念,指"人",也指"人类"。但也只有有意识的类的存在物的人才能成为主体。⑤ 同时,主体具有相对性,主体地位的拥有和作用的发挥不是生来具有的、先赋的、预成的,作为主体的人只有在主客体的实际关系中相互联系、相互作用中才会发展出自觉、自主、能动和创造的主体属

① 黄玉顺:《如何获得新生?——再论"前主体性"概念》,《吉林师范大学学报》,2021 年第 2 期。
② 《马克思恩格斯文集》(第四卷),人民出版社,2009 年,第 295 页。
③ 《马克思恩格斯文集》(第一卷),人民出版社,2009 年,第 194 页。
④ 《马克思恩格斯全集》(第三卷),人民出版社,2002 年,第 310 页。
⑤ 《马克思恩格斯文集》(第一卷),人民出版社,2009 年,第 220 页。

性，即主体性。在具体过程中，作为主体承担者的人在实践及认识活动中处于主导作用，及对客体的支配关系。其二，如何成为主体。一方面，能够成为一个主体源自人的实践性本质，马克思认为只有"从事实际活动的人"①、"历史中行动的人"②，拥有建立在现实的物质条件基础之上的人才能成为主体、才能拥有主体性。这里作为主体存在的人，主体不是抽象的③，而是现实的人④。所以说，马克思对人的本质的理解既不是唯心主义者所谓的精神性的，也不是旧唯物主义的单个人固有的抽象物。人所拥有不断展开和赋成的主体性源于实践，是在实践中生成的、创造出来的，并且在不断生成中。作为现代化的主体，其活动不是单向的，"人的意识不仅反映客观世界，并且创造客观世界"⑤，是既包括认识实践活动，也包括道德价值活动、审美活动等于一体的，人作为主体呈现出不同的功能形态。人在改造客体世界的过程中也在改造自身。另一方面，能够成为一个主体源自人的社会性本质。要从现实的具体的人去理解人，这个主体是在一定社会发展中从事认识和实践的人，在生产的基础上，个人与社会是辩证统一，同时是社会历史的承担者，是有目的、有意识认识和改造世界的人。强调社会化育人，实践化育人，在社会实践和交往中通过社会联系、社会交往、社会合作、社会团结形成主体性，发挥出主体的功能和作用，进而形成相互联系、相互合作的社会关系，在社会关系中人的本质不断生成、在实践中获得发展。

二是人的价值思想。人之为人、人之主体性的自然生成和价值建构并不矛盾，思考和塑造自己的价值，是人区别于动物的重要标志。深入思考从成为一个人到成为一个什么样的人的社会化、政治化过程，关系到人的价值问

---

① 《马克思恩格斯选集》（第一卷），人民出版社，1995年，第73页。
② 《马克思恩格斯选集》（第四卷），人民出版社，1995年，第241页。
③ 《马克思恩格斯文集》（第一卷），人民出版社，2009年，第3页。
④ 《马克思恩格斯全集》（第二卷），人民出版社，1957年，第118页。
⑤ 《列宁全集》（第五十五卷），人民出版社，1990年，第182页。

题,是需要与能被需要的关系,关系到人的需要与事物属性之间的一种特定联系,也即事物对人是否具有积极意义。而谈到人的价值同样是关系属性,它包括两个层面:人的自我价值与社会价值。所谓人的自我价值是指个人主体活动满足自身的需要,自我价值实现前提是自我完善,是否树立真善美的追求和培育共同体的核心价值观的意识及践行能力,体现的是社会对个人向度。所谓社会价值是个人对社会需要的满足,体现在责任和贡献。在这方面,二者是有机统一的,无论是个人需要还是社会需要的满足,都要通过人的现实活动、依托于人的劳动创造和实践,因为所有的需要都具有现实性和实现性,产生需要基础上的价值同样如此。作为共同体的一员,社会由人构成,人呈现这个社会,每个人的社会价值都是社会进步的源泉,个体的社会价值合力推进整体社会的发展。

在个人价值和集体价值关系上,首先要强调重视集体的、人民群众的价值和作用,以社会价值为主要取向。当然,这并不否定个人价值的意义。国家的发展需要社会和他人对"自我"存在的肯定和存在价值的满足。前资本主义时代的个人与社会的关系是脱离的,而资本主义时代人与社会是对立的。在资本主义关系中,以资本为中心的社会,把非人的存在视为人的现实的本质,掩盖了劳动本质的异化。个体受到资本的奴役,个人表现为自私自利的赤裸裸的金钱关系,呈现的是单子式的主体,存在的只是少部分人的自由发展。因此,马克思主张的理想社会是以全新的社会形态来取代和解决这种对立,从而为每个人自由而全面发展创造条件、奠定基础。从这个角度说,随着人类社会步入世界历史的高级阶段,全球化程度深入推进、科学技术的迅速发展,自古以来,人类从来没有像今天这样紧密联系在一起,所面对的问题愈发具有全球性和全人类性的时候,需要作为一个共同体面对人类共同危机的时候,原本西方引以为豪的现代化发展道路、文化形态、制度模式等不仅不能够解决问题,反而成了导致问题的根源。特别是在对人的价值方面,西方追求极端个人主义的主体样式,必然潜在生成所谓现代性危机的问题,其中单子化、民粹主义、逆全球化,霸权主义等新老问题会在人类面临的危机面前不可避免地集中爆发,如全球性的经济危机、公共卫生危机等。从这个角度来看,人这个主体包括个体的主体、集体的主体(国家、民族、阶级等)和"社会化了的人类"的类的主体等不同的层面。

三是人的发展思想。"人的自由而全面发展"是人的发展的终极目标。现实的人和现实的生产关系是分析的前提,在马克思主义思想中,个人的发展是取决于"类"的发展,能否实现是建立在一定的主客观条件基础上的,需要一定的社会条件。一定历史时期和社会发展阶段所达到的生产力总和决定着社会整体状况,规约着人自身的发展水平。阶级社会的基本矛盾不解决,奢谈人的自由全面发展也就只能变成空谈、空想。所以,只有在生产力获得巨大发展的基础上,生产关系的性质才会发生根本的改变,个人应有的发展才能达到。因此,讨论人的发展必然要结合时代发展状况、立基时代场域,在"自由人的联合体"理想中,加强制度科学设置和合理安排,增进先进的核心价值观念的导向和规约,突出个人主体性,激发创新意识和提升创造能力,才能够深刻开展社会的变革,人的本质全面展开和完善,实现人的自由发展。

马克思主义对人的认识,对于我们全面理解中国式现代化有着重要的指导价值和理论启示。而今天具有现代意义的主体界定和主体性思想,是来自人民、扎根人民、代表人民的中国共产党在中国的伟大实践基础上,根据马克思主义理论的指导逐步成熟起来的,形成中国的主体及主体性理论:人民主体思想。

二、人的现代化是中国式现代化的关键要素

作为专门的术语出现,"人的现代化"最早是 20 世纪西方学者提出的命题,是以现代化理论研究的重要理论分支出现的,关注的是在西方的现代化

范式下人的发展问题。其中作为研究人的现代化的重要学者、美国社会学家英格尔斯是其中重要的代表,英格尔斯看到了人的现代化对于整体现代化的重要作用,同时为衡量当时世界各国的现代化水平,他提出了"人的现代化指标体系",并且以这个体系作为基本判断人的现代化实现程度的标准。从这一点上看,他对人的现代化的研究具有理论的创新和参考价值。但是其理论中的问题在于:缺乏对人的本质的科学认知,而是简单地将人的现代化等同于资本主义的人的现代化,认为在不同社会制度和历史环境下的人的现代化模式是趋同的。尽管在后来的研究中他做了一定的修正,但剥离一个国家的具体国情、抛开基本的社会制度和历史文化的特质来谈人的现代化的目标是没有意义的。

同样,人的现代化是中国式现代化的重要篇章。如果向前追溯,我国从近代开始,像梁启超等先知就认识到现代国民意识是扭转国家文化困境的关键,梁启超通过鸦片战争后中国人追求现代化的总结和反思,提出了"新民说"。他认为在社会发展变迁中,文化是最为强大也同时是最为顽固的力量,文化的载体就是人,因此要通过人的改造而改造中国。新中国成立后我国历代领导人也始终关注对人的现代化的探索,强调通过一系列对人的教育改造,造就与我国现代化建设相适应的"现代化"人才。近年来,针对人的现代化的研究,国内学者关于人的现代化对我国当前和未来发展的决定性意义有着一致的理论共识,认为无论是从现代化的整体发展还是局部建设,人的现代化作用都不容忽视,人的现代化的建设情况都时刻作用于社会发展进程中的各个环节,尤其是在全面建设社会主义现代化国家的征程中,人作为社会活动的主体,现代化的建设者、参与者,人的实践能力、伦理素养、道德品质、价值取向及人的需要层次和主体意识观念、人的思维和行为方式、人的生存状况和发展方式等都深刻影响着整体现代化的发展进程和现代化的深度广度。对人的现代化的意义界定,如"人的现代化是全面现代化的前提和动力"①、"人的现代化是国家治理体系和治理能力现代化的关键"②等方面的提法,虽说各有侧重,但差别不大。

总之,我国的现代化是总体上的、全面的现代化,更是最广大人民的现代化,是每个人的现代化,归根结底是属人、为人的现代化。借用新加坡原资政李光耀曾说过的一句话:不论采取什么制度,起决定作用的是实行这个制度的人的素质。衡量现代化建设的重要标志就是人的现代化水平,在当前,要实现社会主义现代化强国和中华民族伟大复兴这一目标,就是要动员社会一切能动力量、能动因素,致力于现代化的各个层面和领域的建设,对此,习近平总书记创造性地提出"现代化的本质是人的现代化"这一论断,更加明确地指出了中国式现代化到底是为谁的现代化,到底怎样推进现代化提供了基本的理论遵循,体现了中国式现代化是"以人民为中心"的人本逻辑,而不是物本逻辑,指明了解决新时代中国式现代化问题的一个重要切入点、突破点,将人的现代化与物的现代化协同发展作为重要的现代化策略,更好地助推社会主义现代化强国的建成具有更加全面推进现代化的理论价值和实践指南,进一步丰富了人的现代化的理论内容。

首先,人的现代化是整体现代化的核心内容。在社会发展中,人是最活跃,也是最具创造性的因素,推进人的现代化建设是现代化的重要内容。正如上文所讲,现代化包括方方面面,但其主要内容不仅包括物质层面、制度层面,还包括人的现代化。单纯的物质现代化和单一的制度现代化不能证明、也不能确保一个国家的现代化实现。在全球化的今天,考察评价国家间竞争、一国的现代化水平,包括这个国家的硬实力,也包括这个国家的软实力。前者指的是这个国家的基本资源、军事力、经济力和科技力等物质层面的实

---

① 佟玉华:《论全面建设社会主义现代化国家与人的现代化》,《科学社会主义》,2020 年第 6 期。
② 屠静芬、马博:《人的现代化视阈下的国家治理体系和治理能力现代化》,《理论导刊》,2017 年第 6 期。

力,属于经济基础的范畴,具有支配性,但是后者涉及的这个国家的人的现代化程度等方面的软实力作用则日益突出。这是因为,随着现代化的持续发展推进,人的作用越来越突出、越来越关键。人的现代化离不开物质现代化、制度现代化的支撑作用,但是物质生活条件和人的现代化不完全画等号。二者存在一定的差异,因为以客观标准看,人的现代化可以通过一系列指数标准来衡量,诸如人的衣、食、住、行等方面的发展水准是其主要构成指标,人们基本生活层面的生活质量必须以经济现代化的成果作为基础和支撑。但人不只是自然的存在,也具有社会性,所以从人的主体性层面看,推进人由传统向现代的转型过程实质就是实现人的现代化,其中包括人的思想理念、价值观念、素质能力、行为行动方式、社会关系结构等方面的现代性转型。

综观世界现代化的历史实践,也能够发现人的现代化不容忽视,在先发国家的发展中出现的人的现代化与社会现代化的发展不平衡、不同步的情况,即"人的建设"滞后于"物的建设"的问题带来危害与祸患是有史为鉴的,人的现代化滞后于物质的高速发展,这种不平衡的结果会产生人的异化:人被物质财富支配,而不是作为主体的人支配物质财富。因此,在现代化进程中的这一突出问题必须得到重视。马克思主义唯物史观强调,人的发展归结底体现在人之主体性、创造性和文明性等方面。只有使这个国家的每一个公民成为在各个方面都能较好地适应现代化发展的"现代人",激发起前所未有的主体性,有能力有意愿积极参与到现代化建设中,成为真正的现代化主体,才能从根本上推动现代化的健康发展,实现真正的现代化。同样,在我国社会主要矛盾发生根本转变的历史阶段、迈向现代化强国建设关键时期,要实现现代化建设目标,推进人的现代化具有特殊性紧迫性,必须把人的现代化放在关键环节,这仍然是当前和今后相当长时期内的重大历史使命。以历史唯物主义逻辑分析,促进人的全面发展本就是我们的现代化的本质要求,做好这方面建设,首先需要把握好人的现代化的演进规律,在大力提升和完善人的现代化素质中更加有效地和有针对性地促进人的全面发展这一时代任务。中国式现代化是在发展基础上、发展的过程中贯彻保障和改善民生的价值要求,解决好老百姓利益问题,致力人民共建共享的现代化建设,推进全体人民共同富裕,以促进人的自由的全面发展为价值引领和目标追求,将提升每个人的现代化水平放在人的现代化内涵和建设目标当中,以提升人的现代化水平为政策制定与实践的指引,才能从更大程度调动起广大人民群众的建设积极性。

其次,人的现代化是整体现代化的目标追求。事实上,无论采取何种制度,坚持什么样的意识形态和价值观念,也无论是资本主义国家还是社会主义国家,社会的现代化和人的现代化不可分离,割断二者之间的联系都不可取。在马克思主义看来,人是社会发展的目的和手段的统一,并且仅当人达到自己的目的时,才能真正成为他人和社会的手段。人作为现代化的建设主体的"全面而自由的发展"这一本质规定和最终目标有其必然性。因此衡量不同制度下人的现代化的标准,在于最终结果是达到少数人还是多数人的自由发展。作为先发国家的资产主义现代化的结果是只属于少数资产者的自由发展的现代化,人被物役、人被物制的弊端并未随着其现代化的深入推进得以解决。正如马克思所说,"过去的一切运动都是少数人的,或者为少数人谋利益的运动。无产阶级的运动是绝大多数人的,为绝大多数人谋利益的的独立的运动"①。中国式现代化优于西式现代化就在于其建设的目标是所有人的现代化,现代化的目标是每个人的自由全面发展。作为中国式现代化的领导者——中国共产党人,"他们没有任何同整个无产阶级的利益不同的利益"②,是以建设人民共建、共享的现代化为出发点和目标点。习近平总书记在党的十八大闭幕式后会见中外记者时对此给出了明确的回答,即人民对

---

① 《马克思恩格斯选集》(第一卷),人民出版社,2012 年,第 411 页。
② 《马克思恩格斯选集》(第一卷),人民出版社,2012 年,第 413 页。

美好生活的向往,就是中国共产党的奋斗目标。这是新时代的政治宣言,更是中国式现代化坚持的奋斗目标。同时,习近平总书记多次强调中国的现代化发展把全体人民共享发展成果作为核心价值追求,把实现每一位中国儿女的自由全面发展作为新时代我国现代化建设的最终目标和最高理想。

最后,人的现代化是整体现代化的根本动力。"因为谁、为了谁、依靠谁",这是中国的现代化建设的必答题。首先不容置疑的一点是现代化建设主体是人,是每一位中国公民。作为个体的人依据社会历史的规律性进行自觉的实践,参与建设,在现代化实践中人就会被激发起前所未有的主体性,主体人通过认识和改造社会客体的过程,以自己的现实行动推进现代化发展,人才能成为真正意义上的现代化主体,才拥有现代性。同时,主体人自身也需要现代性的改造、塑造,是要把个人置于客体的位置来进一步认识和改造,从而实现自身的素质能力的现代化。

如何确保人的现代化转化为整体现代化的源源动力,首要方面就是人的思想素质,若要获得现代主体地位,其思想观念、价值理念、心理状态方面首先是现代的,是实现了由传统性到现代性的转化的,符合现代化发展需要的,体现现代价值的。具备现代化的意识、现代化的价值观念是人的现代化的内容,也是一个人是否具有现代性的评判标准。所以,实现人的现代化的任务和内容包括人的价值观念、精神意识、思维方式等的现代化。也就是说要培育起科学的世界观、人生观、价值观,使之具备现代化发展之需的改革创新的时代精神和实践能力,培育起现代公民的价值力、行动力、规则力、发展力素质等。这需要在中国的时代价值精神与优秀的民族历史文化资源中成长与互动中形成。在新时代中国特色社会主义国情前提和发展条件下,通过时代精神与民族文化气质的内在有机结合创新完善人的精神世界,推进人的思想意识、价值观念的现代化。同时,人的现代化实际上也包括人的素质能力的现代化。人的素质能力指的是人的道德品质、身体素质、智能智力乃至个人潜在的发展能力，或者借用心理学的说法，即智商、体商、德商等。在中国的现代化发展中，要使人成为合格的建设者，就必须搭建起其成长的平台，助推其全面提高自身综合素质；创造有利于个人提升各种能力机会和发展所需要的资源等。这样，个人主体就会具有成为现代化建设主体的素质要求、能力基础，才能适应复杂多变的现代化发展环境，人之主体在个人综合发展中和社会主义社会的本质要求相契合的主体性、主体力就会打造出来。这是因为，人不只是消费者，还是更为重要的资源，是第一位的资源，所以对人的素质能力的重视和投入，产生的现代化建设的效力和现代化推动力更大。

人的现代化不容忽视的另外一个方面内容是人的行为方式的现代化。仅有内化的现代化思想观念、价值理念还不够，人的现代化最终要通过人的行为体现与反映出来。也就是说，需要人在现代化建设中以积极有为、理性文明的行动、有目标负责任地参与现代化实践中来。所以，注重对现代公民核心价值观的行为养成教育十分重要，提升公民的社会适应力，推动其积极参与到具体的活动中，综合提高公民的参与能力，发挥出其建设主体性。人是社会的人，具有社会性，社会是人的社会，具有为人的要求，形成有机创生的社会关系网络联系是人的现代化的重要方面。在多元化变革的现代社会转型中，我国不再是传统意义上故土难离、守望相助的熟人社会结构，而是随着社会发展，人的社会流动、空间的迁移越来越频繁，社会固有的结构被打破，新的交往方式和交往结构改变了人的社会关系，主体间不是越来越疏离，而是彼此命运相关性进一步增强，拥有更大程度的政治参与机会和能力，理性处理人际间的关系能力是人的现代化的重要要求。

人之现代化几方面能力的重要性，从本质上说是坚持群众史观的重要体现。历史唯物主义认为，劳动者是生产力诸要素中最活跃、最革命的要素，并且"历史活动是群众的活动，随着历史活动的深入，必将是群众队伍的扩大"①。中国的现代化始终把人的全面发展作为最终目的和首要任务,通过人的现代化成就人的主体性、造就人的主体能力,实现人自身的革命。这就要求我们在现代化建设全面推进过程中,必须认识到人的现代化水平是整体现代化程度的决定性因素,忽略了人的发展也就失去了这个现代化建设的可持续主体。因此,人的现代化是物质层面、制度层面现代化向前推进的动力,离开了人的现代化就无法实现现代化的目标。中国人民作为中国现代化的主体,是我们的现代化发展的根本动力,所有围绕人的现代化所进行的一切工作,都是为了充分调动人民群众的积极性、创造性。

三、人的自由全面发展是中国式现代化最终目标

现代化中必须有人,必须有自由的主体、全面发展的建设者。中国式现代化是全方位、全领域的现代化、整体的现代化,不限于追求强大的物质基础、高质量的经济发展,也不只是国家治理体系更加完善定型和治理能力更加有力高效,更是以人的自由发展作为人的现代化的伦理目标和建设导向。

"人的自由全面发展"理念目标不是今天才存在的话题,可以说是整个人类历史的一个主题。自由和发展从来都是人之为人的主体标志,作为人类社会发展的价值追求和对人的终极关怀的理想目标而存在,尽管在人类发展的不同历史阶段人的自由发展的实现程度有很大的区别,甚至在实践中也会遇到挫折和倒退,但作为人类的理想之火从未熄灭。这更是马克思主义经典作家矢志追求的,马克思终其一生的理论创作和实践活动都是围绕人类的解放和"人的自由全面发展"这一目标展开的。在马克思设想的理想社会蓝图中,"人的自由而全面发展"始终是他的理论研究努力方向,围绕人的发展的这一终极目标,他不仅在学理上进行科学分析,还在实践上探索实现的机制。

---

① 《马克思恩格斯文集》(第一卷),人民出版社,2009年,第287页。

他认为,人作为一个完整的人,占有自己的全面的本质。①马克思关于共产主义社会与资本主义的区别就是是否能实现"每个人的自由全面发展"。在人类以往的社会形态中,即使是比奴隶社会、封建社会先进得多的资本主义社会,囿于其内在基本矛盾无法解决、囿于作为领导的资产阶级的局限性,人的本质也难以得以真正意义上的复归,只能实现少部分人的自由和全面发展。

实现个人的自由全面发展必须建立起一个"真正的共同体"来创造外在实现条件,因此,每个人的自由发展这个希望只有在共产主义社会这个"自由人的联合体"中才能够实现。但人的自由全面解放不会自动实现,它与人类社会的发展程度及人的发展程度密切相关②,是建立在一定的主客观条件基础上的,需要一定的社会条件。一定历史时期和社会发展阶段所达到的生产力总和决定着社会整体状况,规约着人自身的发展水平。人的自由个性空间得以拓展只有建立在物质生产力高度发展的基础上,建立在社会个体的依赖关系上——无论是对人还是对物的,才能真正完全摆脱而得到解放。为阐释实现的具体条件和实现途径,马克思提出了著名的三个大社会形态理论,通过社会发展的三个阶段来解决个体与共体分裂,破解异化状态,彻底摆脱加在人身上的各种束缚,赢得真正意义上的自由和解放。回顾马克思不同阶段关于人自由发展问题的认识发展,可以梳理出该理论发展的脉络,说明了马克思人的发展认识的不断深化和发展的逻辑关系,进一步说明了马克思始终把对人的自由全面发展作为自己的理论研究和实践探索的终极目标,其一生就是致力于改变人的被异化状态,对不平等社会的批判精神、对未来从必然世界走向自由世界的信心。

中国共产党作为马克思主义政党,始终坚持人民至上的根本立场从无变

---

① 《马克思恩格斯全集》(第四十二卷),人民出版社,1979年,第123页。

② 《马克思恩格斯全集》(第三卷),人民出版社,1960年,第330页。

化、矢志如一,自成立以来直至今天的复兴阶段,对人的自由全面发展的目标追求一以贯之,目标是在不断进阶的现代化征程中,不断满足人民的所需所得,提高人民的所能和所为,通过现代化每一步建设来创造条件,扎实基础,致力人的自由全面发展。

首先,中国式现代化是人的现代化。一种现代化模式的价值追求中如何看待人的发展问题、人的自由问题有着本质的不同。我们的现代化是以人民为中心,出发点和落脚点在人民,把回答好为谁服务、为谁谋利作为治国理政的必解之题,贯穿在现代化建设的战略规划、政策设计、实践推进的每个层面中,正如习近平总书记所说,"人民就是江山,江山就是人民"。把实现共同富裕作为现代化目标,在现代化中坚持一个都不能少,不断推动各方面体制机制的改革,创新个人发展的机会平台,最终实现的现代化是建设成果能够为更大多数人民所共享。今天的中国与以往任何一个历史时期相比,人民群众的物质生活都有了显著的提高,物质缺乏、贫困落后的局面得到根本改善,人们的追求不再仅停留于对基本的物质生活的满足上,在追求高质量物质生活的同时,人民对待精神发展要求进一步提高。对美好生活的追求是每一个中国人的所思所想所求,更加注重权利的行使和获得保障,对民主、法治、公平、正义等方面的社会需求越来越多,对于个人发展的机会、发展空间尤为重视。中国式现代化建设的主旨就是要通过发展创造机会、奠定基础,不断满足人民的需求,满足人民对更丰富的精神文化生活等更高阶段的需要的现代化,从更加具体的制度层面更有针对性地施政施策,切实提升人民群众的获得感、安全感、幸福感。

其次,人的自由解放与社会进步是一致的,和自身的现代化程度密切相关。中国式现代化是人民的现代化、是更广大人民参与的现代化,必须紧紧依靠人民来实现,这也是决定我们现代化道路成败的关键。人民是历史的主体,是现代化强国梦实现的主体,依靠人民推动历史前进是马克思主义最为明确的观点之一。一个人只有成为现代化的人,才可能成为现代化的主体。在中国式现代化的战略部署中,强调实施全过程民主,赋权于民,充分调动人民的主体性,不断拓宽人民有序政治参与的渠道和途径,让人民真正成为国家、社会和自己命运的主人。同时,强调赋能于民,推进人的现代化,提升现代化建设主体的整体素质和能力,这是衡量整体现代化建设质量高低的指标之一。中国式现代化为每个中国人提供了发展自我和奉献社会的机会,也是在现代化建设中进行伟大斗争、攻坚克难的主体力量。因此,以经济建设的高质量发展、制度科学设置和合理安排,先进的核心价值观念的导向和规约,突出个人主体性,激发创新意识和提升创造能力,实现由自在自为向自觉自由的活动状态转变,充分调动起人民最大程度上参与到富强民主文明和谐美丽的现代化建设来,让全中国的每一个人获得实现个人价值与社会价值相统一的机会,推动人的自由全面发展的实现。这不仅是中国发展的充分必要条件,更是最终的建设目标和价值追求。

我国的现代化建设所取得的物质成就、制度保证和强大的精神力量,为"人的自由全面发展"的实现奠定了基础。因此,今天的中国式现代化有能力和本钱实现更高阶段、更为全面的人的自由发展。

第三章　社会主义核心价值观是中国式现代化的
精神内核

社会主义核心价值观的提出和实践标志着中国共产党人对中国特色社会主义的认识发展到了价值理念层面。① 中国式现代化是体现科学社会主义先进本质的现代化,内含着中国独特的价值观。社会主义核心价值观的凝练与提出,明确"回答了我们要建设什么样的国家、建设什么样的社会、培育什么样的公民的重大问题"②,这不仅成为中国式现代化的精神文明内核,也成为推进我国现代化建设的重要价值基准和内在精神动能。对内,正是通过社会主义核心价值观来引领、塑造新时代中国现代化建设的,属于中国人自己的现代性价值、伦理精神及公民道德品格;对外,社会主义核心价值观则关涉向世界、向外部传达什么样的中国价值观,什么样的中国现代化建设图景、规划及发展的价值前景。

第一节　社会主义核心价值观的本质及其渊源

社会主义核心价值观不是什么别的主义的,其根本的规定性是"社会主义",它是中国共产党以马克思主义为指导,根据中国的发展实际概括提炼

---

① 黄坤明:《培育和践行社会主义核心价值》,《人民日报》,2017 年 11 月 17 日。
② 《习近平谈治国理政》,外文出版社,2014 年,第 169 页。

指导中国式现代化全面展开的价值理念,是社会主义意识形态的本质的价值呈现。对于社会主义核心价值观的探讨,不能与社会主义本质问题相割裂,二者之间有着内在的相关性和统一性。

一、核心价值观的生发与中国式现代化价值建构过程相一致

社会存在决定社会意识,每个社会都需要有与其经济基础和政治制度相适应并赢得广大人民群众认同的、具有广泛社会共识的核心价值观。毫无疑问,物质现代化始终是中国共产党人领导中国人民开启、建设、建成现代化的中心任务,但中国的现代化在经济建设的现代转型升级之外,还始终兼顾国家治理的现代化转型、社会的现代转型及现代公民的塑造,而这种重构转型塑造背后离不开价值观的引领,而价值观的形成和实践与我们这个国家和民族所处时代的政治、经济、文化等各方面发展阶段密切相关,和中国共产党人对社会发展的认识密切相关。

社会主义核心价值观经历了从提出这一战略命题到凝练概括,再到逐步推进落实的具体过程。党的十六届六中全会审议通过的《中共中央关于构建社会主义和谐社会若干重大问题的决定》(以下简称《决定》),最早正式提出社会主义核心价值体系。《决定》将社会主义核心价值体系建设看作重大时代命题,将其作为和谐文化建设的内容,极大地丰富了文化建设的内涵,成为社会主义建设的重要领域。自此,关于社会主义核心价值体系及核心价值观的探索概括、培育践行一直是党的重要议题和战略思考,并纳入实践部署。党的十七大报告进一步强调,社会主义核心价值体系是社会主义意识形态的本质体现。经过持续探索提炼,最终在党的十八大报告中实现了社会主义核心价值观的理论创新和思想破题,这意味着中国共产党对社会主义核心价值观的凝练概括工作正式宣告完成。

在党的十八大报告中,社会主义核心价值体系被提到兴国之魂、对中国

特色社会主义发展予以价值定向的战略高度。社会主义核心价值观被概括为"三个倡导"、24 个字、12 个核心价值的具体内容,对社会主义核心价值体系的价值内核、基本性质和基本特征给予了高度概括,从根本上明确了国家、社会、公民建设的价值遵循和行动指南,同时为包括国家治理现代化建设在内的系列国家建构奠定了价值原则。相比于国家治理的制度建设而言,核心价值观建设是国家的治理力,但是归属于软治理、柔性治理、道德治理的范畴。一种治理方式要发挥作用,不仅要入心,还要入法入规,增强核心价值观的权威性和实践性。为此,党中央在 2016 年 12 月印发的《关于进一步把社会主义核心价值观融入法治建设的指导意见》及党的十九大通过的党章修正案中,把社会主义核心价值观上升到法律制度及党规层面加以强调。2018年 3 月召开的十三届全国人民代表大会一次会议,将社会主义核心价值观写入宪法总纲,从根本大法的高度,规定"国家倡导社会主义核心价值观"。

　　从党中央印发的《社会主义核心价值观融入法治建设立法修法规划》文件精神可以看出,国家从法治导向出发,已经将社会主义核心价值观由道德价值层面的"软性要求"转化为法律法治层面的"刚性规范",由软治理上升为硬治理。将成熟的伦理道德规范、核心价值观念转化为国家的法律做法,既是中国传统的伦理法的逻辑思路,也是世界上其他国家道德建设、法治建设通行的做法,符合法律建设与道德建设的内在统一原则。党的十九大报告把坚持社会主义核心价值体系纳入新时代坚持和发展中国特色社会主义的基本方略之中,同时强调要通过"教育引导、实践养成、制度保障"等方式,来促使推动社会主义核心价值观最终转化为每个公民的"情感认同和行为习惯",不仅入脑、入心而且见行的实现途径,强调在国家建设、社会发展和公民践行方面充分发挥其价值引领作用。2022 年 10 月召开的党的二十大更加侧重于强调推动与践行社会主义核心价值观的实践策略问题。经过十多年来的建设发展,不仅核心价值观作为凝聚人心、汇聚民力的强大力量的作用深入人心，而且作为一项长期文化建设工作、意识形态建设的系统工程，持续推进社会主义核心价值观的宣传教育，将其融入现代化的法治建设、社会发展、人们的日常生活的工作要长期进行、常抓不懈。

同其他领域的现代化建设一样，社会主义核心价值观的内涵和外延还会随着时代和实践的发展而不断丰富，随着社会主义核心价值体系的不断演进而加以完善。社会主义核心价值观在我国当下社会主义发展实际的基础上，凝聚了古今中外的价值观的精华，反映了现阶段全国人民的最大公约数，有效整合了多元的思想、多异的价值和利益的分歧等，最大限度地凝聚社会主义现代化建设共识，形成最大的建设合力。它的最终提出和深化实践意味着中国共产党人对中国式现代化认识已经发展到价值层面、理念层面，意味着中国式现代化建设已经有其明确的价值坐标。

二、社会主义核心价值观体现了社会主义的本质要求

现代社会是一个思想多元、价值多元的社会，在众多的价值、道德观念中，只有那些从根本上反映社会主义本质要求、符合社会主义现代化建设规律和要求的价值观，才能称得上是核心价值观，才能够作为全体中国人始终坚持的价值观。

首先的问题是什么是社会主义的本质。这不是个新问题，但却是社会主义现代化建设必须回答的核心问题。社会主义事业是崭新的事业，是不断向前发展的事业，中国共产党对于社会主义本质的认识并不是一蹴而就的，更不可能一开始就明确。自从中国共产党人带领广大人民选择了社会主义这条现代化之路伊始，对社会主义本质的认识探索就没有停止过，随着革命、建设和改革的实践不断深入而不断完善和清晰。对这个问题的认识有过对马克思主义的一些理论做过片面的、教条的理解，也有着相应的经验和教训。总体上有这样几种错误：一是把所谓的单纯的"理想崇高"理解为社会主义

的优越性。这种脱离社会实际的认识,导致的结果就是"文化大革命"期间"资产阶级就在共产党内"的错误认识,与这一错误认识相应的是"以阶级斗争为纲"的错误方针,"突出政治""兴无灭资"等错误方针政策作为社会主义的根本任务、中心工作,给我国社会主义事业带来严重损害。二是不顾生产力发展实际情况,片面地把"一大二公三纯"当成社会主义的优越性。一味追求"一大二公"所有制,认为只要通过公有制生产关系的不断升级就能够促进经济社会的发展,不从实际出发,追求"高速度",不仅生产关系与生产力水平严重脱离,生产力的发展也遭到了极大破坏。三是离开物质利益原则,把平均主义当成社会主义的优越性。四是离开社会主义经济制度的优越性,以所谓的"越穷越光荣""越穷越有理"极端观念扭曲社会主义特征,把"普遍贫穷"当成社会主义的优越性。这些对社会主义本质的错误认识,导致中国的现代化建设走了弯路,带来巨大的损失,错失了发展的机遇。邓小平分析这些问题的时候就指出:"问题是什么是社会主义,如何建设社会主义。我们的经验教训有许多条,最重要的一条就是要搞清楚这个问题。"① 事实上,即便是到了党的十一届三中全会以后,邓小平也一直没有停止对这个根本问题的思考,他在总结党建设社会主义的经验教训基础上,多次阐释了他对社会主义的认识,提出了著名的"四个不是"的重要结论,即贫穷、发展太慢、平均主义、两极分化四种现象都不是社会主义的应然目标,不符合中国共产党、中国人民对未来社会的追求。回答时代的问题、解决时代的课题,不会从一开始就能够找到答案,正确的答案往往是在实践的基础上最终获得的,往往是在对过往失败错误的反面经验的思考总结中概括提炼出来的。

　　直到 1992 年初南方谈话,邓小平对于社会主义本质的问题终于给出明确的概括界定,关于社会主义本质之问的答案终于揭晓,这就是"社会主义

---

① 《邓小平文选》(第三卷),人民出版社,1993 年,第 116 页。

的本质,是解放生产力、发展生产力、消灭剥削,消除两极分化,最终达到共同富裕"①。邓小平这一论断既是对我国以往对社会主义认识的纠偏,更是抓住了中国特色社会主义的核心问题,从最根本的意义上回答了什么是社会主义、怎样建设社会主义的这一事关中国社会主义本质规定性和前途命运的核心问题。对社会主义本质问题的这一破题答题,反映了对改革开放以来的坚定走中国特色社会主义道路的科学总结,把中国共产党人对社会主义本质的认识提高到一个新阶段。此后历代国家领导人不断深化社会主义本质的认识,江泽民、胡锦涛分别围绕"建设什么样的党、怎样建设党","实现什么样的发展、怎样发展"等一系列重大时代课题进行了深入探讨。这些关于时代问题的理论创新推进了中国的改革开放深入发展,都极大地推动了中国式现代化的建设步伐。

中国特色社会主义进入新时代以来,在以习近平同志为核心的党中央坚强领导下,中国共产党人踔厉奋发、守正创新,进一步深化了对中国特色社会主义本质的认识,围绕新时代坚持和发展什么样的中国特色社会主义、怎样坚持和发展中国特色社会主义,建设什么样的社会主义现代化强国、怎样建设社会主义现代化强国,建设什么样的长期执政的马克思主义政党、怎样建设长期执政的马克思主义政党,建设一个什么样的世界、怎样建设这个世界等一系列重大理论问题和时代课题,进行了理论创新和实践探索。特别是对中国式现代化发展的领导力量即中国共产党与我们所走的道路即中国特色社会主义之间的关系,做出了更加科学、更加精准的理论概括。这集中表现在"中国特色社会主义最本质的特征是中国共产党领导,中国特色社会主义制度的最大优势是中国共产党领导"② 这一新论断之上,这一论断极大地丰富了中国共产党人对于社会主义,特别是中国特色社会主义本质的认识。

---

① 《邓小平文选》(第三卷),人民出版社,1993 年,第 373 页。
② 习近平:《中国共产党领导是中国特色社会主义最本质的特征》,《求是》,2020 年第 14 期。

　　回望改革开放以来的历程,中国特色社会主义正是依靠中国共产党的领导创生并稳步推进的,与此同时,中国共产党也是社会主义现代化建设的开创者、实践者、推动者,中国共产党的领导地位被历史证明了:在中国的革命、建设、改革过程中,都不能离开党的正确领导。因此,习近平总书记关于中国共产党的领导地位、坚持和加强党的全面领导,以及全面从严治党、以党的自我革命引领伟大社会革命等关于党的领导和建设的思想,都极大地、创造性地丰富和发展了科学社会主义的基本原则,回答了国家现代化的不同阶段遇到的实践困惑和理论难题,解除了现代化发展中理论束缚和实践桎梏,使得我国各方面现代化事业得以快速发展。

　　以上对中国共产党关于社会主义本质的科学概括和把握的过程的追溯,对于我们分析何谓核心价值观的社会主义性质,为何这 12 个价值范畴是我们要遵循的价值观念,如何从我国实际出发、从社会主义的角度出发,理解和把握"三个倡导"中每个价值的核心要义和践行原则,提供了基础性理论前提和实践方向。从这一点上看,我们可以通过以下几个方面来分析:

　　首先,社会主义核心价值观与社会主义本质之间存在着辩证、内在统一的关系,是坚持科学社会主义价值观主张的体现。无论从社会主义核心价值观的形式还是内容来看,两者之间可以被看作一与多的结构关系、逻辑联系。这里所谓的"一"指的是核心价值观的弘扬,始终要从"体现了社会主义本质要求"① 这点出发来认知践行。社会主义始终是中国式现代化的基本标识,是核心价值观建设一以贯之的思想指南,是最根本的价值范畴。所以,这里的 "社会主义"不只是一个定语、限定词,而是规定了核心价值观的根本性质,界定了是或不是社会主义核心价值观的界限,也解决了为什么是和为什么不是的原因,同时明确了践行结果是否符合社会主义核心价值观内在要求

---

　　① 习近平:《青年要自觉践行社会主义核心价值观——在北京大学师生座谈会上的讲话》,《人民日报》,2014 年 5 月 5 日。

的标准问题。从这一点说，社会主义性质是贯穿于不同层面价值观之间的价值主线，是国家精神—制度伦理—公民道德建设的价值中轴，为我们提供了判断所建设的核心价值观与传统封建社会价值观，以及与资本主义国家流行、宣扬的所谓"普世价值"的根本差异与区别的标准。

所谓"多"不等于是分开、分裂，而指的是价值范畴与价值实践的统一，即"三个倡导"的三个层面具体价值范畴是如何体现了中国式现代化建设的不同层面、不同主体的价值规范与要求，呈现了三个不同层面的价值观之间的总分关系。在核心价值观的具体内容中，国家层面"富强、民主、文明、和谐"四个价值观对应着"五位一体"总体布局中的"经济、政治、文化、社会、生态"五大建设中的前四个方面，体现了"五位一体"建设的价值追求和建设方向的价值遵循完全一致、内在统一，价值理念与建设实践有机一体，相互创生，共同呈现的是国家的精神属性。通过核心价值观的视角我们就能够衡量整体现代化建设是否与中国特色社会主义国家本质要求相一致，为什么整体的、全面的现代化是必须必要，实践的统一性印证了价值的有机性。同样，社会层面的"自由、平等、公正、法治"的价值范畴，对应的则是在制度现代化建设的应然要求、规则秩序，我们需要的是什么样的制度、我们要构建的是什么样的秩序，具体来说就是如何来完善定型我们的国家治理体系，以及如何更好地提升我国的国家治理能力。为其建设提供价值准绳，集中体现了社会主义制度建构与执行的伦理要求，反映在组织伦理、制度伦理、执行伦理各个方面。公民层面的"爱国、敬业、诚信、友善"是社会主义公民现代化的规范要求，是人的现代化建设的基本道德标准，是人之为人、人之为公民主体的基本规约，是塑造人的主体性、规范主体间交往，构建良性的社会公德、职业道德、家庭美德、个人私德的基本要求，指向的是如何培育涵养公民德性，体现的是培育社会主义公民的道德标准。这里笔者用了"基本"一词，本意是为了表明公民层面的价值观只是人成为一个人的要求，人还需要成为一个公民、成为一个国家现代化的建设者,身、家、国不能够完全分割开来,公民是人之公民,是社会之公民,更是国家之公民,是个体与集体的统一,个体性与实体性的结合。

其次,社会主义核心价值观是社会主义意识形态的本质体现。社会主义核心价值观与社会主义意识形态,都可以被看作思想上层建筑的重要因素。这两者都姓"社",因而内在是一致的,只不过核心价值观是对国家意识形态理论的抽象化、范畴化的表达,相比国家意识形态的理论内容,核心价值观更加凝练、更加概括,言简而意赅,是社会主义意识形态的精神内核、内在灵魂最为集中的呈现。社会主义核心价值观 24 字经过充分凝练,更容易上口、更易记忆、更易于对接人们的生活世界,能够直指内心,其更容易普及、更容易变成人们的行动。所以,社会主义核心价值的有效建设必然能够有效提升党对意识形态的主导权话语权,进一步提升社会主义意识形态的凝聚力、吸引力和战斗力。从这一点上看,社会主义核心价值观建设有着十分显著的意识形态功能。具体而言,这一意识形态功能包括如下方面:一是导向功能。价值观念也好,精神文化也罢,都具有导向性,但社会主义核心价值观的构建与培育,对于巩固马克思主义在意识形态领域的指导地位显得更加直达、精准、有效,社会主义核心价值观以简洁明了的方式为每位中国人指明了现代化国家、社会及公民建设的目标与方向,能够激发起中国人民对现代化成就的自豪感、自信心,使公民能够主动去领会中国共产党之"能"、马克思主义之"行"、中国特色社会主义之"好"的精神实质,在认知践行核心价值观的过程中,自然生发对共同理想的内心接受度,坚定对中国式现代化的必胜信心和建设决心。二是凝聚功能。核心价值观建设做的是"人心工程""信心工程"。对此,习近平总书记反复强调指出,要"把培育和弘扬社会主义核心价值观作为凝魂聚气、强基固本的基础工程"来建设。培育和践行社会主义核心价值观有助于广大人民群众达成认识上的一致,心灵上的契合,所谓人心齐,泰山移,处于现代社会的每一个人,其知识宽度、见识广度、能力向度都是前人无法比拟的。不能够在理论上说服人、在情感上打动人、在意志上激励人的理论,就不能够转化为理论的武器、建设的动能。而核心价值观通过全社会的践行,形成国家建设的良序、国家治理的良能、社会发展的良范、公民之间的良心良知等的氛围,使人见知见行,相互影响,无形中提升人的志识,就会使公民坚定树立起对中国式现代化的信心和建设热情,坚定每一个人积极参与建设社会主义强国的决心,形成不可估量的全体中华民族砥砺奋发的精神力量,形成作为全体中国人民团结和睦的精神桥梁与纽带,发挥出社会主义核心价值观在团结引领社会成员在思想上、行动上共同进步、同心建设的重要功能。三是评判功能,一个国家、一个社会中,人与人交往之间总需要一定的评判标准,总需要一定的路径规则,这是必须的确定性的来源和对未知的判断依据。而核心价值观的最大特色就在于此,它承载着一个民族、一个国家的精神追求,提供国家与社会、政府与市场、公民与公民相互作用中的价值裁判功能。既然拥有了评判社会事务时依据的价值标准,也就为一个国家治国理政、一个社会的规序、群体内部的人际交往提供了是与非、优与劣的判断标准,这本身就内在含蕴着意识形态的约束力。

最后,社会主义核心价值观是中国特色社会主义建设事业的主导价值观。作为一种社会意识,价值观属于哲学观念的范畴,是从意识形态层面对经济社会发展的集中反应,充分体现了人们对经济、政治、文化、社会、生态等各方面生产及生活实践的基本认识、价值立场和理想追求。每个国家和民族的价值观都是多层面的,包括一般的价值观、核心价值体系和核心价值观等层面。三者之间是包含与被包含,相互作用、相互影响、相互制约的辩证联系。可如下图所示:

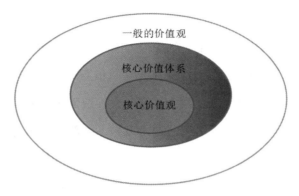

图 3.1　一般的价值观、核心价值体系、核心价值观三者的关系

我们谈到的一般价值观,它形成的前提在于人类社会发展的多元价值面向,每个特定社会的价值取向并不总是一致的,无论是个体还是行业,其价值观总会是多元的,利益的分化必然带来价值观的不同及其变迁。在阶级社会,价值观同样具有阶级性,作为统治阶级推动形成相对统一的价值观是其基本的利益需求,进而归纳出具有普遍性的一般价值观。

如果说一般价值观是对社会现存价值观念的初步提炼,那么核心价值体系则是对一般价值观进一步凝练,再进一步递进分析。可以看出,核心价值观集中体现了核心价值体系的基本内涵。归根结底,它是建立在经济结构之上的、与客观社会现实基础相适应的、并由现实基础生发出来的社会意识形态,在外延上与一定社会形态的上层建筑的外延重合结构性的价值形态。其中,核心价值观对核心价值体系具有依存性。与核心价值体系相比,核心价值观就内容而言更具抽象性,在形态上更显稳定性。但却给出公民、社会、国家不同层面主体行动的价值依据和价值定在。由此可以解释的是,上升到核心价值体系与核心价值观层面,个体与共体的统一性就越发突出,二者是一个国家和民族所有成员共同持有的,不是一两个人所有的,而是整个共同体的精神基础、每一位成员的价值共识、精神纽带,和支配每位个体的共通行事规则。"社会主义核心价值体系"包括更为丰富的内容,具体包括"文化自信"意识形态领域""中华优秀传统文化"等范畴和内容,涵盖了当前社会主义意识形态和文化建设的各个方面,生动彰显了中国精神、中国价值、中国力量的不竭动力。总而言之,社会主义核心价值观的内涵也好、外延也罢,都会随着社会主义现代化建设及社会主义核心价值体系的演进而不断丰富和发展,这正是 21 世纪马克思主义的理论成果不断取得突破的重要方面。同时也进一步凸显出中国的现代化建设已经取得的成功和继续成功的关键精神实质,贯穿的依然是中国共产党人走自己的路,致力形成打造中国特色社会主义本质属性的价值观念体系的不懈动力。

社会主义核心价值观最关键的是在"核心"二字,而核心最重要的就体现在其主导功能。这意味着社会主义核心价值观是整个国家主导性的价值规范与要求,是整个社会主流的价值目标与理念,也是所有个体公民行为共同遵循的内在持久的一整套价值准则。具体可以参见下表:

表 3.1   社会主义核心价值观不同主体的价值要求与价值目标

主体	价值要求	价值目标
国家主体	富强、民主、文明、和谐	建设富强、民主、文明、和谐的社会主义现代化国家的崇高价值目标,回答了当代中国要建设成一个什么样的社会主义现代化国家的问题
社会主体	自由、平等、公正、法治	回答了我们需要一个什么样的社会,要建设一个什么样的现代社会,要制定完善一个什么样的社会主义制度体系的问题
公民主体	爱国、敬业、诚信、友善	回答了在现代化进程中,需要什么样的社会主义基本道德规范、要培育什么样的公民、塑造什么样的社会主义先进文化的问题

和其他价值观一样,社会主义核心价值观也遵循着价值观生成、提炼及普及的一般过程和基本规律,它是在核心价值体系基础上凝练而成的,更加概括明了,更容易入脑入心,成为每一个中国人行动的指南。将繁杂的理论体系转化为高度概括的价值原则,一直是中国共产党人治国理政中动员广大

人民群众积极参与建设,具有更强的执行性、操作性,具有更大的辐射力、影响力、感召力的施政策略,而具备的特有优势。回顾历史可以看到,革命、建设、改革的不同历史阶段,在谋划中国的现代化进程中,特别是进入新时期,随着我国的社会主义现代化进程的不断深入,面对着国际上西方社会思潮的不断冲击、国内社会不断发展,多元价值观念纷繁复杂,概括归纳反映当代中国发展实际的治国理政的价值理念、价值原则,构建面向现代化强国的精神根基,培育树立具有现代意识的、积极向上的中国式现代化强国的建设者,成为当代中国共产党人的行动自觉。

三、社会主义核心价值观的理论渊源

从实践上看,社会主义核心价值观是随着社会主义现代化的推进逐步形成的,在价值内容和思想内涵上有其特定的思想渊源。

1. 纵向传承:传承中华传统文化优秀基因

一种文明的生命力恰恰在于其理论范畴、理念精神的具体内涵是随着具体现实情境、客观形势而生成发展,才有生命力和感召力。历史数千年之久,文化一脉相承,中华文明的生命力就在于一代代人对祖先文化的创造传承、创新流变的集体意识中,这种精神就深深积淀在中华民族的思想深处,是我们的灵魂根脉、文化自信之源。在国家现代化建设中,在治国理政方面,中国共产党人历来重视对历史的文化自觉,注重从优秀传统文化资源中汇源聚流、镜鉴古今、汲取养分,而社会主义核心价值观作为伦理精神、道德规范,传统文化深深积淀在每个价值范畴的内涵当中,加强价值观建设始终需要将中华优秀传统文化作为最为重要的精神资源和涵养源泉。也正是因为如此,关于社会主义核心价值观,习近平总书记一直强调要在其得以汇聚形成的历史传承、现实要求中去考察。他说:"一个民族、一个国家的核心价值观必须同这个民族、这个国家的历史文化相契合,同这个民族、这个国家的人民正在进行的奋斗相结合,同这个民族、这个国家需要解决的时代问题相适应。"① 中华民族传统美德是中华民族生生不息、薪火相传的文化基因,深深根植于每个中国人的血脉中,潜移默化地影响着人民的思想观念、言行方式,是一个人之何以为中国人的独特标识,孕育着今天的价值观念的思想精髓。

中国现代化建设走到如今,也历经千难万险、也历经成就辉煌,在民族精神深处的价值动力、文化韧性为国家的发展壮大,为中国式现代化建设的成功提供了精神支撑和丰厚滋养。传统中国是重视伦理文化和道德建设的文明国家,在传统文化中蕴含积淀着大量伦理道德的思想资源,中国今天的现代化、中国当下的核心价值观不是割断自己的精神命脉。回溯历史,其间贯穿的"讲仁爱、重民本、守诚信、崇正义、尚和合、求大同"伦理精神、价值理念,变成了我们民族的文化基因。无论是先秦的"四大显学",还是后世的经学、玄学、理学、新学、实学、新学,都强调道德在立身处世、治国理政方面的重要性和培育践行路径。无论是儒家提出的"仁义礼智信、忠孝廉耻勇",以及对"仁者爱人"伦理精神的强调,道家的"至人无己、神人无功、圣人无名"的哲学思想,还是墨家提出的"视人之国若其国""天下兼相爱则治,相恶则乱"的"兼爱""非攻"政治思想;也无论是在人性认定方面,强调"人之初、性本善"的性善论,主张人皆有四心四端,以四端来论证仁义礼智推己及人的同理心之源;个人修养方面强调"自强不息""厚德载物""贵在有德";人际交往上主张"己所不欲、勿施于人",突出"以德待人"、强调"言必信,行必果",言而有信,诚信友善,君子小人之别、义利之分的"君子喻于义,小人喻于利"的价值理念,认为"父子有亲,君臣有义,夫妇有别,长幼有序,朋友有信"的各安其位、各得其所的社会伦理秩序;以及在人与自然的关系层面秉持"仁

---

① 习近平:《决胜全面建成小康社会 夺取新时代中国特色社会主义伟大胜利——在中国共产党第十九次全国代表大会上的报告》,人民出版社,2017年,第42页。

民爱物",推己及人、推己及物,强调"人法地,地法天,天法道,道法自然"① 的"天人观";个人与国家关系方面强调"天下为公"践行"修齐治平"的内圣外王之道,突出"先天下之忧而忧,后天下之乐而乐""天下兴亡匹夫有责"的价值秩序。如上很多不胜枚举,这些价值观资源放在今天仍有其时代启示,关键是加强创造性转化创新性发展,将核心价值观建设与传统文化互通与共融,才能在中华民族心中扎下根。历史不能抹杀,现存不能忽略,历史有其惯性,作为大浪淘沙一样传承下来的一种精神、一种文明,其存续不熄、薪火相传都有现实存在合理性和可行性,渗透到这个民族的各个方面,既反映在百姓日用洒扫应对;也融入国家建设的治国理政,反映了中国共产党人的高度文化自觉。

2. 横向互鉴:借鉴人类优秀文化成果

不同民族的优秀文化成果是全人类的财富,作为我们指导思想的马克思主义就是在汲取人类优秀文化成果的基础上诞生的。一方面,每一个民族的核心价值观都必然存在反映人类美好价值追求的共性一面,这是世界文明成果积淀的结果;另一方面,作为具有意识形态属性的价值观也不可避免地反映这个国家和民族特色,具有个性的一面。因此,个性与共性的统一是价值观的双重特征。人类发展到今天,推进文明的交流互鉴、交融互补是科学的态度,也是中华民族价值观自信的活水源头。中国特色社会主义建设一直秉承中华民族兼容并蓄的精神气质,从来不拒绝反映人类社会发展及人类文明发展进步的优秀成果,我们国家的社会主义核心价值观构建与培育同样也从来不排斥人类社会的优秀成果,中国社会主义现代化发展到今天,一个最大优势就是勇于借鉴吸收其他文化、文明的有益因素。中国人的现代化建设从来不是故步自封,强调走自己的路,但从来不是闭目塞听,这也是让西方学者

---

① [清]黄元吉:《道德经精义》,中央编译出版社,2014 年,第 66 页。

最为惊叹的地方,按照英国学者马丁·雅克的说法,中国现在取得的成就不是崛起,而是实现伟大复兴。今天,我们若问哪一种现代化模式的文化基底始终具有包容性、同化性和开放性,则非中华文化莫属。这些文明特质保证了我们的文明在发展中始终博采众长、历久弥新,数千年传承不断,不断焕发新活力,是中华文明成为发展到今天唯一未间断的人类文明奥秘所在。

因而在面对外来文化时,中国人一直坚持开放融合的态度,近代以来,中华民族又吸收了西方先进的文化,并在中西文化的相互交融中,继承和创新了中华文化。具有世界视野是中国文化自信的显著标志,社会主义核心价值观并不排斥与人类文明取得的优秀成果相对接,并将其视作重要的、可资借鉴的思想文化资源,并在对人类普遍价值观的中国阐释和中国发展同时,不断用外来优秀文化发展壮大自身,实现有效的文化融合,形成特有的文化自信的理念和深厚的文化软实力。同时也不迷信外来文化,认识到人类优秀文化成果有其共通性。但共通并不是等同,每个国家的核心价值观都不是凭空而来、主观杜撰的,其特定的内涵是与一个国家社会发展阶段的社会存在密切相关,更与这个国家的历史文化、发展道路有关。在内涵上其区别恰恰在于这个民族的历史文化传统、这个民族的社会发展阶段、这个国家的社会存在、这个国家治理的理念,实际上就反映在这个国家的发展道路、社会制度、指导理论、文化传承。在社会主义核心价值观建设方面同样承继这一建设逻辑,核心价值观的所追求的理念目标是中国人的追求,但绝没否认其他国家和民族没有这方面的价值理想,它本身就体现了人之为人、人作为类的存在物维系共同体共通的道德规约。进入新时代,中国文明更是站在人类可续发展的角度,不断推进人类命运共同体理念和实践,了解并理解世界各民族的文化多样性,尊重其他国家和民族的文化特殊性,从理论和实践上强调避免文明冲突的重要性,推进人类的文明和睦实现。

3. 实践生成：立基中国伟大实践

时代不同，就会产生不同的时代问题，形成不同的时代精神，赋予不同的时代使命。马克思主义告诉我们，全部社会生活在本质上都是实践的。人类所有价值活动及价值关系产生的最根本基础就是实践，实践决定着价值观的生成、发展与实现，决定着价值观的基本指向，相应的价值观一旦形成又会高于社会的具体实践。社会主义核心价值观的现实基础是中国特色社会主义和中国式现代化的建设实践。社会主义核心价值观正是在中国特色社会主义现代化实践中，特别是在改革开放这一直接实践基础上形成和发展起来的主导性的价值目标和价值原则。党的十一届三中全会以来，中国社会发生了巨大、全面、深刻的转型。首先，这种转型即使放在全世界也具有显著的独特性，它是一个具有五千年悠久历史文化传统的超大人口规模国家在具有中国特色的社会主义道路发展前进中的转型，所以，无论是考察转型的起始点还是转型现实情境，最终目标都具有明显的独特性，独特性决定了转型具有首创性，所产生的价值观必然深深扎根在这场伟大实践的沃土之中。其次，这种转型具有赶超的特征和问题集聚的问题是全方位的，涉及多重转型，包括计划经济转向市场经济的经济体制转型，农业为主的经济转向工业、服务业为主经济的经济发展转型，传统社会转向现代社会的社会发展的经济体制转型，也涉及文化观念、价值观领域的转型问题，而且随着改革开放的深入，价值观领域的社会变迁同样突出，因为相对于社会态度，价值观是深层次社会观念。

伴随现代化的推进以及改革开放步伐的不断加快，人们的物质生活水平在不断提高的同时，人们的精神世界特别是价值观领域也日益呈现出多元复杂的局面，价值观层面的问题不断呈现，出现了许多有关价值危机、价值观多元化等现象，这是社会转型发展时期不可回避的事实和结果。从某种意义上讲，当代中国的相当一部分改革实践是由现实的问题及困境倒逼而产生的，但又是在不断解决问题、走出困境的探索与尝试中不断走向深化的。① 中国特色社会主义发展道路及中国式现代化建设之路，是中国共产党团结带领广大中国人民在艰辛的实践中摸索出来的，总会遇到新问题、新情况，也是在不断解决问题中将改革开放的发展过程不断推向深入。在这一过程中，社会主义核心价值观才得以逐步形成、凝练、普及、推广并不断深入人心。特别是在这一过程中，科学处理改革发展稳定的关系，在五大建设领域取得的巨大成绩，在内政外交国防、治党治国治军各方面的不断实践变革，推进完善治国理政的理论创新等形成系列举措，全方位为中国式现代化的实践探路，为中国特色社会主义的前行定向，这条道路有其特有的精神内核、价值本底，社会主义核心价值观由此也不断被赋予了新的时代内涵和实践要求，而日益成为归纳总结、提炼升华出的符合当代中国社会国情和发展规律及时代进步要求的价值原则与价值要求。

第二节　社会主义核心价值观的内在逻辑分析

"社会主义核心价值观是当代中国精神的集中体现，凝结着全体人民共同的价值追求。"② 通常来说，精神是文化的内核，精神文化实际上指的就是狭义的文化概念。每个民族的价值观在其文化中都处于核心位置，构成这个国家和民族的精神的灵魂、根脉。具有中国特色的社会主义核心价值观，作为当代中国精神的集中体现，代表了中国先进文化的前进方向，深刻回答了我们的民族、国家应当坚持何种核心价值观及怎么建设价值观的理论与实践问题。

---

① 习近平：《在布鲁日欧洲学院的演讲》，《人民日报》，2014 年 4 月 2 日。
② 习近平：《决胜全面建成小康社会 夺取新时代中国特色社会主义伟大胜利——在中国共产党第十九次全国代表大会上的报告》，人民出版社，2017 年，第 42 页。

　　社会主义核心价值观是全面建设中国式现代化的价值观,同样具有价值观的共同属性。价值观从属于世界观和人生观,世界观和人生观更抽象、更宏观,当它们落到更具体层面时,就会成为一些具体的价值观。价值观指的是具体的、现实的个体在其所处时代背景、社会存在基础上表现出来的相应的价值理念、道德规约、伦理原则等。它具有以下四个层面的特点:

　　第一个层面从属于社会意识的价值观受到社会存在影响和制约。任何一种价值观从来都不是突然产生的,更不是凭空而来的,它反映社会存在,一定的价值观是建立在相应的利益基础上,长期积淀的产物,而利益差异及分化直接会影响价值观的不同和分化。政治、经济、社会、文化、生态等方面的社会存在决定了一种价值观的本质特点、基本内容和理想诉求。反过来,一定的价值观反作用于社会发展,推进或阻碍社会发展的顺利进行。

　　第二个层面反映了特定的社会主体存在对客体的价值认知与评价,再现了特定的价值主体在生产和生活中形成的对于价值客体的总的根本性的看法和评判认知,是一个长期形成的价值观念体系。它包括了人们在生产生活等实践中的价值原则、行为取向、道德追求、伦理目标、评判尺度和准则,并通过所形成的价值观,推进自己的认识和实践活动走向自为自觉。

　　第三个层面反映了价值观主体的认知与践行的统一关系。价值观是有意识培育养成、主动践行的结果,而不是自发产生的,观念层面的价值观转化为实践形态的价值观,价值观才是完整的,没有统一对价值观的科学认知和引导、没有对价值观的实际践行,就会沦为空论、空谈,走向价值虚无主义。

　　第四个层面反映了历史性与时代性。任何价值观都是具体的、历史的、时代的。每个时代都有属于这个时代的独特问题,也有适应于这个时代的独特的价值观。任何价值观都是立足时代实际不断生成和发展的,脱离了一个民族的历史、现实和未来具体形势,抹杀一个国家发展的道路、理论、文化和制度的现实特点,忽视国家社会个体不同层面的要求及个体的差异,本身就不是科学对待价值观的正确态度。

一、社会主义核心价值观的理念、机制、实践演化的一体路向

社会主义核心价值观具有主客观两个面向的属性,既是客观基础的反映,具有客观性;同时也是主观建构的产物,具有主观性。因此,人的价值观一旦形成巩固,就成为人立身处世、安身立命的抉择依据。价值观涉及个体与共体的关系,其中共体价值观首先是一种实体性认定,决定了一个实体的基本特征,体现其拥有独立性、自主性的地位和自觉能动性的能力,是实体与主体的统一,统一的价值观是共体的,同时也是个体的,其内在贯穿着相关层面的关系性逻辑,贯穿着引导人们如何正确处理个体与共体的关系,以及怎样行事、如何作为的实践面向。作为当代中国的主流价值观,社会主义核心价值观是中国精神之根脉、灵魂,有其内在的价值结构和精神逻辑,具有实体性、关系性和实践性的属性,是理念目标、关系机制和行为实践三位一体的精神文化统一体,体现了国家现代化建设价值层面的精神追求。具体从以下三点来分析:

首先,从理念目标角度来考察,价值观是实体性、理念性的定在,而所谓实体包含两个层面的含义:一是现实存在的主体;二是能够反映核心价值理念和伦理精神、道德实践的内核,体现了一定的社会心理和文化观念、一个国家、民族的精神主体性、文化主体性的问题。每个价值范畴背后都对应着相应的价值实践、价值成果等实体性的内容,它的"来源则是该社会深层的信念结构,这些信念结构是规范一个社会经济活动的根本力量"①。一个社会的文化心理偏好或主流价值观,既可能是国家建构与认同的基石,也可能是一国经济有力或脆弱的根源所在。一个国家、一个民族的实体性价值预设有其

---

① [英]查尔斯·汉普登-特纳,阿尔方斯·特龙佩纳斯:《国家竞争力——创造财富的价值体系》,徐联恩译,海南出版社,1997年,第6页。

合理性的地方,任何一个国家和民族都有其合理的价值内核和基本的价值目标,这一点恰恰是民族精神传承、时代精神演化的连续性所在,一个国家的发展也因此得以存在合理性和合法性辩护。同样,社会主义核心价值观包含着一整套价值目标、理念、原则、规范,是汇聚传统与现代、共性与个性于一体的结合体,把关于国家、社会、公民不同层面的价值要求、价值目标融为一体,虽分层但统一,构成的是时代发展视域中的价值重合,反映了当前中国式现代化建设的应然追求,内在蕴含着整体利益的国家意志,体现国家整体现代化的精神内核和精神合力,明确着这个国家、社会、个体的价值内核应是什么,所提倡的现代性是什么。这可以从价值观"三个倡导"的各个层面主要内容看出来,"三个倡导"24个字的社会主义核心价值观,构成了政治理想、社会导向、行为准则相互联系、有机统一的价值理念整体,它把中国特色社会主义的本质属性以价值观的形态贯通呈现了出来,为中国式现代化建设奠定了坚实的公共价值基础,对标每个层面的价值目标和实践诉求,嵌入现代化中国家的发展理念、社会的建设目标、公民的价值规约,贯穿于国家现代化建设的各个领域和各个主体层次,贯穿于实现中华民族伟大复兴中国梦的各个具体环节。

其次,从关系机制角度来考察。马克思主义强调人在本质上属于关系性的社会存在。社会关系是人的现实存在和发展的场境,而人是社会关系的载体和中介。从个人的角度来说,人从生至死,都是与他人发生各种关系的过程。人际间的交往活动是人类所独有的社会性行为,也是作为人的社会关系总和这一本质的表现形式。人类社会原本就是诸多关系的综合体,社会交往关系在现实的存在与生发成长的过程中形成、定型,反过来,现实的交往实践活动也影响着人类社会的关系形态、结构的生成与发展。包括人之两性关系及经济、政治、文化关系等,都是基于特定的社会历史条件下的交往所生成的,它们共同构成了整个社会网络,形成了各种强弱联系的关系链。同理,无论是国家主体、社会主体、公民主体,都处于错综复杂的社会关系的网络当中,有其不同的地位,有其不同的角色功能,有其不同的联系形式和交往模式。今天的人类社会已经进入后工业社会,一个社会的生产方式和社会组织方式、结构功能都发生了巨大的变化,传统社会的线性结构的社会结构向网状结构社会结构转变是不可逆的趋势,人与自然、人与社会、人与人之间的联系方式和交往空间极大丰富和拓展,每个人都成为整个网状社会中具体成员和参与者,其所拥有着前所未有的关系交往路径和模式。核心价值观恰恰体现人的社会关系,这种关系是客观现实的,因为只要人与人之间的联系存在,就会有价值关系和价值问题的存在,就会有相应的价值确认的问题。所以说,任何一个国家和民族的核心价值观都不是独存自因的,不只表现为理想中的存在,而且通过主体间不同关联性得以呈现和确认。

同时,相应的价值观念随着社会关系结构的变化而变化,构成一个有机的价值生成体系,反过来,价值观对社会关系结构具有重要的引导和塑造功能。那是因为人类社会任何一项具体的行动必然内在地包含着主体的目的、动机、手段选择乃至行为态度等价值因素,价值观念无处在又无处不在,嵌入、寄居于各具体领域的具体活动、具体组织结构、规章制度中,并赋予这些具体活动及具体的社会关系相应的价值灵魂和生命力。一方面,价值观规定着行为主体和实践领域相互的关系、地位,从具体层面而言,则是国家社会、政府市场、公共领域私人领域、公民个体之间的两两相对的交往联系、互动关联,形成相应的价值关系;另一方面,价值观必须通过制度建构和制度执行才会具体实践外化为现实的真实性,总会与一定的体制机制结构建构与运行秩序路径作为前提。社会主义核心价值观的有效落实主要受两个方面因素的限制:一方面是受国家治理体系外部环境的影响;另一方面则受制于国家治理内在结构的各个要素的有机性及其相互作用。在这种相互作用下形成对社会关系进行约定的各种治理规范。在现代化的进程中,社会主义核心价值属性要通过具体的制度和机制、具体的政策和行为实现出来,由精神伦理转化为价值治理,由过程转向结果。它不仅去定义和塑造国家现代化目标,以及建设战略、国家治理体系和治理能力,同时更为重要的是,引导社会以及生活于其间的每一个公民的工作、生活的实践道路、交往实践的行为路径,通过这种关系链接、实践交往互动,一个社会、每一个公民也反过来定义和塑造着国家的价值实现。

最后,从行为实践角度来考察。整体上说是价值追求和现代化实践的一致性,核心价值观和现代化之间辩证统一的关系,是精神形态和实践形态的统一。一方面,社会主义核心价值观是中国式现代化的价值指引精神内核;另一方面,中国式现代化是社会主义核心价值观的价值载体,是社会主义核心价值观的具体实践形态。精神层面的价值观需要变成行为层面的价值实践,正如马克思所讲,"全部社会生活在本质上是实践的"[1]。社会主义核心价值观必须通过现实的、实践的力量,才能得以在真实的社会客观地外化和实现出来。培育和践行就是价值观需要的这种力量,对其认知与赋予践行是真实实现社会主义核心价值观的"一个硬币的两面"。价值与实践的并行与重合,"不仅实现人的价值冲动,不仅具有目的价值,而且具有工具价值。工具价值比目的价值更直接、更现实地成为社会和个体的需要,成为主体生命的内在冲动"[2]。由于主体与客体间的实践关系与价值关系通常是难言有异,实则基本重合,正确的实践和正确的价值观是知行一致的结果,所以价值关系是以实践作为基础的,价值理念的定在要转化为价值实践的实在,使得理念和机制层面的价值获得现实性。同样,社会主义核心价值观作为一种需要转化为有计划、有目的、有组织的实践活动的社会意识,内在要求着从注重器物发展到政制建设,直至走向社会精神文化和价值理念观念的结构性构造、深

---

① 《马克思恩格斯选集》(第一卷),人民出版社,1995年,第56页。
② 樊浩:《伦理精神的价值生态》,中国社会科学出版社,2001年,第253页。

化完善的必然历程,那就要求它不断地回归到实践和行为层面,通过实践行动提供条件,证成其合理性,成为对其他考察和自考察的依据。所以,只谈应然的价值之"善"是不够的,是未完成的,还要关涉到具体治理过程所表现的善治、善行及善序的目标与结果。因此价值观与行为实践之间就有着类似罗尔斯所说的"反思平衡"的关系,不仅理解和践行社会主义核心价值观要反思于实践,实然的实践也要反思价值的应然理念。贯穿于国家和民族的公共精神、公共价值在中国式现代化中所承担须臾不可"缺场"的价值向度。

因此,在过程中形成和贯彻社会主义核心价值观,对国家来说就需要不断完善体制,开新和挖掘传统优秀文化和人类的优秀精神资源,以整体实践的成就和未来发展目标,提升价值观的感召力和号召力,通过加强公民的培育、拓展其积极参与治理的实践行为,由社会主体变为具有政治意义和伦理意义的治理主体,从而推动价值力到治理力的跃迁。

二、社会主义核心价值观是国家、社会、公民三个层面的主体贯通

新时代引领广大民众凝神聚力建设社会主义现代化强国,迫切需要社会主义核心价值观的引领,以便建构起具有独立主体精神的价值力量。谈到社会主义核心价值观建设,主要问题是谁来建设,相应的主体是什么,这就与其建设内容和领域有关。作为一种德,核心价值观关涉到国家层面的大德、社会层面的公德及个体层面的私德,具有全面性,其建设主体,同时肩负着国家现代化建设的责任和使命。

因此,在核心价值观的概括凝练中,社会主义核心价值观的主体范围覆盖了各个方面,它围绕全部社会关系的主线,与国家(实体)、社会(集体)、个人(公民)三个层面相对应。社会主义核心价值观明确了不同层面的核心价

值观念,规定了国家、社会、公民三个层面的价值目标、取向与原则。也就是说,"三个倡导"12种价值观念,对社会主义核心价值观的认知和践行主体给出了明确的规定:国家主体、社会主体和公民主体,共同构成了社会主义核心价值观培育与建设的主体网络,其中层次有别,主体相对,内容相对,所以对每个层面主体来讲,对应的价值范畴就是对其根本的价值要求、实践的价值依归。分析这三个层面的主体,并不能等量来看,其中,国家和社会都是具有实体意义,拥有实体性,是作为以整个的个体的存在,公共性是其本质的属性,以核心价值观的建设来增强其合法性的、实践其正当性,是以价值观的正当性弥补其公共性和合法性。再一个主体即公民,谈的是公民层面,而不是人民层面,是作为法律意义的公民,而不是作为政治意义的人民,尽管在我们社会主义国家二者对应的范围基本重合,对此,我们后文还会专门讨论。理由在于,公民的具体性,一旦谈到公民,我们对应的必然是一个个具体的个体、具体的人,而不是抽象的符号,但这些现实的个体不是单子化的,而是社会化的、政治化的,是向着整体、向着实体而存在,其身份和资格是被赋予的、被生成的,不是天生具备的,因为有了实体性质,才能够使个体成为主体。然而,三个倡导的三个层面主体,并不意味着是分开的三个主体,贯穿于其中的是具体的主体:公民。弘扬社会主义核心价值观就是增强价值主体性,归根结底要落实到公民的主体性。尽管无论哪一个民族、哪一个国家,其核心价值观都是对国家、社会、个体的三方面关系的规约,都是追溯继承历史、立基现在现实形势和展望未来发展趋势的价值理念有机统一。

但是从价值观主体的分类地位上说,中国的核心价值观主体的划分不能说是横向的分类,而是公民价值观从个人—社会—国家价值观的纵向的养成进阶,是实体—集体—个体的主体逻辑进路,个体要作为主体的存在,必须承认实体和集体层面价值观念的客观性质,同时遵循、顺应这种客观性质,以推动个人特殊性意志与具有普遍性的客观意志相结合起来的主体性真正得到实现。国家和社会层面的价值观使主体达到了主观性和客观性的同一，成为一种自在自为的自由存在。按照中国的传统哲学的思维路径，伦理价值的目标所属的不同层面，实际上是贯通在每个人于身、家、国层面的不同要求，如同儒家所谓的"治国八目"，修身、齐家、治国、平天下本就是一个价值观念的晋级，由爱己、爱亲、爱国、爱天下自然生发的，身不修何以家齐，家不齐怎能国治，国不治难求天下之平。同理，发展起来的中国，才可能为人类命运共同体做出更大的贡献，美美与共，这是中国人的价值逻辑，与西方"丛林规则"的价值逻辑有着本质的区别，在他们那里，国家、社会、个体的关系是横向的，国家主体、社会主体、个人主体之间始终是以个人自由至上作为原点，对共体、实体的警惕性，对他者的戒备心成为他们文明的底蕴，乃至成为他们的某种集体无意识。正是依靠你赢我输、赢者通吃的零和博弈使得西方的现代化率先发展了起来，但是那绝对不是人类的光明未来。对人类整体而言，归属于中国式现代化关键要素的社会主义核心价值观同样是中国贡献给世界的一个文明答案，一个破解当代"世界之问"的答案。所以说，公民层面的价值观是作为社会主义现代公民的最为基本的价值要求和价值目标，也是最基本的要求，但不等于公民只需要盯着这一层面的价值观养成践行。在中国的核心价值观语境中，公民不是一个个单独的纯粹个体，而是共享和分有国家、社会层面的价值观，才成之为公民，而不是私民、不是单子。因此，中国式现代化强国的建设实践、中华民族伟大复兴的追梦梦圆，从来没有也不可能是只有整体没有个体或只有个体而没有整体，实现国家之富裕强大、民族之振兴复兴、人民之幸福安康是一个有机体，中国梦关系到每个人的梦想实现。所以，我们的社会主义现代化建设需要每个中国公民都成为参与者、创造者，将个人的追求和整个社会、整个国家的价值追求结合起来，积极投入到现代化强国建设当中，推动守住道德底线和法律红线的基础上的消极公民，向作为承担起国家现代化建设主体责任的积极型公民转化。

三、社会主义核心价值观建设与人的现代化辩证统一

无论先发后发、无论内源外源,所有国家的现代化实践并非完全自发形成的、自然实现的,必然要经由主体性实践方才可能获得现代化自身内在规定性、外在现实性。现代化是人的主体性展开发挥作用的具体场域,物质现代化反映的是经济基础,国家治理和核心价值观则归属上层建筑,前者是政治上层建筑建设的内容,后者则是思想上层建筑的内容。通过现代化建设主体依据社会历史的规律性进行的创造性活动而呈现和实现出来。所以说,人的现代化是整体现代化最为核心和关键的组成部分,归根结底,没有一种现代化不是人的现代化,人的现代化也可以被视为整体现代化的核心标志和衡量标准,人的现代化建设成效与一个社会的意识形态和制度结构密切相关。现代化是属于"人"的,无论何种类型的现代化最终只有一个核心词"人",人的现代化本质就是为了人、培养人、发展人、塑造人、完善人,使人成为现代人的过程,"人,本质上就是文化的人,而不是'物化'的人;是能动的、全面的人,而不是僵化的、'单向度'的人"①。我们所追求的现代化是以人为本的现代化,而不是以资为本,这是由我们的现代化的社会主义本质所决定的,为我们的实践所证明的。没有人的现代化谈不上人的自由解放,人的现代化是使人具备现代性,特别是具备现代的价值素养。也因此,人的现代化可以被看成是人走向自由全面发展的必经之路。一个民族的发展壮大、一个国家的兴旺发达需要坚实的物质力和良好的治理力,更需要强大的精神力,以主导的价值理念打造积极向上的民族精神和民族品格,引领政治经济社会文化现代化的全面发展。就此而言,社会主义核心价值观与人的现代化是内在一致的。培育和践行社会主义核心价值观是我国推动人的现代化的重要方面,是

---

① 习近平:《之江新语》,浙江人民出版社,2007年,第150页。

推进人的现代化的重要手段和人的现代性建构的价值目标。

首先,核心价值观的践行有利于提升社会主义意识形态能力建设。一个国家、一个社会的意识形态是建立在一定经济基础之上的观念上层建筑,反映这个国家社会中统治阶级的利益,反映的是统治阶级的价值原则、指导思想乃至执政理念的总和。意识形态的首要功能就是在国家的核心利益的基础上,为这个作为政治共同体的国家确立起统一的、具有权威性和具备实践性的价值目标、价值原则和价值规范,目标是引导推进每个社会成员形成价值观上的共识,反过来也是增强这个共同体的凝聚性和行动力。同理,作为中国特色社会主义的思想上层建筑之重要组成部分的社会主义核心价值观,是中国共产党领导中国人建设现代化国家所必需的意识形态的本质体现,反映了中国特色社会主义理论、道路、制度、文化及其生产生活方式方面的核心价值理念,凝聚着中国人的"四个自信",具有国家主体性、民族主体性乃至文化主体性的意涵,是国家和民族精神独立性和独特性的显著彰显。也正是在此意义上,核心价值观的培育与建设具有国家治理的功能,是国家治理不可或缺的内容。社会主义核心价值观还与中国共产党的意识形态工作及我国社会主义精神文明建设目标内在一致。同时,社会主义核心价值观渗透和嵌入在包括"生产和交换的经济关系"基础上的各种社会关系当中,在价值观层面能够呈现社会主义的本质属性的具体内涵,从而把社会主义的政治、法律、经济、文化等诸多领域的伦理约定和价值共识汇聚起来、贯通起来,作为物质和制度现代化建设价值依归和文化基础。这也是党中央始终从基础工程、战略工程高度强调社会主义核心价值观建设重要性的原因和出发点,核心价值观建设程度如何、培育和践行效果怎样,直接关涉到意识形态向心力和凝聚力的大小高低。因此十分有必要通过培育、弘扬及践行社会主义核心价值观,面对意识形态领域众说纷纭、甚至别有用心的多元价值竞争,抢占价值体系的制高点,让中国人有中国的人价值追求和精神底气、意识形态定力。

其次,要以核心价值观引领推动人的现代化建设。作为中国式现代化建设的主导意识形态,社会主义核心价值观是使人"成人"的现代化的重要内容、精神动力和伦理规约。核心价值观对于社会主体而言是至关重要的精神因素,对国家和社会来说,它称得上是强国之基、兴国之魂,奉行什么样的价值观就会成就什么样的国家和社会。对个体而言,奉行不同的价值观,就可能直接带来不一样的人生境界和发展前途。对整体现代化来讲,构建什么样的价值观引领机制就会呈现什么样的现代性。当今世界正处于百年未有之大变局,我国正处于迈向现代化强国的关键时期,整个社会的政治经济文化都处于转型的重要历史阶段,全球化、现代化、信息化影响下的社会思想观念多元,价值观层面则是主流与非主流并存,先进与落后思想观念交织,个性化、多元化的个人价值追求是一个客观实存,各种西方社会思潮不时浮现,影响着人的价值判断和中国人的价值观的主体性,干扰破坏我们的社会主义现代化进程。在这样的历史时刻,如果没有主流价值观的指引,人的思想文化就会迷失方向,中国人的现代化就不可能真正完成,这是近代以来中国人在现代化寻路、探路、筑路过程中留下的反方面的深刻失败教训和正方面经验启示所在,对这一点我们要时刻保持警醒。因此,发挥社会主义核心价值观强基固本培精铸魂的作用,对当代中国"人的现代化"显得尤为关键也是十分迫切,只有强化核心价值观引导,牢固树立价值观自立自信,在社会主义核心价值观这一人民群众所普遍认同支持的"最大公约数"引领下,凝人聚心,集聚共识,勠力同心,真抓实干,才能确保我们的现代化顺利实现。

再次,核心价值观塑造人的现代精神追求。人无精神不立,国无精神不强。作为中国精神内核的核心价值观是中国实现整体现代化的重要内容和精神动力,深深嵌在人们的生产生活的各个方面,对于国家现代化理念和实践有着深刻而持久的影响,对公民个体、社会发展、国家建设设定了基本价值目标、价值目标实现的路径乃至价值实践的内容和形式，其形成与发展与其个体、社会、国家的成长发展紧密相关。人的现代化本身意味着个体提出要求，需要每个人主动对接和接受与时代发展相一致的价值观念，个体只有接受认同整体的价值规范，才能够成为整体的合格一员，一个个体的思维方式、生活方式、知识技能和行为方式适应社会的整体发展，他/她才有成长发展的空间、获得平台载体的支撑。对于当代中国来讲，社会转型发展、改革攻坚攻关是我们的现代化建设所长期需要面对的时代形势，这源于中国式现代化是中国人自己走出来的、已经取得并还会持续取得成功的建设模式。也因为创新，面对的问题和困难也必然不同，坚持伟大斗争、自我革命，所需要精神力量的作用也愈加凸显，凝聚最大共识、发挥人民群众的能动性和积极性是建设现代化强国的所必须依凭的因素。社会主义核心价值观同时也是中国特色社会主义及现代化建设的基本方略之一，是国家引导着不同阶层发展的价值取向，只有主动融入和接受、积极认同和践行，树立正确的价值目标、遵守基本的价值规范、塑造符合中国式现代化所需要的现代性人格，在成人和成己中获得精神力量，承担起时代赋予的权利和肩负起时代责任，才能作为现代化建设的主体。从这一点说，社会主义核心价值观为我们国家和民族的思想现代化、能力现代化、素质现代化，提供了高度一致性的价值精神追求和培树具有中国独特性的精神主体性。

最后，核心价值观建设与人的现代化建设相通。现代化建设需要有共同的思想基础、共通的价值观念，需要有坚实的精神稳定器和价值定向标，于中国而言，核心价值观就起到这样的作用。依凭什么样的核心价值观引导塑造，人的现代化建设目标和建设路径就会呈现什么样的精神气质和价值样态。德是价值观的同位语，价值观呈现的、意指的是国家社会之大德、公德及个人之私德，一方面体现了当代中国发展前进的价值目标和伦理要求，另一方面也是中国式现代化发展的目标指向，不仅是引导个人追求的德性及德行,也是国家社会追求的善治及良序,塑造的是属于本民族精神的国家、社会及公民之良知、良心、良能。同时这三个层面的价值观是相通的,第一,这个相通在于中国精神、中国价值在过去、现在和未来的历史相通,贯穿百年征程的核心追求,是中华民族传统美德、中国共产党人革命道德和社会主义道德的凝练表达。第二,这个相通是国家主体、社会主体和公民主体及其价值目标与理念的内在相通,最终是实现每个人的自由和全面发展的价值约定,从观念上塑造国家伦理、社会伦理和公民伦理的层面一以贯之。第三,这个相通是价值目标指向的是为中国的人的现代化建设定向、定标,人的现代化怎样建、向什么方向建,需要有价值观来筑基、助推,为了更好地实现我们共同的中国梦锁定精神建设方向和人的目标志向,要以价值观的知向塑造人,以价值观之志向引领每个人做好本职工作,实现知向、志向、志业三者合一的人的现代化。

第三节　以社会主义核心价值观建设推进全面现代化

在新时代迈向现代化强国的新征程上,全面建成现代化,或者实现整体现代化,是走向社会主义现代化强国的必经之路。没有全面的、整体的、过硬的现代化,就谈不上现代化强国。只有综合国家没有短板、缺项,这个国家才能称得上强大、国运才能赓续绵长。中国发展到今天,已经具备了全面建设、全面建成现代化的物质实力、理论准备、实践能力,时代要求我们不能也不必走串联现代化之路,只能是全面推进的、"并联式"的现代化,是包括经济、政治、文化、社会、生态在内各领域、各方面既重点突出又齐头并进的现代化,不仅要有强大的硬实力,还要有强大的软实力相互促进、相互成就;不仅要有物质文明的富裕,也要有精神文明富裕,二者协同推进,协调发展。以上就是全面建成之全面的含义。以下则要追问何谓建成,全面是内容、目标、过程,建成则是实践实现的结果、效果,二者结合体现了现代性与现代化的一致性。建成什么样呢? 它必然包括强大的物质基础、完善的制度体系、有效的治理能力,但这并不完整,还要有与其经济基础和制度体系相适应,能够汇聚共识、凝聚人心人力的核心价值观的建设成效。

中国的人的现代化,需要用中国魂塑造中国魄,社会主义核心价值观就是当代中国的精神之根、价值之魂,是当代中国精神、中国文化最深层内核的集中体现,充分彰显着中华民族的精神文化广度、高度与深度,是中国共产党治国理政理念的重要组成部分,是社会主义改革、发展、稳定的价值灵魂和精神动源,是科学合理处理、规划安排国家与社会协同关系、政府与市场职能定位、公共领域与私人领域界限互动,个体与集体生发协同等方面的体制机制规划制定之价值出发点。它既深深根植于经济的现代化实践之上,也浸透在国家治理的各个环节当中,对现代化的各个层面的建设发挥着不可忽视的功能,贯穿于经济发展和国家治理的实践中。可以说,没有正确的价值理念指引的现代化就如同一架背离方向的马车,无论所乘之车如何豪华、所选快马如何优质,所形成的速度越快意味着错误愈大。

一、以社会主义核心价值观建设推进物质现代化

核心价值观为物质现代化建设提供了价值要求,有什么样的指导价值观,就会有什么样物质现代化模式。社会主义核心价值观建设与物质现代化并不矛盾,"物质生存方式虽然是始因,但是这并不排斥思想领域也反过来对这些物质生存方式起作用,然而是第二性的作用"①。要实现经济建设的有序发展,客观上内在地需要反映社会最大共识、最大公约数的价值前提和道德基础。对当代中国而言,社会主义核心价值观生成、凝练、培育、践行的实

① 《马克思恩格斯选集》(第四卷),人民出版社,1995年,第691页。

践,并非超然于经济社会发展之上和之外,而是根植于经济社会发展,有其历史和实践的必然,其内容与社会主义现代化建设应然要求本就是合二为一的,规定着经济社会发展的本质内容和基本原则,发挥的作用必然会落实于经济发展各个环节之中,为发展的规划确定价值方向。

首先,社会主义核心价值观的指导和引领作用,体现在经济发展的制度构建及建设发展规划的制定方面。我国的现代化是在中国共产党的统一领导下的现代化,内在要求着有效发挥政府的主导作用,积极调动各方参与,协同推进的现代化模式,其中国家关于经济发展的政策方针、部署规划对于整个现代化发展,包括资源配置、利益分配起决定性的引导作用,在很大程度上左右着现代化的发展路径。因此,在社会主义现代化建设中,经济发展目标的确立、发展规划的制定、经济社会政策的出台乃至重大改革措施的推出时,要有其价值律令,始终要坚持社会主义核心价值观的理念目标,有机融汇核心价值观的精神要求,及时规避工具理性的弊端,增强价值理性的塑造功能,为物质现代化掌舵定向。其次,以社会主义核心价值观的培育与践行,塑造社会主义市场经济的伦理规范与道德基础。市场经济本身就有两面性:既能充分调动各个经济主体的积极性、优化资源的配置、有效提升经济发展的活力和效率;同时,市场经济内在矛盾,滋生的物质主义、消费主义,无序的经济逐利行为反过来会恶化经济建设环境、增大社会的摩擦成本。所以,任何一种经济模式可持续发展都必然是建立在诚信、法治的市场经济基础之上,经济主体之间的交往实践要有共同的伦理精神、遵循共同的道德要求、践行共同的价值标准。社会主义市场经济利用工具理性,但同样应坚持和遵循价值理性,这就特别需要将社会主义核心价值观贯彻落实到发展的诸环节当中,超越资本主义市场经济体制不可克服的弊端,尽最大可能发挥社会主义市场经济的制度优越性,进一步加强对资本的规制,推进经济社会发展的价值准则的覆盖内化。同时要构筑起健全完善的评估举措和纠偏机制,破解所谓的

"亚当·斯密问题",解决利己与美德之间的张力,避免与核心价值观相背离的行为,建构起有利于社会主义经济建设的合作共赢的道德基础,进而为经济社会改革稳定发展整合力量、创造共识,最大限度为改革引发的利益格局调整"降压""减震",实现价值导向与经济行为、社会效益与经济效益的协调双赢、有机统一,形成市场经济和价值观建设良性互动的良序格局。最后,正如恩格斯所说:"发展着自己的物质生产和物质交往的人们,在改变自己的这个现实的同时也改变着自己的思维和思维的产物。"[①] 人们投身经济发展、推动物质现代化的实践进程,有助于构筑起核心价值观落地落实的经济保障,帮助现代中国人树立起价值主体性,形成现代性的价值品格。

二、以社会主义核心价值观推进国家治理现代化

无论古今中外,一个国家、社会经过长期积淀和凝练的核心价值观对同时代的国家治理都具有深厚的内在影响力。于中国古代,儒家思想的伦理精神、道德观念长期作为封建统治者的治国之本、兴国之源。于西方,它们以"立国价值"(Regime Value)的高度来表述称谓其核心价值观,强调核心价值观的对于社会发展与国家秩序稳定的基础和前提作用,强调"必须用某种主要的思想把全体公民的精神经常集中起来"[②],通过立法方式固定下来作为国家治理的理念,并落实到实践当中。

当代中国的社会主义核心价值观建设与国家治理现代化的目标是一致的,前者属于国家治理的重要内容和重要功能。一方面,核心价值观建设与国家治理现代化是辩证统一的。当今中国而言处于从现代化大国向现代化强国的进程中,社会发展同样面临着持续的转型,利益多元、思想多样、观念多变的情况并不会随之消失,以正确的价值理念有效整合社会意识,完善和

---

① 《马克思恩格斯选集》(第一卷),人民出版社,1995年,第73页。
② [法]托克维尔:《论美国的民主》,商务印书馆,1988年,第524页。

发展治理体系与提升治理能力,保证社会系统和谐运转,实现整个社会的善治良序仍是解决时代问题和现代化问题的关键因素。归结为一句话,国家治理现代化应遵循社会主义核心价值观来导航定向,围绕社会主义现代化政治、经济、文化和社会等各方面的建设发展,深化价值观自信,形成中华民族每个成员共有的坚定信念和信仰,为国家治理所追求的良治善政提供坚定的国家价值主体性和坚实的精神支撑。与此同时,人的现代化与当代中国国家和社会的现代化不是分离的,更不是两个东西,是一体两面、相辅相成的。"如果一个国家的人民缺乏一种能赋予这些制度以真实生命力的广泛的现代心理基础,如果执行和运用着这些现代制度的人,自身还没有从心理、思想、态度和行为方式上都经历一个向现代化的转变,失败和畸形发展的悲剧结局是不可避免的。"① 不难看出,在推动国家治理体系和治理能力现代化,尤其是提升国家治理能力和水平的过程中,必须强化社会主义核心价值观的引领与范导功能,这也是中国式现代化实现协调发展、协同推进的关键所在。

首先,国家治理现代化的战略中内在地包含着基本道德取向和价值结构,国家治理现代化的推进不仅需要每一个参与要素的相互作用,还需要核心价值观引导。我国国家治理的首要原则是坚持中国共产党的领导。整个国家制度体系的制定与完善、整个制度执行力的提升,包括改革发展稳定、内政外交国防、治党治国治军等方面公共事物的治理能力,都必须也只能是在党的集中统一领导下完成和实现。健全的治理体系、高超的治理能力、相适的制度伦理精神可以被看成我国国家治理现代化建设的重要目标。推进社会主义核心价值观建设,是归属于增强国家软实力的重要范畴,它贯穿于国家治理各环节,使之成为国家治理建设的伦理精神和价值主线,能够使硬实力更硬,软实力更强。其次,国家的"每一制度的具体安排都要受一定的伦

---

① [美]阿历克斯·英格尔斯:《人的现代化——心理,思想,态度,行为》,殷陆君编译,四川人民出版社,1985年,第4页。

理观念的支配,制度不过是一定伦理观念的实体化和具体化,是结构化、程序化了的伦理精神"①。国家治理现代化建构必须遵循相应的道德准则或达到一定的道德要求,作为良法善治的伦理基础,它只能是社会主义核心价值观。就此而言,核心价值观构成了国家治理价值灵魂和行为目标,它通过具体规章制度、法律法规的形式表现出来,成为一种定在的观念,发挥作用,产生影响。同时,国家治理现代化的发展也直接源于价值观念的变化和更新。治理的合理性在于既要以既定的价值观存量为基础,也以价值观增量为追求。最后,法治中国建设需要核心价值观的有机融入。法治综合体现了治理国家的理论、原则、理念和方法,是一种社会意识。以核心价值观塑造法治精神、构筑法治理念、培育法治文化,可以更好发挥中国特色社会主义法治体系的优越性。另外,核心价值观的实现要通过具体的法律法规、体制机制,及国家、社会和公民的践行而呈现出来,发挥其整体的精神动能。

三、以社会主义核心价值观形塑公民的价值取向

中国式现代化需要什么样的价值观引领全体社会成员呢? 在追求美好生活的进程中如何才能推动全社会融为一个坚固的价值"共同体"是今日中国"时代之问"的重要内容。因为,国家的现代化建设责任最终是落到最广大的公民个体身上的,现代化的建成建立在每一位公民的不懈努力、踏实实干的基础上。在参与现代化建设中,公民主体总会遇到或处理各种矛盾、冲突,自然会基于自己所持的基本价值立场做出行为选择。社会主义核心价值观作为公民的价值共识和基准,它所蕴含的价值准则有助于培育公民的理想信念、伦理精神、道德情趣和价值判断能力。当一个公民在社会交往中、建设实践中,必然会受到既定的思想观念的影响,如何确保行为选择的正确性、正

---

① [美]罗斯科·庞德:《通过法律的社会控制——法律的任务》,沈宗灵译,商务印书馆,1984 年,第 35 页。

当性,就需要有一定核心价值观提供价值遵循,进而使其思想观念、主体意识不断成长成熟,形成具有现代性品格的主体,特别是在社会转型期,因为利益的不同,客观存在着诸多主体之间差异性,各种价值观念和思想意识夹杂其间。在此形势下,发挥价值观的凝聚作用、整合功能,能够极大地增强主体间的理解、信任和默契,形成有效的合作,实现正向的价值产品、价值能量。通过社会主义核心价值观建设实现人们思想认识和价值共识的统一,有助于为国家现代化的实现提供自觉向上的实践主体、建设力量。

综上,社会主义核心价值观建设体现了中国共产党人对社会主义应当具有的正当价值的科学认知,标志着中国特色社会主义及中国式现代化的自我认识已经从理论层面、制度层面、道路层面上升到价值层面,着力构建起中国式现代化的价值之魂成为现代化建设的关键领域。于国是兴国之魂、强国之基,于己则是为人所指、成人所规的社会主义核心价值观,在新时代全面建成社会主义现代化强国的新征程上,必将为物质现代化及整个社会的整体现代化提供价值坐标和伦理基座,为国家治理体系的建构、治理能力效度提供治理的精神动能与伦理智慧,更关键的是,为中华民族重塑一种与全新的历史时代、发展阶段及具有中国特色社会主义国家制度结构相适应的理想国民人格。

第四章　推进公民核心价值观践行，为现代化提供实践动力

价值观能否落地落实就在于它的实践性，实践落实程度是社会主义核心价值观取得成效的关键，其生命力也体现在实践性上。当前，在全面建设中国式现代化的进程中，社会主义核心价值观的弘扬能够为社会的全面发展进步提供重要的价值支撑。而公民不仅是现代化的建设者，还是核心价值观的实践者，只有每个公民主体积极投身到核心价值观的建设当中去，以核心价值观引领自身的现代性塑造，积极主动的将其内化为精神追求，外化为实际建设行动，我们的现代化事业才会不断取得成功。

第一节　公民核心价值观建设的实践本性

实践是马克思主义的根本特征，中国式现代化建设取得成功的关键就在于基于中国实际的实践创新、实践开新而走出来一条现代化新路，找到了解决中国问题的答案。社会主义核心价值观就是这一新路的产物，成为提升公民主体性和现代性的价值指南和培育公民品格的重要价值遵循。

一、关于实践范畴的历史考察

实践是一个哲学范畴，这一范畴在东西哲学里都有其特定的历史嬗变和发展过程。

中国的传统哲学中尽管没有"实践"概念，但是作为一种哲学智慧，实践在中国思想史中并未被忽视，可以说"实践智慧一直是中国哲学的主体和核心"[①]。作为一种与西方思想相异的一种独特形态的实践观，中国哲学中对伦理道德的注重，侧重从德性的基础上，以个体的德性德行作为实践的原地和出发点，研究人的个体德性的养成的实践，以尽心知性知天的成人成己，内圣外王的思路，强调人的正心诚意以达修齐治平的实践路径，突出了人对于人类生活的伦理道德责任、个人修养，追求知行合一的境界。由此，中国的传统实践观主要体现在"知行观"的思想当中，不同历史时期不同的思想家们分别探讨过"知行先后""知行难易""知行分合"等几方面重点内容。例如，北宋五子之一的程颐提出"知先行后"的系统理论，在他的理论中，"致知"的前提是"格物"，也就是说知在先，行在后。二程弟子理学大师朱熹则持"知轻行重"之论，王阳明则把"行"消融于"知"中，提出了"知行合一"的主张，但他将主客观界限混淆了，知行之间的差别被湮灭。因此，无论理学心学实际上对知和行的认识局限于主观范围。王夫之则对理学和心学的观点进行了批评，对知行的关系做出了行以致知，知行统一的解读，而且在其理论中出现了实践一词，"知之尽，则实践之而已。实践之，乃心所素知，行焉皆顺，故乐莫大焉"[②]。由此可见，在中国传统哲学思想范围内，受制于文化传统以及社会发展条件，所涉实践的意涵也是指的个体对道德规范的践行，所谈的知与行的关系等同于道德意识和道德践履的关系，有其局限性。但中华优秀传统

---

① 陈来：《论儒家的实践智慧》，《哲学研究》，2014 年第 8 期。
② ［清］王夫之：《张子正蒙注·至当篇注》，中华书局，1978 年。

文化因其深厚的历史沉淀和思想脉络已经成为中国人安身立命的根本,科学的态度是推陈出新,加强创造性转化、创新性发展,从这个角度来考察中国的传统实践观,中国的传统文化提供的思维视角、看待问题的方式,对于今天我们理解实践与认识二者的关系仍具有重要的启发与借鉴价值。

于西方而言,综观"实践"概念的发展历史,在古希腊就曾作为一个哲学概念出现,亚里士多德就对此有所研究,但他并未将实践的范畴推进到所有领域,而是对人类生活角度做出具体的分类:理论活动、实践活动和创制活动这三种活动贯穿于人类生活。具体来说,理论活动占据金字塔尖,创制活动则是坚实基础,而实践活动处于中间地位。与中国哲学相通的是,他将实践也是作为社会道德伦理的建构活动。近代已降,随着科学技术的发展,实践的概念被引向了科学技术应用和功利层面,反而实践原有的伦理学层面的价值被遮蔽。改变这一思路的是康德,他提出了"按照自然概念的实践"和"按照自由概念的实践"①,意为通过实践改造自然以及通过道德和法律改造人类社会和处理人类自身关系的实践。康德之后,经过费希特以及谢林的过渡,黑格尔的唯心主义辩证法的实践观则是集大成者,在黑格尔那里,实践是在主体目的指导下的一种有中介的活动或过程。在他看来,实践是以手段为中介达到主客体统一的过程,即主体目的能动地转化为客观现实的过程。对客观世界进行能动改造的过程,认为实践包含理论并高于理论。

马克思主义理论是关于实践的理论。这是区别于其他理论的重要特征之一。实践获得科学的解释是马克思完成的,马克思将实践作为辩证唯物主义和历史唯物主义的基本范畴,他说"从前的一切唯物主义(包括费尔巴哈的唯物主义)的主要缺点是:对对象、现实、感性,只是从客体或直观的形式去理解,而不是把它们当做感性的人的活动,当做实践去理解,不是从主体方

---

① [德]康德:《康德三大批判精粹》,杨祖陶、邓晓芒编译,人民出版社,2001年,第395页。

面去理解"①，实践成了一种"现实的、感性的活动"。这一思想是对以往西方思想中对于实践的片面认识的有力批判。实际上，实践的作用事实上在于改变世界，而不是停留在解释世界的层面。在后来的《德意志意识形态》中，马克思对唯物史观做出了完整的论述，进一步从"物质生产"的角度论证了实践的概念和具体形式，实践唯物主义是马克思主义哲学发展的重要理论标志。由此概括总结一下，马克思的实践思想的科学性和进步性在于以下三个层面：一是物质生产具有决定性的作用，其首要内容就是实践，人类社会及整个发展的历史实际上是经过人类实践而产生并发展的。二是马克思的实践哲学，始终坚持以"感性的活动"为核心出发点来研究，强调实践本质上是人的感性活动，马克思并不否认理性认识的地位和作用，而是科学解释了感性活动和理性活动的逻辑关系，理性是建立在感性活动的基础之上的，人们在的理性认识的建构中，感性认识是理性之前，是前理性的。这一思想超越了以往对所谓"实践在理性和精神的范畴之内"的主张。三是马克思始终致力人类解放的目标，他的实践思想是关注人类自由解放的思想，是始终关注人类未来社会的发展的哲学。列宁发展了马克思主义实践观，他进一步解释了认识和实践的辩证联系，认识的辩证发展只有建立在实践的基础上，检验认识的标准也只能是实践，认识是否具有真理性最终要通过社会实践来检验。正如习近平总书记所说，马克思主义作为认识和改造世界的精神力量，在于无论创立、形成还是丰富发展过程中都是贯穿着人民解放这一目标。②

　　马克思主义实践观具有与时俱进的理论品格和发展特色。在这方面，马克思主义的实践的现实结果是，它不是单纯的教条主义，而是科学的方法论和行动指南，并随实践变化而发展，也是指导中国人回答时代之问、历史之问的理论依据。实践理论在中国的发展是以毛泽东为代表的中国共产党人在

---

① 《马克思恩格斯选集》（第一卷），人民出版社，2012年，第133页。
② 习近平：《在纪念马克思诞辰200周年大会上的讲话》，人民出版社，2018年，第9页。

总结革命,批判"左倾"教条主义中逐步发展起来的。毛泽东在 20 世纪 30 年代的一系列著作中,如《实践论》以及新中国成立后的《人的正确思想是从哪里来的?》等,都深刻阐释了关于实践的历史地位与重要作用,论证了实践和认识两者间辩证关系并提出了"两个飞跃"的观点①。其中,"实事求是"思想的提出是其突出的理论内容,他始终关心的是马克思主义的实践哲学如何运用到党的科学工作中去,通过实践思想的运用,并且使该思想转化为党的思想路线和方针政策的理论指针等,这些思想都体现了马克思主义中国化的理论创建论断。邓小平对实践范畴的理解,主要是针对"什么是社会主义、怎样建设社会主义"这一时代课题的回答中体现出来,他认为改革开放取得成功的关键要落实到实践当中,把"解放思想"与"实事求是"统一起来,强调实践是方法、标准与策略的有机整体,理论联系实际,一切要从实际出发。

科学实践观同样是习近平新时代中国特色社会主义思想的重要组成部分。习近平总书记从实现民族伟大复兴的中国梦的角度、在建设发展中实现人民对美好生活向往的角度,强调实践观点,始终坚持实践导向、问题导向、效果导向,为新时代的中国式现代化建设提供了科学的路线图和方法论,做出了一系列重大战略谋划和战略部署。他始终强调要知行合一、实践第一,比如,多次号召要实干,"坚持实干富民、实干兴邦",强调"幸福不会从天降""撸起袖子加油干""一勤天下无难事""实干才能梦想成真""形势决定任务,行动决定成效",强调实践是战略思维、精神指向,要坚持实践观点。由此可见,无论是在革命年代,还是在建设阶段、改革时期、复兴的征程上,实践始终贯穿于马克思主义中国化时代化中,并不断被赋予中国特色和时代发

---

① 从感性认识而能动地发展到理性认识,又从理性认识而能动地指导革命实践,改造主观世界和客观世界。实践,认识,再实践,再认识,这种形式,循环往复以致无穷,而实践和认识之每一循环的内容,都比较地进到了高一级的程度。

展,推进了理论思想的发展完善、现代化建设的开拓创新,对于今天中国共产党领导的社会主义建设各项事业具有理论和实践的指导价值。

二、实践性是社会主义核心价值观的根本特征

价值观本质上是实践的,核心价值观的生命力就在于实践性,是价值观念 [①] 和价值实践 [②] 的有机统一,二者互相呈现和成就。

第一,价值观念来源于价值实践。大凡人的理论知识、思想观念、伦理道德的出场和产生无一不是建立在实践的基础上,并以实践方式、实践思维获得解决,而不是相反。[③] 人们对于客观世界的包括核心价值观在内的一切认识归根结底都源自实践。一种价值观念本身就是社会存在和社会实践的产物,是社会存在和社会实践之观念呈现、理论抽象。核心价值观是思想的社会关系,一种价值观念是否被认定为核心价值观,是由我们的社会主义现代化实践的需要所决定的,是人民通过实践得出的认识。所以,脱离实践的价值观念是无本之物,脱离实践的价值观运行是无水之流。价值观的建设归结底是在价值观的实践过程中,价值实现主观和客观的相互转化生成,螺旋式上升。因此,在社会历史变迁的大潮中,根植于中国特色社会主义发展、以社会经济发展水平推动社会价值观的形成,同时影响着它的生成和生产机制,没有经济社会的实践,核心价值观也自然失去其生产与再生产的能力。[④]

第二,价值实践是价值认识的基础。价值实践对价值观念起着决定性作用,是整个价值观念形成、发展的基础。符合中国人民的价值观是随着时代

---

① 王玉樑主编:《价值和价值观》,陕西师范大学出版社,1988 年,第 353 页。
② 朱哲、薛众:《价值自觉,价值自信与价值实践:践行社会主义核心价值观的三个维度》,《思想教育研究》,2014 年第 5 期。
③ 《马克思恩格斯全集》(第一卷),人民出版社,1995 年,第 56 页。
④ 2013 年 12 月中共中央印发的《关于培育和践行社会主义核心价值观的意见》指出:社会主义核心价值观是社会主义核心价值体系的内,体现社会主义核心价值体系的根本性质和基本特征,反映社会主义核心价值体系的丰富内涵和实践要求,是社会主义核心价值体系的高度凝练和集中表达。

的发展,在中国的现代化的实践发展中产生的,也必然会逐步完善和发展。社会主义核心价值观作为思想上层建筑,作为国家的文化软实力,必然会回应社会发展中出现的新问题、产生的新要求,推动价值观的内涵和外延的发展。同时,价值观实践的发展为人们提供坚实的物质力量和日益完备的认识工具、践行保障。价值观的实践能够提高人民对中国现代化建设目标的认识和参与建设的能力,以社会主义核心价值观建设激发主体自觉性,全面积极建构起对现代化建设的整体认识,凝聚起最大共识,提升公民的素质和能力。

第三,价值实践是检验价值观真理性的唯一标准。通过实践来检验对事物认识的对与错是马克思主义的一贯主张,人们要想在价值实践中实现预想的目的,必须使自己的价值观念符合客观实际,即符合客观外界的规律性,否则就会失败。因此,对人们改造客观世界的任务来说,价值观念符合实际是一个至关重要的问题。要检验和判定某种价值观念是否符合实际,即是否具有真理性,需要有一个客观可靠的标准,这个标准就是价值实践。建立在中国特色社会主义伟大实践之上的社会主义核心价值观,它的再发展同样离不开具体的价值观实践,人们在实践中落实价值观,在实践中检验价值观的成效,同样在价值观的实践中发掘价值观的新的因子和创新价值观落地的形式和路径。

第四,价值观的实践是价值观认识的根本目的和归宿。人们对事物的认识最终要用到实践中去。理论形态的价值观目标体系与实践形态的价值践行过程共同构成核心价值观,只强调理论形态价值观的意义价值,并不能够解决价值观最终的实现问题,塑造我们的国家现代化建设、社会的现代化秩序和公民的现代化问题是其根本目标。实践形态的价值观是理论形态获得现实性的重要保障,马克思早就告诫我们,关键的问题是改造世界,这个改造不仅是要改造人的精神世界,而且是要改造人的物质世界,改造人们在现代化建设中的认知和行为。没有实践行为的价值观只能是一种理论口号。中国共产党之所以是马克思主义政党,其实践精神和实践风格都由此塑造:它历来都强调实干兴邦,空谈误国。价值观的实践从来都是社会核心价值观的关键组成,核心价值观的 24 个字不是纸面的目标,是要落实到具体的行动中的,通过价值观引导国家具体建设环节、引领国家的治理体系和治理能力,规约每个公民的实际行为,可以说无论国家、社会、公民哪个层面最终都是要转化为行动的,转为具体的行为,产生相应的质效。

第五,关于价值观的认识对价值实践具有反作用。根据马克思主义实践观的思想,认识对实践具有反作用,正确的认识指导实践活动走向成功,错误的认识指导实践走入歧途。实践提出的问题归根结底要通过实践来解决,价值实践为价值观念提供了发展的可能性。立足中国现代化的发展实际的核心价值观,全方位地展示了中国特色社会主义现代化道路。同时,价值实践是一种有目的的物质活动,也就是说,价值实践要在特定的理论形态价值目标、价值观念的指导下展开。核心价值观体现的是中国精神力、中国文化力,反过来作用于现代化建设实践,为其提供强大的精神动力,推动现代化国家秩序建构,推动国家治理的善政良治目标形成,并进一步推进形成符合现代化发展的公民品质。

三、社会主义核心价值观的实践性与人的主体性相统一

"道不可坐论,德不能空谈。"核心价值观的建设最终要落到每一个参与现代化建设的主体的能力和素质层面,需要每个公民外化为自己的自觉行动。

任何一个社会的价值秩序都包含着"内源性生长"和"主体性建构",前者强调的是社会存在对社会意识的决定性作用,意味着包括核心价值观在内的上层建筑建设的从属性,后者则是强调社会意识的反作用。价值观并不是凭空形成的,它离不开国家主体根据时代要求而进行的理论总结凝练,需要

一个国家根据现实条件和发展目标,根据科学理论的指导主动建构。同时,还要注意的是,这个建构不是一次性形成的,也不是一旦形成就一劳永逸的,而是扎根于具体的实践过程,传承历史文化传统吸收借鉴先进的文化观念进行的文化的整体创新,构建起来的国家建设的软实力,以此引领人的现代性的塑造、人的主体性形成。现代化的发展需要人的主体性,需要回应社会发展的要求的主体性。于当代中国来说,"四个自信"是我们的国家、民族主体性建构的话,社会主义核心价值观则是公民个体主体性建构的重要内容,价值观的证成和价值观的生成并不矛盾,社会主义核心价值观是人的主体性生成的重要内容和标识,而这一切在价值观的实践中实现了统一。

首先,只有人才能成为价值观的主体。现代意义上的文明的本质就是人性的文明。价值观是每一个具体的、现实的、拥有类本质的、人的价值观,"世界上不存在所谓'无主体'或超越一切主体的'绝对价值'和'终极价值'"[1],脱离了"人"这一现实主体,也就无所谓价值观。核心价值观的理论性和实践性是统一的。这决定了社会主义核心价值观的主体不是分裂的,归根结底是统一的。理论层面的价值观和实践层面的价值观的区分只是理论研究的需要,社会主义核心价值观本就是理论和实践的统一体。只有理论没有实践,不能最终实践的理论不具有真理性。价值观的实践性表明价值观的三个层面是一体的,所以本研究所探讨的公民核心价值观建设的意涵不是只限于公民层面的价值观,不等于国家的归国家、社会的归社会、公民的归公民,这本就是对社会主义核心价值观的误读,而是分层一体的。核心价值观建设归根结底是具体的现实的人的价值观,要落实到具体的人的身上,价值实践就是要发挥人的主体性。主体之于客体而言,既可以是个人主体也可以是集体主体,指能够对客体有认识和实践能力的人或集体,主体决定着客体

---

① 李德顺:《价值论———一种主体性的价值研究》,中国人民大学出版社,2013年,第149页。

的存在意义。价值观的本质上原本就不是事物的客观存在，事物本身并不固有价值观所表现的意义，这种意义是事物的客观存在对于人这一主体而言的，"主体的内在尺度是价值的根本尺度"①。价值观具有的主体特征决定着人对价值观的选择的多样性，选择何种价值观有其个人的标准，所以核心价值观的培育践行必然要落到人之主体层面。只有回归到人本身，形成主体对核心价值目标的肯定性认识，价值观的有效性才能够发挥出来。社会主义核心价值观是每个人共享共有共建的价值观，体现了国家层面、社会层面及个人层面三位一体的辩证统一，证成是价值观需要解决的问题，核心价值观正当性的证成，归根结底要落到人的层面，落到这个国家、社会的每一位公民主体层面。正是通过人实现了价值观目标的能指和所指的统一，通过具体的公民这一主体发挥主体性认同践行来实现，价值的"意义世界"才能够落实在"生活世界"中呈现。

其次，"主体性"是自在于价值观内部的核心属性。主体性一般是对人作为主体的条件和质的规定性，指向的是个人或集体在实践过程中表现出来的自主、主动、自由、有目的活动的地位和特性，具体包括人的独立性、创造性、超越性等特征。在一个国家和社会中，人的主体性不是自然形成的，而是要通过社会关系的建构作用，在彼此的社会互动中得以确证明确，进而在社会互动中得以发展和体现，所以主体性从来不是自因自为的。对于社会主义核心价值观来讲，它在本质上同样具有突出的"主体性"特征。政治性和人民性统一是其重要特征。价值观是抽象的也是具体的，这是价值观的本来特点，抽象在于社会主义核心价值观是中国共产党人从政治的高度对时代的价值目标凝练概括，国家主导的价值形态作为全社会的普遍意志，反映的是对不同层面价值目标、价值取向和价值准则的高度凝练、高度概括，是价值观的

---

① 李德顺：《价值论——一种主体性的价值研究》，中国人民大学出版社，2013 年，第 53 页。

"最大公约数",国家、社会、公民的价值追求,最终是高度一致。这个价值观所表现出来的是党性与人民性的高度一致性,以人民为原点,为了全体人民的福祉,政治性的价值和人民需求一致。马克思、恩格斯曾经指出过,作为价值观的"思想本身根本不能实现什么东西。思想要得到实现,就要有使用实践力量的人"①。以这个意义上说,价值观归根结底是人的价值观,是由人组成的集体的价值观,价值观建设是依靠每一个人,每一个公民的参与建设,"作为目的本身的人类能力的发挥"②,必然落实到具体的人、落到具体公民的行动中,这也是价值观的实践性的要求。人这个建设主体是具体的、现实的,是每一个公民,无论他是决策者、管理者,还是被管理者,都是广大人民群众的一员,是具体的公民。无论是在战略规划、制度创新、行为实践中都离不开人的践行,无关其社会地位、社会角色,核心价值观是通约的。国是由具体公民构成、社会由具体公民组成,每个公民都要参与国家建设、社会的发展和人际的交往,在价值观践行的面前,没有人享受置身事外的特权。剥离具体公民的价值实践,价值观也就成了空中楼阁、镜中水月,没有实践的理论、不能实践的理论从来都不是真理论,解决不了真问题。

最后,核心价值观的培育和践行是建构人的主体性的重要一环。离开主体性来谈价值观建设是不科学的。塑造"主体性"体现价值观的核心本质,它的培育践行则是提升主体性。在人的价值观的生成中,个体间利益和需求的差异不可避免。一方面,作为一个国家、社会和公民之间的价值内涵和价值共识,只有对个体价值目标的高度凝练才具有说服力和影响力。在这套价值体系中,全社会共同的利益目标自然是每个人追求个人利益时要顾及社会和他人的利益,形成符合所有人的利益最大化的一般价值需求。另一方面,个体的价值观形成是建构在社会价值观基础上的,这个社会倡导的价值观符

① 《马克思恩格斯文集》(第一卷),人民出版社,2009年,第320页。
② 马克思:《资本论》(第三卷),人民出版社,2004年,第929页。

合大多数人的利益和需求,才会具有更大的影响力和号召力,通过价值观的培育践行进而转化成公民个人的自我认同。这一认同逻辑是核心价值观建设落地、落实的主体性因素,能够提升人们践行价值观的主动性和积极性。

第二节　公民是社会主义核心价值观建设的实践主体

马克思指出:"人就是人的世界,就是国家,社会。"① 价值观是因人的需要而必须,也必然因人的需要而保持着其必需的价值指向,因此,"人"是探讨核心价值观建设的出发点和最终目的。在现代社会,现实的个体"人"被赋予了公共属性,而成为"公民"。公民作为现代化整体建设中最为活跃的要素,反映着当下社会的基本要求。因此,塑造和培养具有现代价值观的公民是现代化建设诸要素中关键环节,直接关联着国家建设的动力机能和成效。

一、公民是核心价值观实践的基本单元

公民是现代人的身份,公民是社会的主体,是国家现代化建设的力量之源和最终归宿,也必然会成为社会主义核心价值观建设之关键的动力因子。

而所谓公民反映的是个人与国家间的关系的法律认定,是双方通过交互的权利和义务而联系在一起的。是否具有相应的公民权利是是否具有一个国家的实体性公民身份的判定依据,这一点直接影响着个体在共体的公共生活中的角色地位、角色功能。公民身份抑或是公民资格的拥有,使个体在国家层面上获得了普遍的本质规定性,从而具备公民个体性的品格,成为社会有机整体中的一员,成为一个主体的人。同时,公民体现了公共性的一面,要

---

① 《马克思恩格斯选集》(第一卷),人民出版社,1972年,第1页。

求公民个体成为一个关心社会公共生活、实现整体福祉的人。另外要注意的一个概念就是"人民",公民和人民的内涵和外延有一定区别,公民是具有中华人民共和国国籍的成员的法律认定,它的范围大于人民,人民是除极少数敌对分子和被依法剥削政治权利的人之外,赞成、拥护和参加社会主义建设事业的人。因此在社会主义现代化建设中,绝大多数公民都属于人民,二者有着最大限度的重合性和相通性。

一般寓于个别之中,"人民"要体现在一个个鲜活的个体之中。现代化是靠每一个人,既要每个人获得出彩的机会,每个人都是现代化的建设者,国家主体和社会主体的价值观要落实到具体的公民个体身上。公民是社会主义核心价值观实践的主体,同时也是社会价值观建设的最小组成部分,具体表现在:一是价值主体的人民性。马克思和恩格斯在《共产党宣言》中明确指出:"过去的一切运动都是少数人的,或者为少数人谋利益的运动。无产阶级的运动是绝大多数人的,为绝大多数人谋利益的独立的运动。"[1] 列宁则进一步指出,"无产阶级政党的义不容辞的责任就是和群众在一起"[2],强调了人民群众在历史创造中的重要作用,突出人民主体性是唯物史观的鲜明特征之一。中国共产党人在领导中国人民追求解放、富强之路上始终强调和发展人民主体性的思想,始终以人民群众的利益作为自己的初心使命和奋斗目标。二是价值目标的人民性,这是指向为了谁的问题。中国共产党一直以为民族、为人民谋福利为先,没有自己的私利,包括核心价值观建设在内的国家治国理政的各个方面始终坚持这一价值理念、价值信念,人民的价值观是核心价值观的本质依归,每个层面的价值观都以满足人民的根本利益作为价值观的目标和归宿。三是价值标准的人民性,这是从结果评判上来看的问题,价值标准体现了谁来评价的问题。人民是社会主义核心价值观建设的阅卷

---

① 《马克思恩格斯选集》(第一卷),人民出版社,2012 年,第 411 页。
② 《列宁全集》(第三十二卷),人民出版社,1985 年,第 28 页。

人、评价者，培育和践行社会主义核心价值观的成效如何，就是要考察是否坚持人民的主体地位，将实现最广大人民群众的根本利益作为工作出发点。

因此，价值观实践主体归根结底在于具体的、现实的公民，它体现在各行各业的人们身上，各个层面的价值理念要通过人的一言一行来阐释与升华，它的不断滋长也需要每个人的参与和实践。每个公民会将核心价值观的力量蕴涵在自己的行为中，每个人用善行善举诠释着社会主义核心价值观的真谛，在充实自身道德力量之时，也感召和引领更多人将核心价值观导入内心深处。所以，国家和社会各个方面要提供公民主体发挥主体能动性的空间，让人民群众从心底里认同社会主义核心价值观并付诸实践，不仅进一步获得个人主体性，成为具有符合中国式现代化建设要求，具备积极参与现代化建设公共性能力，进而形成现代性的公民人格。而且只有通过公民自觉能动的价值实践，核心价值观才有了实施的主体依据，同时也是社会主义核心价值观最根本的意义，以公民为出发点，浸润社会各环节，社会主义核心价值观的根基将会获得最夯实的建设主体力量。

二、价值观实践中的公民主体特征

中国特色社会主义精神基础的打牢，关键在于公民对价值观的理性认知、情感认同和践行实践。没有主体性的公民、没有现代的公民品格培育，一个国家和民族的现代化就无法实现，其核心价值观也得不到落实。作为核心价值观和国家治理主体的公民具有以下特征：

1. 公民主体反映了客观性与主观性的统一

强调主体性和客体性、主观性和客观性相统一是马克思主义哲学的基本原则。在西方的语义系统里，特别是在英语、德语中，主体、主观及主词是同一个词：Subject（英语）、Subjekt（德语）；客体、客观及宾词是同一个词：Object（英语）、Objekt（德语）。从实践上看，以近代的工业革命和科学技术的迅速发展，人的实践能力得到空前的提升，主体性获得了飞跃式的发展。在社会主义核心价值观的建设中，公民既是主体，同时也是客体。以现实的人、具体的人（社会的人）为出发点是马克思主义的理论研究特色，是其哲学的内在逻辑线索和逻辑出发及归宿，也是它的革命性科学性所在，解决了个体主体、社会主体、国家主体三者之间的关系。这包含着两层含义：一层是国家或政治共同体的存在，这是探讨社会属性、公民价值与能力的前提。没有国家这个政治共同体也就无所谓公民，两个概念是相对的，爱德华·希尔斯（Edward Shils）认为，政治共同体本身就"包含公民的观念"①。另一个层面共同体的成员资格具有普遍性，是否拥有公民资格和是否是这个国家政治共同体的成员是一致的，在该政治共同体中，每个成员在法律面前地位是平等的。

从政治共同体到公民，公民的资格/身份一旦获得就具有了客观的属性：一个政治共同体对其成员的身份、地位和责任义务的客观要求和法律确认构成了公民资格/公民身份。公民应尽的义务和享受的权利是并行的，在获得了国家或是政治共同体所赋予的公民身份后，就自动承担了相应的责任，义务也同时赋予他/她，所以公民表现为一种资格和身份、素养和能力。而反过来，从公民到政治共同体体现的则是公民的主观性，主要体现了公民对政治共同体的认同和信仰，是公民个体自愿归属于某一共同体的主观态度，形成某种共同意识和共通感。公民之间的共通感觉是交往式的，在社会互动中、在参与国家治理中实现，这种共享式的公民价值观的共通感也正是国家和社会共同体的感觉（Community Sense），体现了他在性的精神实质。每一个国家成员的共识性意见潜在于普遍性思维之中，每个公民个人的观念与其他成员的立场视域、价值观念重合，体现实际上一致的可能。也就是形成相应的"公民性""公共性格""公共精神"或者说"公民文化与公民价值观"，体现为

---

① 邓正来、[英]亚历山大编：《国家与市民社会：一种社会理论的研究路径》，中央编译出版社，2002年，第36页。

公民的主客观属性的统一。

2. 公民主体反映了公共性与个体性的统一

在公民作为主体的行动中，公共性和个体性获得了存在。其中公共性是公民的基本属性，在价值观层面表现为公共伦理精神和共体的公共善，实际上是人类始终以追求公共善和公共精神为建设共体的使命目标，也成为人类得以持续发展的重要保障。在古希腊时期，城邦至善是公共善的一种表现，是古希腊城邦公民共同的价值目标。但公民毕竟不只是一个实体概念，具体表现由一个个个体组成，个体的能动性正是公共精神延续和发展的重要基石。对个体来说，不仅需要通过社会化"成为一个人"，向"类"而在，拥有人的类本质，同时只有"成为一个公民"、成为一个具有公共性的主体，需要实现"单一物"与"普遍物"的统一的主体，多异有别的自然个体才能获得共同的精神特征、价值本性，成为一个公民就是实现个体与实体之间的和谐，这是意义世界与生活世界和谐的根本。共体层面价值观念衍申到每一个个成为主体的公民个人层面，公共性和个体性在公民作为主体的行动中获得了存在，每一个个体也成就了主体。在价值观的建设中，要妥善处理好"公"和"私"的关系，处理好公共性与个体性关系。在社会主义现代化建设中，个体与整体的利益也是能实现平衡的。只有培育具备这种共有的核心价值观的公民，才能使公民的政治参与变得积极、理性和具有建设性，并使国家治理实践更臻完善。

3. 公民主体反映了共生性与个体性的统一

人的类本质意味着人是单一物与普遍物的统一，人的共生性存在是人类进入生态整体社会的概括，也是对单子化存在的否定和整体性存在辩证的、螺旋式的提升。传统主体与客体的二元对立被主体间性所取代，人际的共生不仅是主体间的共生，而且是事关他者的过程。把人当作人是文明社会必然要求,因为"应该怎样做人,靠本能是不行的,而必须努力"①。我们可以得出这样的结论,这个共体与个体、共生性与个体性的统一的过程中,贯穿于其间的就是对人的本质规定使然,成就的是个体合理的、可适的存在方式形式,也因此,人就有了社会、关系、实体意义上的存在的价值和地位,价值观是对人之存在属性的概括,使人与自然物相区别。只是在复杂的社会情境下,人既不是整体性中微末的一个组成单元,也不是唯一,而是与他者共在、共生。这种发展实际就是人的主体性觉醒和认知程度的提高,意味着人的存在状态与以往不同。这里的"共生"(symbiosis)原本是生态学的一个研究术语,人类社会的生态属性使得该理念成为分析人类社会的一个重要理论视角。社会属性赋予了人需要在群体中生存和发展的必然性,这其中既包含着适度竞争,又蕴含着自由合作。人与人之间相互依存、互相影响,才形成生命的共同体,才可能实现"自由人的联合体"。对人的共生性认识和理论思考方式反映了新的价值关系,随着科学技术发展带给人们变化都是多方面的,这里的人就不是一个单数的范畴,而具有复数性(plurality),在人与人交往之间发生的活动力是共生的复数性存在。与他者共在,相互息息相关,是多元统一的存在结构状态。

4. 公民主体反映了认识性和实践性的统一

列宁指出:"马克思最重视的是群众的历史主动性。"② 在国家现代化建设中,人是以公民的形式存在的,是现代化认识与实践的主体,是参与者、建设者。现实存在的公民不应只是一个个体,实际上更是一个主体,不仅意味着一种资格和身份,更重要还意味着素养和能力③,不只在于他是什么,更在于他做什么的。同理,价值观不只是一种应然规定,还是实然层面实践的要

---

① [德]黑格尔:《法哲学原理》,范扬、张企泰译,商务印书馆,1996 年,第 188 页。
② 《列宁选集》(第一卷),人民出版社,1995 年,第 705 页。
③ [英]昆廷·斯金纳:《政治自由的悖论》,柴宝勇译,转自许纪霖:《共和、社群与公民》,江苏人民出版社,2004 年,第 74 页。

求。所以,公民的主体性是认识和实践的统一。只有人可以具体分为四种形式:个人、集团、社会和人类,只有人才能作为认识和实践的主体而不是其他。作为主体的个人必须具备相应的认识能力/实践能力并且也只能在其所从事一定的具体的认识活动/实践活动中,才成为主体,这一点就是有机结合和延续展开,认识建立在实践之上,两者是相统一的辩证发展过程。实践和认识都需要人在实践中感知,但是只局限在感性认识层面尚不能满足实践的需要,还需要掌握实践对象和实践条件的本质和规律,并上升为理性认识或理论。解释世界的目的是为了改造世界,理性认识的根本目的恰恰在于指导实践,通过实践来检验理论是否存在及是否合理。在现实世界中,认识和实践始终是具体地、历史地统一的,人的认识总是在一定实践基础上对其所要进行认识的对象在相关的一定发展阶段和层次方面的反映,认识和实践的关系不是一个闭环的存在,而是遵循基本规律,不断深入。价值观的理论和价值观的实践是统一的,价值观的存在和价值观的实践是统一结合在一起的。

三、公民社会主义核心价值观实践的意义

第一,公民核心价值观实践有利于提升公民素质。公民素质是一个综合性的概念,是公民能力和素养的结合,公民身份是前提。公民不是从来就有的,公民身份是基于共体和个体德性确认的政治、经济、文化、社会的身份,本就是国家共同体确认的结果。核心价值观是塑造现代性公民的重要策略,也是推进培育现代化建设所需要的建设者素质的重要抓手。今天的公民界定与以往有本质上的区别,社会主义核心价值观实践是人的现代化的重要组成,公民社会主义核心价值观的大力弘扬和建设更是为了促进人的全面发展。党和国家的政策和核心价值观的导向作用涉及国家建设的不同层面,无论是政治上参政能力、经济上发展能力,还是文化上建设能力都与公民素质的提升相关,直接影响公民品格的形成。公民通过社会主义核心价值观的实

践,形塑了个体对自身,对他者及国家的归属。对自身表现为公民人格的养成、素质与能力的提升,构建了与他者之间合作的可能,形成公民对国家共同事业支持的实践。社会主义核心价值观的最终落脚点就是塑造中国式现代化的公民,具有家国情怀的时代建设者,最终目标是完成中国共产党领导的广大人民共同推进的伟大工程。

第二,公民核心价值观实践能够有效增强公民的国家认同。普遍的国家认同意愿和共同信仰源于共同体理想目标。价值观是共体的约定,是个体间的共识,从情感进一步上升,必须要在价值信仰层面进行建构,能够使公民之间、诸主体的实践交往中,在心理上形成和积淀下彼此的"共同性",形成自我与他者的"共同感",这样的价值观念才能够深深根植于个体意识之中,成为他的一部分,形成的内在情感意志必然会自然构筑起对于国家共同体的认同。核心价值观规定的建设目标和实践指向,就会通过不断的实践,强化下来,进而固化为个人、社会和国家长期秉承的根本原则。这是理论性与实践性、传承性与时代性的价值观设定,是新时代的文化的核心和灵魂,体现的是中国精神,它在深层次上稳定而又持久地影响着个体和群体的思想观念与价值取向。公民不仅是核心价值观建设的建设者、受益者,也是国家治理的主体。因此,在价值观实践中,公民能够全方位理解和认识国家和社会发展的方向,国家政策方针的走向,个人进步成长的导向,这里的国家社会公民的使命和命运是联系在一起的,这恰恰是国家认同的形成的重要依据,每一位建设者共享价值信仰体系,有机地将个人目标与党和国家发展大局结合在一起,获得感和成就感不可分离。因此公民核心价值观实践的结果和目标就达到了,即能够增强人们巩固和稳定国家制度体系、发展道路、理论思想、文化建设的自觉性和认同感,有效促进我国社会主义制度的巩固和发展。于是,全社会及其每一位公民都能够以社会主义核心价值观作为自己的奋斗目标和行为准则,凝心聚力,中国梦的实现将会获得无比强大的精神合力。

　　第三,公民核心价值观实践有利于培养积极公民。积极的公民角色是中国现代化建设的有机组成,培育具有现代性观念的公民是价值观建设的重要方面。如果说,传统社会等级身份是一个社会成员的写照,个人还未获得普遍性,是依附于群体的存在的话;那么到了市民社会阶段,人们由身份规定性走向契约规定性,这无疑是历史的进步,人们摆脱了人身依附的关系,成为平等的缔约者,人们获得了形式化的普遍性,只不过,个人并未获得真正的解放,获得的是有限的主体性。增进公民的国家认同和社会认同,公民表现为积极参与的治理角色。作为现代化建设主体的公民不仅是共性的存在,而且并不抹杀个体差异性,两者兼顾这对作为共同体中的每个公民参与治理实践、参与公共事务的管理就成了必要的形式。在不干涉个体自我选择的前提下,要求公民承担所属群体的责任,即公民要成为积极主体、是社会治理的主体,承担积极的公共管理参与者是最高限度公民 ① 的写照。对公民的区分需要从两个层面因素开始,一是公民的成熟度,二是政府的意志。公民的成熟度表明公民首先要具备相应的参与意识、意愿和参与能力,表明公民具有的主观愿望的前提。其次要在具体的治理实践中最终表现为现实的治理行为,是由动机转化为具体行为。这里所谈的公民的参与意识不是别的,包括公民自身的主体意识、拥有的权利义务意识,以及平等观念、法律思维、参与精神等。从这一点上看,公民意识是潜在的,是为公民参与治理做准备,尚是认知形态的存在,还要通过冲动形态这一中间环节达致行为——治理实践。所以价值观的实践和治理实践并不是两个问题、两个方面,它们是融合在一起的,是公民治理能力与价值观践行能力的行为逻辑和发展轨迹。

　　由于国家治理过程中无法完全搁置政府的作用,国家和政府的主导性不可或缺,政府的意志成为组织动员社会一切力量参与建设的关键组成,其意

---

　　① [加拿大]威尔·金里卡:《少数的权利——民族主义、多元文化主义和公民》,邓红风译,世界出版社集团,2005年,第328页。

志就集中体现在如何确立、引导、塑造公民在整个治理体系中的地位和角色。这就需要从国家层面有意识提供相应制度保障,为提高公民的参与度,增强公民治理行为的可接受性,提供相应的舞台,从而培育出具有治理能力和意愿的治理型角色的公民。今天的中华民族已经进入社会主义新时代,实践公民参与治理的目标,拥有了更为扎实的物质基础和制度体制的安排,有了平台机制、有了意愿能力主动积极地参与到选举、决策、协商、管理、监督中来,而不是西式的选举式民主,一切为了选举,一切终于选举的所谓样式、模式。在社会主义中国,老百姓积极参与到"全过程人民民主"实践中,通过公民的广泛参与及其不断扩展已成为一股不可忽视的建构力量。这样的公民不再只是形式上存在的单纯主体,更是作为治理实践的参与者,是主动积极的角色定位,在参与实践中完成了资格、能力和行为的综合体,个体性经由参与性,公民公共性本质塑造才得以真正地实现。同样,经由参与实践,越来越多的人拥有了参与治理的能力,社会主义现代化的建设主体的队伍就会更加壮大和有力。

第四,公民核心价值观实践有利于公民道德建设。每个社会都要致力公民道德的发展。价值观从来都是一种德,在中国的语境中,伦理、道德、价值、品德等有着共通的内涵,体现在民族层面就是民族之精神、共体之伦理,体现在国家层面就是国之大德,体现在社会层面就是群体之公德、共德,体现在个体层面则是公民之美德、品德。所以价值观这一精神范畴,既要塑造人的德性,更重要的是形成一种德行。公民个人的德在核心价值观中极其关键。毫不夸张地说,公民道德建设成效直接影响着核心价值观建设的筑基工程是否扎实。一个社会只有公民个人的德得到有效提高,国家和社会的大德才会有坚实的根基。因此,从人精神境界的充裕到人的自我完善,再到人的全面发展都离不开公民道德建设。衡量一个国家、一个社会是否能够长治久安、人民能否安居乐业,公民思想道德素质占据了重要比重。具备理性的道德观念是人之为人、人之为共同体成员的重要要求。拥有道德性是人之本性，现代公民本就是独立人格的道德人存在。这些年，我国的现代化取得了超出以往的飞跃，这离不开公民道德建设的开展和公民道德感的提升。但并不是已经全无问题，在社会道德领域，诸如诚信缺失、价值观扭曲、是非混淆的现象时有发生。而社会主义核心价值观的建设就是树立是非评判的标准，塑造人的价值观、人生观，公民只有加强道德修养，提高道德标准，才会自觉追求健全的人格，建构个体的道德。

第五，公民核心价值观实践有利于文化软实力建设。"软实力"是美国哈佛大学教授约瑟夫·S.奈(Joseph S. Nye Jr.)于20世纪90年代首先提出的。软实力的概念在这里强调为以自身的吸引力吸引他者而不是通过暴力手段或是不和谐手段强迫为之。相比较而言，软实力与硬实力不同，强调的是柔性治理效果，其影响力持久深远，实际上是以看不见暴力的优势，以最小的代价期望达到最大的功效。该观点随后变成了国际通行的国家文化发展战略常识，同时也是国家战略的重要参照。从这点上看，文化软实力本质上可以概括为以核心价值观为内核的精神生产力，对民族自信心起到了重要作用。习近平总书记指出："提高国家文化软实力，要努力传播当代中国价值观念。把当代中国价值观念贯穿于国际交流和传播方方面面。"①公民核心价值观实践是人们社会实践的一部分，文化软实力作为人类社会实践活动中客观存在的一种特殊力量而存在，每个公民积极投身于价值观实践而对象化，就能够增强民族凝聚力，提高创新力，有利于推动中华文明更好地走向世界，扩大我国的国际影响力。

---

① 习近平：《建设社会主义文化强国着力提高国家文化软实力》，《人民日报》，2014年1月1日。

第三节 公民社会主义核心价值观的实践机理

任何一种价值观的生成和实现与人的生成和实现是同一个过程,价值观的实践是人的本质展开、展示,或者反过来说,人的本质的充分展开和反映人的全面本质的价值观实践是并行的。德行德性所归,重在养成实践。公民作为核心价值观的应然主体,更是实然的践行者、行为者。但是也要注意到,核心价值观所包含的人生价值、社会价值和国家价值形成的综合观念体系,不会自发形成,需要遵循人的认知实践的心理结构,有组织有目的地循序推进,因为养成实践不易,养成是正本,只有正本了,才可以清源,才能使社会主义核心价值观在每个人心中生根、开花、结果,才能够真正成为全社会的集体意识和共同行动。

作为理论层面的核心价值观,其理论精神和实践精神是发展的两条道路,前者指的是意识和思维,后者指的是意志和行为。一一对应的话,前者是理论层面的观念,后者是实践层面的行为。所谓的认知形态的价值观指的是它的理性形态,这要求对核心价值观的把握要具备相应的认知力,是对待价值观的理论态度。而从实践形态价值观到具体的践行行为,实践的价值观更为重要,是对待价值观的实践态度,借用樊浩教授的说法,"本质上不是对待事物的'理论态度',而是'实践态度';不是对世界的理论把握,而是'实践精神'的把握"①。而核心价值观能否被充分的培育和践行,能否发挥潜移默化的内生性作用,理论形态的价值观要真正转化为实践形态的价值观,前提是对其内在发展逻辑和实践规律有着清晰认知,并转化为个人内在动力,最终是落实到每一位公民的价值实践当中。即我们通常所说的"内化于心、外化于行",是一个由内及外的过程。这一过程主要包括认知、认同、践行三个衔

① 樊浩:《道德形而上学的精神哲学基础》,中国社会科学出版社,2006 年,第 258 页。

接递进、互动共进的基本环节和连续体，认知是前提，认同是深化，践行是目标。

一、理性认知是公民社会主义核心价值观建设的前提

"知为行之始，行为知之成。"人的价值观念、思想意识的养成是一个社会认知到认同、客观形态到主观意识、价值选择评判到行为自觉自为的过程。这里首先要了解公民核心价值观实践的首要环节：认知。一种观念的形成、一种道德的养成、一种信仰的建立，其前提都需要建立在对这种观念、信仰、伦理道德的内在的本质与内容的认知和认识、理解和把握的基础之上，只有对价值思想、价值理论达到一定的认知程度，才可能转化为具体的行动，根本的前提是人民群众对思想内涵的真正认知和认识。

而所谓认知是个体主体自觉的对外在事物的信息加工过程，产生我们通常所说的感觉、知觉、记忆、想象和思维等，进而转化为相应的理论思想、观念方法贮存在人的头脑当中，从而实现对个体认识活动的调节作用。这种认知或是感性的，或是理性的，既可以是反映特定具体事物之与个体的意义，也可以是对某类事物的整体看法、总的观点。马克思经典作家对此有过深入研究，他们认为"思想、观念、意识的生产最初是直接与人们的物质活动，与人们的物质交往，与现实生活的语言交织在一起的"[①]。这一观点说明了认知不是自因的，它从属于人们的社会实践，受到实践的制约。同时，认知也是一种隐形行为，作为价值认知的过程而言，首先是价值信息被主体获得，并加以分析深化而决定是否接受。因为作为主体的人，公民的自觉能动性是价值认知的重要组成，面对外在价值信息不会不加以识别和分析就全盘接受，而是在接受的过程中，进行过滤选择和重新构建。

这里有一点要注意的是，个体对价值认知程度、理解程度影响着核心价

---

① 《马克思恩格斯全集》(第三卷)，人民出版社，1960年，第29页。

值观能够在多大范围内、何种深度上形成共识、形成什么样的共识。在马克思主义认识论中,感性认识和理性认识是人的认知的两个重要阶段。公民对核心价值观的理解和掌握不会一步到位,它与个体价值认知活动发展程度密切相关,与主体与环境的相互作用、相互塑造的结果密切相关。强化社会主义核心价值观的认知,要遵循一定的认知基本逻辑,引导人民群众采取主动的选择性认知。社会主义核心价值观融入国家现代化建设方略,体现国家意志,其实是上下互动生成的结果,这也是为什么强调宣传教育是其中重要的手段和抓手,以此推进社会的移风易俗,让社会主义核心价值观以润物无声之态被社会广泛接受。因此,既要提高公民对核心价值观"是什么",即对内容、性质、意义、结构等理性认知,更重要的是要结合公民价值观认知的不同阶段的特点进行有针对性的安排和部署,通过教育环节和宣传渠道,将核心价值观融入人的生活世界、融入人们日常生活的方方面面。

因此,在具体的内容和形式上要日常化、具体化,要简洁明了、通俗易懂,还要生动活泼、代入性强,促进感知和领悟,而不能片面追求学理逻辑,用政治术语和学术概念生搬硬套,要讲清楚社会主义核心价值观和每个人的具体的生活实践的关系和价值功用,加强识记,进而形成感性的价值认知,增进吸引力和影响力,由此进一步推动人的认识继续向前发展到理性认知层面,不仅知其然而且知其所以然,明确核心价值观的科学性和重要性,进而促使大众将认知的主题从概念和规律深化到理性观念的高度,认识到核心价值观对一个社会的文明程度、精神风貌乃至经济社会能否健康发展具有重要影响。从理性认识的高度,既要深刻了解核心价值观作为文化软实力的灵魂,决定着中国现代化文化性质和方向、对社会的稳定功能以及国家的长久发展的基础工程推进的重要价值,只有全社会形成共同的价值理念和价值规范,我们的社会系统运转、社会秩序维护才能够更加有效,这本就是国家治理的重要组成。更要认识的是在全球化的今天,面对各式西方思潮的侵入干扰对我国现代化建设的影响，只有整合多元多样多变社会意识，形成强大民族凝聚力，团结一致、勠力同心，为建成现代化强国的关键精神指引，这是整个国家、民族的集体意志。所以，价值理性认知作为第一环节能够为认同和践行的后续展开提供扎实的建设基础。

二、情感认同是公民社会主义核心价值观建设的深化

任何一个价值观，在价值实践中都有被人们理解和接受的过程。核心价值观是一种"德"与核心价值观的"认同"，实际上是相同的，因为倘若缺乏广泛的价值认同，无法完成实践转化。所以，推动社会主义核心价值观转化为实践，需要把握好认同这个中间环节，遵循价值认同的一般规律。这是因为作为个体的公民，在价值观的培育践行过程中是以主体形式存在，而主体作为一种关系性的存在，不只限于知识论层面的认识、认知，更为重要的是在于其的认同践行、在于主体的实践性展开。理论精神是认知的或思维的，指向于"知"；而公民核心价值观的实践精神是意志的或实践的，指向于"行"。但是，从"知"到"行"是"活的整体"，个人综合性价值的养成，与公民个体的内在心理活动密切相关，需要一定的中介和过渡环节，侧重"情"还是"意"是中西方价值观培育践行观念的重要差异，认同则体现了二者的共同属性。

我们这里谈到的认同概念原本是一个舶来词，是个多学科的概念，大体上包含着两层基本含义：一个是指差异性基础上的同一性的确认、承认，即把一个东西看作是与另一个东西相同的；另外指的是主体对共同或相同的东西进行确认，即支持肯定某物或某人及共享某物或某人的品质特征。由此看来，认同是在人之主体认知基础上的内在思维活动和向外行为实践活动，具有明确的目标指向性，是把认知过程中被贮存的信息进行重新遴选确认，使所接触的信息被真正内化，来引领和驱使人的行为。"主体"与"客体"实现了应然和实然的有机统一，成为由内及外、由认知到实践的中间环节，相关的

认同度、意义感、信任感、符合度等是衡量这一阶段成效的重要指标。

因此,认同具有以下特征:第一,认同是主客体之间的一种关系。一方面作为具有认知能力、能够进行思维活动、处在一定思想文化环境中的现实的人与所需要认同的人或物是辩证统一的,离开了一方,另一方也不具有存在的价值。进行对象性活动是人的生存方式,认同对象是与主体相关的、同主体相对而存在,人在对象化过程,是自我本质的展开过程。第二,认同是一种建构性活动。人作为社会性动物,会受到其所身处社会环境和社会关系影响进而限制自身的实践活动,认同对象的转变会引起认同主体的变化和认同活动过程的变化。人的思想理念、价值观念、思维方式、行为习惯、生活方式往往会受到所在民族、国家的思想文化影响。既定的思想文化传承发展与主体的认同建构存在特定的互动性。因此,核心价值观建设对人们的认同建构、归属感提升具有显著的塑造功能。第三,认同具有趋同性。认同是内化外在价值观念的过程,接受"他者"是个体社会化的重要体现。在人的交往实践中往往从自我认知出发去寻求与他者在对某些事物的看法、行为态度、价值取向等方面上的共识,而呈现趋同现象。因此,他者的行为示范能够影响、带动主体认同的趋同,形成社会认同。这种趋同同样表现在主体从自身自我认识出发去接受它物的影响,从而在思想观念、心理情感、态度或行为上达成与它物在要求上的同一性或一致性,承认他者和他者的承认并不矛盾。第四,认同的意义性。这里的意义性指的是主体人赋予对象物以意义,也包括对象物给人带来的满足需要的内容。因为主体的认同始终包含着主体的反思,大凡合目的性或意义性是主体反思自我认同乃至选择接受他者的重要条件。

按照上面的关于认同的一般理解,价值观认同体现的是个体或组织在交往实践中在观念上认可和共享,以共同的理想信念、价值目标的把握,确认自己在国家公共活动中、社会生活中的价值定位和定向,也就从自发的认知就发展到社会成员对社会价值规范的自觉接受、自愿遵循。

当然，对社会主义核心价值观的情感认同，内化与复归相互作用，就能够精准化情感的共鸣点，推进社会主义核心价值观深入人心，为更广大的主体所认同并转化为实践。所以，首先要发挥公民的主体作用。核心价值观是党和国家根据公共利益的需要，由国家强制力保障实施。但与法律法规的强制力不同，作为文化软实力的灵魂，需要激发和动员人民群众自觉认同来寻求"全社会共同的价值共识"，回应在经济社会深刻变革过程中存在的问题，解决精神生活领域的信仰危机，达成凝聚人心、协同建设合力的作用。因而，在宣传教育实践中要发挥每位主体的自觉能动性，推进核心价值观的深度认同。其次，按照核心价值观内化的生发规律，推进个体通过生活体认到理性接受，并过渡到认同阶段。内化为个体价值理念，在公共实践中让公民了解社会主义核心价值观具体要义以及实际运用，最终使公民将核心价值观作为行为指南，提升归属感和增强人们的价值观自信。

三、自觉践行是公民社会主义核心价值观建设的目标

"为学之实，固在践履。"价值践行是价值观念在社会生活、政治生活中的现实体现。作为实践工程，公民核心价值观建设关键在"行"，最终评价也在践行，这是核心价值观有无生命力的集中体现。由于价值观的养成不是被动的，而是主动选择、自动生成的。这里包括公民个体的认识与行动、对事件的判断与评估。是其作为一个社会主体、国家公民如何处理人与人、人与己事务的能力，也由此，公民这种能力的养成，仅靠单纯的知识启蒙是不可能实现的，而是需要在现实的社会生活中，进行不断的实际操练。"道虽迩，不行不至；事虽小，不为不成。"公民的价值观的认知和认同，只是价值观的前两个环节，最终还是要外化于行，从认知、认同到自觉践行，价值观的认知形态转化为实践形态，个人获得现实的自我。践行是对于人的思想活动的延续，也是人的物质活动的统称。在认知获得信息的基础上，在认同产生的意识的

引导下,人们能动地认识客观世界、改造世界,把自身的本质力量凝聚和反映在作为产品的改造对象上,使外部世界留下人的印记,使人的有效能力转化为对象的属性。

公民核心价值观的自觉践行,关键在于充分发挥行为主体的能动性,体现了人的积极性和主动性的,这是公民核心价值观养成的必要前提和路径。习近平总书记高度重视价值观的践行问题,强调"推动社会主义核心价值观不断转化为社会群体意识和人们自觉行动"①。那么,何谓自觉呢?这里的"自觉","与'自发'相对,指人们正确认识并掌握一定客观规律的有目的的、有预见性的活动"②。公民社会主义核心价值观践行与主体性问题密切相关,关键在于公民主体是否自觉践行、勇于践行,核心是增强行动自觉,塑造引领公民个人拥有与社会主义核心价值观相一致的价值追求和实践能力。所以,通过价值践行来培养公民核心价值观是根本的现实途径,通过广泛的社会实践有利于个体构建和强化,只有每个人将核心价值观外化为行为准则,并在工作生活中能够自觉依据价值规范来行动,形成人人参与、人人践行的良好局面,建构起全民共同建设中国式现代化的中国精神和民族灵魂。总之,只有准确把握价值践行在价值认识中的地位和作用,价值观的发展也必然会不断完善,价值实践的深度和广度越深入,践行的内容不断扩展加深,关于社会主义核心价值观的信息流通愈加通畅,个体道德的提升和价值理念的升华让民众的心理认同感提到提升,人们在长期的价值观的交往实践中实现价值协同能力就能获得更大提升,公民的主体性就越强烈、公民核心价值观实现得就愈充分,核心价值观的社会根基也就得到了牢固,在公民社会主义核心价值观的实践中,人的本质力量也就得到了更大程度的彰显。只有这样,才能让核心价值观落地生根,润物无声,积淀在每个中国人的灵魂之中,

---

① 《十八大以来重要文献选编》(上),中央文献出版社,2014 年,第 588 页。
② 《辞海》(第六版缩印本),上海辞书出版社,2010 年,第 2549 页。

从而成就良好的个人道德品行，形成良好的示范和带动作用，真正变成当代中国人民投身于中国式现代化强国建设的精神支柱和民族品格。

由上总结如下：公民核心价值观的认知——认同——践行的内在逻辑机理体现了三个环节相互交织的，形成环环相扣的由内及外的有机整体。在公民核心价值观生成中，反映公民核心价值观实践的动态过程，同时提供了能够检验的静态成果。一方面，作为精神力量的核心价值观，从价值力走向实践力、从理论形态走向实践形态不会一蹴而就，短期内就大功告成。实践表明，个人的行为习惯和道德品质的养成和践行不是一朝一夕的，需要长时间的培育，同时，核心价值观生成，再到转化为个人的德行，并不等于公民价值观的实践就大功告成、静止成型。公民核心价值观建设始终是进行时，因为，一是随着人的现代化延伸广度、发展深度，个人的成长成熟、个人工作生活实践领域不断拓展深入和个人需求目标不断升级；二是国家的现代化建设也会提出新的价值要求、新的价值目标。这就决定了公民的认知认同结构、行为实践方式、道德品质素养的形成会向更高层次发展，推动进一步的价值观实践合目的的持续运行。另一方面，由于国家的经济发展和社会变迁、国家治理的完善和社会文明的发展和传播的影响，公民核心价值观实践生成的结果必然是多方面、多层次的。建设的目标是形成关于国家发展、社会进步、个人素质等方面综合而成的一套完整的信仰体系、向上的精神品格和稳定的行为模式，同时，外化为一套以社会主义核心价值观为精神内核的社会关系结构、主体间交往模式。所以说，核心价值观实践的三个方面、三个环节不是闭环自循环，而是认知、认同、践行，再认知、再认同、再践行的循环往复，螺旋式上升。公民价值实践的深化发展、拓展延伸过程会将社会的各个方面主体单元纳入，包括个人主体、社会集体、国家实体的发展维度，以及家庭、学校、社会的价值导向维度，于是主体的由内及外的行动逻辑和从外而内的规范逻辑相统一，真正推进核心价值观熟知于心、践之于行，内外一体，知行合一。

第五章　构建公民核心价值观践行环境,为现代化筑牢社会基础

社会是公民核心价值观的实践场域,核心价值观是社会关系的体现。一方面,社会主义核心价值观要深入人心,还需要将它融入群众的社会生活,被广大公民认可与接受。另一方面,核心价值观能够塑造社会关系结构、引领社会关系运行,形成社会良序。因此,要扎实核心价值观培育和践行成效必须加强公民核心价值观实践的场域建设,包括社会资本域、制度域、舆论域等社会组成方面的建设,形成建设的合力,构筑坚实的核心价值观建设的社会基础,助推公民核心价值观建设的有序推进,为中国式现代化打牢社会基础。

第一节　构筑公民核心价值观建设的实践场

作为社会实存基础上成长起来的核心价值观,具有公共属性,是国家的公共物品。怎么建设,如何确保培育践行,关键环节是公民核心价值观实践要凭借社会场域固有的特点,把握形成践行生态、壮大社会资本、由共同能量束汇聚成建设的能量场,让公民在社会定在的诸多关系链接中去实践、去弘扬,造就公民核心价值观建设有机整体协同的社会环境,塑造社会价值生态。

一、把握公民核心价值观践行的生态特征

"生态"原本是生态学、环境科学等学科的概念,但随着 20 世纪中叶以来人类对生存于其间的整个环境的科学认识的不断深化,不断突破了传统机械论的实体世界观所未能涵盖的内容及认识域,特别是对人类社会生态本性的认知使得人们开始摆脱对社会的本体论界定。随着人类社会进入后工业时代,社会结构形式、人们生活场域、交往方式等都发生了极大的变化,社会的生态本性在当今社会日益凸显,社会各种组成部分、各个组成因子之间形成了有机联系、互动创生、彼此型构的体系。因此,在新的形态社会中"具有自己特征的世界观,有它对待时间、空间、逻辑和因果关系的独特的方法"①,这需要由本体思维向生态思维的转换,"转换的最深刻也是最困难的努力,是完成一种思维方式的革命,即由基于'从原子出发'的取向而导致的本体追究,到生态合理性的建构;由对个别因子的过度归责批判,到互补互动的生态合理性的建构。由批判性转向建设性,是这种转换或革命的实践本质"②。因此,基于生态角度认知世界的思维方式内在生成了新的观世界的方法和分析架构,人们认知探究自然的方式、方法自然拓展延伸到人类社会的政治、经济、文化、社会等诸多领域,对应的是,学界出现了生态思维方法论和系列某某生态的概念提法。于国内而言,较早运用生态思维分析社会问题的是王沪宁,在他的《行政生态分析》一书中,系统研究阐述了行政系统与社会圈的相互关系,为后续研究提供了新的思路和研究路径,这一研究方法也逐步被众多学科引入,作为考察社会问题的重要思想工具和理论方法。

对人类社会生态本性的认知使得人们开始摆脱对社会的本体论界定,采用生态世界观这样与本体世界观不同的范式和方法,所形成的"生态世界观

---

① [美]托夫勒:《第三次浪潮》,新华出版社,1997 年,第 5 页。
② 樊浩:《道德形而上学体系的精神哲学基础》,中国社会科学出版社,2006 年,第 252 页。

既不以抽象的实体(或抽象的整体),也不以抽象的个体为本位或价值基础,而是以个体与整体(或实体、社会)、个体与个体之间的合理生态为价值取向,是有机的、平等的和生态互动的人伦价值观"①。生态世界观的观世界方法符合复杂社会和网络社会的部分与部分之间、部分与整体之间的生态联系和创生机理,它所蕴含的生态思维强调社会的生态整体性和创生性两大特性,符合马克思主义辩证法的基本特征,与普遍联系和永恒发展相对应。

所谓生态整体性,就是从系统论的角度来认识人类社会或人类社会某一个具体领域。系统由各个子系统构成,子系统之间是相互作用相互影响的关系,不仅有内在环境的互动,还包括外在环境对系统的影响控制。那么,人类社会的生态整体性的研究,就是把社会生态系统的每一个环节,共同存在且互相依存的关系描述出来,强调它是由人和社会所有生活要素构成的有机整体。因此说,在任何一个阶段,人类生命的维持与人类的生存发展都要依赖于其所生活于其中的整个生态系统的良性运行。生态视角给人们更多的启示,生态系统通过各个组成部分有机联系而形成了相对稳定的动态系统,其中任何一项发生变化都会引发其他的变化,任何一项因素的缺失都会导致整个系统的变化。这说明人与自然、人与人之间不是单纯的、简单的因果关系、线性联系,特别是线性的因果关系不必然符合客观现实,甚至是存在谬误。所以,相互关系在很大程度上、很大可能性上,存在着复杂的、非线性的相互作用,也可能是这种复杂的、非线性作用的结果。

社会的生态性的另外一个特征是创生性,表明社会各因子间的交互性、平等性和动态平衡性的特征。因为整个社会不是一个一成不变的实体,而是一个在不断运动变化中的有机体,整体的变化过程实际上就是整体不断创生,社会各要素、各种事物之间相互联系、相互作用,不断地转化、生成和消亡

---

① 樊浩:《从本体伦理世界观到生态伦理世界观——当代道德哲学范式的转换》,《哲学动态》,2005年第 5 期。

的过程。由此表明，世界万物都在不断地变化过程中，新旧要素、新旧事物呈现的是相继生成和灭亡，通俗来说，就是时刻都有新事物的产生，也有旧事物的淘汰。这一过程不单纯是组成要素的分解或重新组合，有其自组织的因素，在相互作用中生成新事物。那么推广到人类社会的诸多领域、诸多现象也是生成的，不是预成的也不是构成的、更不是生就的。在这方面，作为不断发展创新的马克思理论中也包含着丰富的生成观点——实践生成论，马克思的实践生成观可简要地概括为从物质的实践出发，从现实的社会生活出发，来说明和解释政治、文化等观念的生成发展、意识形态的产生和发展。伦理精神、价值观念乃至宗教意识等是人们在物质生产和物质交换活动中为改变现有状态的思维产物，正是基于生态思维所形成的生态世界观谈及的实存，事物不是抽象的实体或整体，也不是抽象的个体，而是整体与个体、个体与个体之间形成有机生态为价值取向，是生态互动的人伦价值观。生态世界观也就成了一个具体的研究范畴，生态世界观的观世界方法符合今天的复杂社会和网络社会的部分与部分之间、部分与整体之间的生态联系和创生机理，注重从主体间的关系出发寻求自身的解放。于是，生态思维在很大程度上填补、纠正了以个体为中心的思维观念存在的孤立性的缺陷，从而确认个体与整体的关系，突出个体是某个整体的一部分，并且每个主体因子的参与和加入不再单纯是形式上的、被动的角色，而是系统地建构着与其他主体之间的平等、互信、互动，发挥好每个主体的积极性作用会促进社会的发展可持续性。同样，经由主体间的德性、德能、德行合力形成价值能量场，能够促进整个共同体的良政良治良序的形成。从这一点上来说，用生态思维方法来考察公民核心价值观实践就有其特定的理论价值。而以生态系统考察公民核心价值观实践，推进实践的整体效能，需要注意以下几点：

首先，我们所建设的、弘扬的社会主义核心价值观实践不是孤立独存的，要坚持整体性思维。在整个社会系统中，每个核心要素都处在不同的"生态位"，诸因素之间相互作用、相互影响，辩证一体，普遍联系。核心价值观是整个社会大系统的组成部分。一方面，在整个系统中的价值主导地位的核心价值观，作为精神力量和价值必然指引落实和体现在具体的制度、规划、规范等正式制度当中，也积淀于和指引着道德、习俗等非正式制度的发展建构。同样，公民核心价值观实践作为整个大系统发挥功能作用的一部分，深深嵌入在经济、政治、文化等子系统的运行过程中，成为"百姓日用而不知"隐性因子，赋予个人与整体发展的价值遵循和价值力，它的作用在于增强国家、政府、社会等方面治理的合法性和正当性。另一方面，核心价值观的社会根植性，是"历史性的当下"的价值观，具有特定的时空特质，社会生活的方方面面都受到物质生活生产方式的制约，社会既有的经济基础、政治条件、文化氛围、社会支撑基础条件决定着核心价值观的内容和机制，时代大环境、现实具体实情制约着人们的认知程度。因此，公民价值观实践不能孤立来看，不能就核心价值观谈核心价值观，而忽略其和其他因素的耦合逻辑和生发关系。

其次，公民核心价值观实践处在交互系统当中，是各种因素相互作用的结果，要坚持实践的系统性。核心价值观的实现是有条件的，它只有在现代文明的社会生态中才有价值实现的可能性和现实性，社会文明的发展程度决定着价值实现的生态合理性。核心价值观的生成是社会诸元素实践的结果，公民的核心价值观实践同样具有生态交互的特性，既不是社会系统中的其他因素对核心价值观单向的绝对作用，也不是核心价值观对政治、经济、文化的单向影响，而是核心价值观与其他要素之间的交互影响，内外部因素相互作用而生成推广的。正是基于核心价值观建设的实践系统性特点，在国家现代化建设目标整体推进的语境中，就价值观谈价值观建设不可取，应在整个现代化建设大系统中来加强价值观的嵌入性、整合性的实践，否则也难以落地；当然也不能将价值观夸大到决定一切的地位，公民核心价值观实践是整体现代化的关键因子，但公民核心价值观实践并不处于一切工作的中心，核心价值观并不能够涵盖一切、取代一切。只强调价值观建设的重要性，而忽视其他因素的发展，没有其他社会因素的发展，价值观建设也会失去支撑和载体，这种认识本身就是不客观的，关键是该认识的最极端结果不可避免会陷入泛道德化的窠臼。

所以，从生态思维角度考察公民核心价值观实践有利于克服从社会自身寻找单一制约因素的客体论思维习惯，避免对唯物史观的教条化和机械化解读而陷入唯心论。就是说，公民价值观实践必须根据人的需要和国家社会发展实际采取系统推进的实践策略，要关注到每个个体理性认知能力与情感认同程度的差别，采取分层推进与分众施策的培育践行策略，也要增强价值观实践的榜样示范作用，其中关键方面还要发挥好舆论正向引导功能，塑造价值观建设的舆论域；要注重道德教化，也要发挥法律约束的规约作用，坚持德法兼治；要调动公民个体的主观能动性，加强对公民个体的价值观实践精神激励，不回避物质利益驱动的功能，把物质文明建设和精神文明建设结合起来，形成社会正向的整体驱动与个体主动相结合的社会环境，最终构筑更为广泛核心价值观实践的公民参与度和更为深入的价值实践的建构力，真正为中国式现代化提供积极的建设主体和源源不断的精神力量。

最后，公民核心价值观实践是一个过程、一种状态，要从生成性的角度予以考察。社会生态系统多元一体，每个因素建构功能有别，任何一套价值体系都面对冲突的社会现实而不断调整和实现价值的动态稳定的生发系统，它总会因特定社会关系结构而具有实存基础上成长的价值生态系统。中国的现代化建设尽管有其时间的阶段性、空间的区域性、群体的差异性，但最终目标是整体的现代化。我们的社会主义现代化离不开公民核心价值观实践的积极推动作用，需要根植于、发展于经济发展、制度建构、文化创新、生态建设等方面的发展和完善，价值观建设的内容和实践发展程度与社会建设中新的机制、新的场域的形成密切相关。在各个现代化建设的领域整体推进的过程中,核心价值观建设既不能滞后不前也不能单兵突进,要保持整个社会现代化建设系统整体进步的可持续性、稳定性。公民社会主义核心价值观的实践滞后于现代化的其他领域的进程,就难以发挥价值观的价值导向作用,只有社会整体因素相互促进、一致协同,多元合力才能促使现代化建设系统协调共进、良性循环,维系社会价值体系的动态平衡。因而,推进公民核心价值观的价值实践要坚持系统思维,充分考虑到制约公民核心价值观实践的因素、面临的挑战,要结合社会实存的主客观因子、内外因素,系统考察经济、政治、文化、心理等复杂条件,综合一体研判,只有保持公民核心价值观实践推进与现代化建设中诸要素发展之间协调一致,不断增强其时代魅力,核心价值观才具有更强的解释力,公民核心价值观才具有更强的实践力,公民核心价值观建设实效性才会越充分。

二、拓展社会资本提升公民核心价值观的建设力

社会主义核心价值观具有现代性的价值目标和进步特征,反映出文化资源的属性和社会资本的特征,属于国家现代化建设的公共精神物品。可以说,公民核心价值观与社会资本是一而为二,二而为一的辩证关系,通过公民的核心价值观实践有利于盘活社会资本存量,扩大增量,通过壮大社会资本能够为公民核心价值观建设奠定社会基础、形成良性社会生发场域。通过壮大中国的社会资本基础,动员和支持更广大人民群众积极投身于核心价值观的实践,有利于为现代化建设筑牢坚实的社会资本基础,增强建设软实力,转化为建设力。

社会资本(social capital)是20世纪80年代开始兴起的一个国际学术研究热点,但谈到社会资本的概念时,则可追溯至汉尼凡(L.J.Hanifan,1916),他是在以乡村学校共同体中心角度分析问题时,首次使用这一术语,此后简·雅各布从城市规划角度认为城镇聚居区中的社会网形成的社会资本有利

于社会安全,葛伦·劳里与伊万·莱特以城市中心贫民窟为切入点用社会资本视角剖析了这一特殊区域的经济发展问题。到 20 世纪 80 年代,社会资本研究成为一个系统的理论范式,法国社会学家皮埃尔·布迪厄拓展了对这一概念的理解和系统学理分析,在布迪厄的理论中,社会资本是资源集合体,这些资源可以是现实的,也会是潜在的资源集合体,"它们由构成社会结构的各个要素所组成;它们为结构内部的个人行动提供便利"①,由社会结构中的各要素的相互作用,来推动社会个体间的物质交流与精神交流。这个结构指向的是型构成的关系网络,结果是社会个体的体制化不断生发拓展。对该理论范式的深化研究还包括美国学者罗伯特·帕特南等,特别是后者使社会资本理论广为人知②,帕特南对该理论的运用研究是标志性的,他强调社会资本包含信任、规范、网络三个要素,这三个要素构成了社会资本的核心内容③。因此,在一定的社会关系网络中个人道德的乘数效应,社会资本在其中实现了社会参与者的短期利他和长期自利主义的结合。后续研究的知名学者还包括弗朗西斯·福山,在他所著的《大断裂:人类本性与社会秩序的重建》一书中,将社会资本定义为"一套为某一群体成员共享并能使其形成合作的非正式的价值和规范"。按他的观点来说,可以用社会资本这一概念来说明价值观的历史作用和存在形式,由于道德和社会准则对个体仅限于自觉约束,但却是企业等组织合作的先决条件,"的确,社会科学家近来开始把一个社

---

①　[美]詹姆斯·科尔曼:《社会理论的基础》(上),邓方译,社会科学文献出版社,1999 年,第 354 页。

②　真正使社会资本理论名声大噪的则是美国政治学家罗伯特·帕特南(Robert D.Putnam)的实证分析,其通过对意大利 20 多年的调查研究,论证了社会资本在区域民主发展中的重要价值。

③　布迪厄强调"社会资本是以信任为核心的规范的集合,以及这些信任与规范相互联系和互动所形成的网络资源。社会资本可作三方面理解:首先,社会资本是以信任(与规范相互)为核心的态度和价值观,在信任的基础上公民进行互惠的合作;其次,社会资本是社会机构和社会关系的一种有助于推动社会行动和解决矛盾的规范或者规范集合;再次,社会资本的主要特征体现在由信任而产生的联系和处理私生活的规范或规范集合的网络。"包亚明主编:《文化资本与社会炼金术——布迪厄访谈录》,上海人民出版社,1997 年,第 202 页。

会之丰富的共同价值观念称作是'社会资本'"①。在国家现代化治理现代化进程中,公民核心价值观是一个社会不可或缺的资源,价值观是一个群体公认的、非正式的、共有的、可以进行合作的准则②,并以社会资本的方式和场域效应呈现在具体的生活场域当中,场域是一个经由行动者实践不断赋予意义的力量空间,价值观建设要发挥社会资本的属性和场域效应。

尽管社会资本是一个西方研究的术语,但并不影响它作为理论方法和研究范式分析中国问题。该理论对于研究分析公民核心价值观的实践具有一致性和共同的特点。一定的社会关系体系构成了相应的价值关系的存在,当下网络式的交往模式进一步推广,这种交往既不同于传统社会点式交往的熟人社会,也不同于近代社会以来的线式的主客交往方式,而是一种立体化的网络化资源组织方式。因为社会交往方式的转变和规避社会资本的匮乏,更加凸显公民核心价值观是社会资本的关键要素和价值基础之理由的成立,公民核心价值观与社会资本从本质属性的同构,构成的是有机联系的整体,是社会资本建构的重要支撑因子。通过社会资本建设能够将共同体成员黏合在一起③,非正式价值规范一定社会的社会资本能够整合其成员间的知、情、意、行趋向共识的达成,可以极大降低社会交易成本,减缓社会矛盾冲突,减少摩擦力,丰富交往的网络式互动交往间性,增进相互信任和社会和谐,有助于国家、社会乃至人际交往的运转更加高效。总之,价值观培育践行的社会场域作为一种空间,连接着宏观的社会场域与微观的公民个体,也是公民价值观实践同外在社会结构之间关键性中间环节、中间媒介,减少区隔、奠定能

① [美]弗朗西斯·福山:《大分裂:人类本性与社会秩序的重建》,刘榜离等译,中国社会科学出版社,2002年,第16页。
② [美]弗朗西斯·福山:《大分裂:人类本性与社会秩序的重建》,刘榜离等译,中国社会科学出版社,2002年,第18页。
③ "社会资本通过把个体从缺乏社会良心和社会责任感的、自利的和自我中心主义的算计者,转变成具有共同利益的、对社会关系有共同假设和共同利益感的共同体的一员而构成了将社会捆绑在一起的黏合剂。"李惠斌、杨雪冬:《社会资本与社会发展》,社会科学文献出版社,2000年,第381页。

量场域。强大的社会资本积累前来的社会存量是构建价值体系的基础，可以为营造交往合作、协同共识的氛围，奠定坚实实践实行的根基。所以，把公民核心价值观融入社会资本建设体系能够发挥社会资本的积聚的效能，在社会资本中形成良性的结构体系的同时与社会运行机制进行有效互动，有利于提升和推进核心价值观建设之功效的作用。

一是以信任社会资本建设推进公民核心价值观建设的社会基础。信任是社会资本的核心方面，指的是共同体内部成员间基于共同规范而产生的期待，"意味着对独立行动者之行为有预测"[①]。信任的生成以社会交往双方的是否诚信为前提。公民核心价值观的建立在意识上会经历一个"同意""认可""态度"和"信念"的心理过程，而是否同意、认可核心价值观的前提是对核心价值观的信任。我们难以想象，对国家伦理、社会规范、公民道德的理念不信任、对国家发展、社会进步、公民素养的发展前景没信心，会凭空形成有效的核心价值观建设的有效性、实效性。公民核心价值观建设，首先要扎实信任这一社会资本的支撑。"公民共同体合作的契约基础，不是法律，而是道德的。"[②] 伦理价值、道德准则是社会共同合作的精神契约，而纯粹的法律治理的结果不必然是有机的，价值观的最大作用是能够将不同领域黏合起来，甚至是缝合起来。所以，需要强化国家和政府公信力，形成价值引领力，增强公民核心价值观的认同感、信任度。在现代社会，特别是国家各个公权部门拥有其特定的公权地位与价值观建设的主导性作用，政府本身的公信力是公民信任产生的根本前提。公共性是国家治理的价值属性和价值指向，其具有公共权力、管理着公共事务、承担着公共责任，所以国家治理现代化的核心意旨是定章建制，具体标志性任务就是制定制度机制、政策方针，它不仅要有权

---

① ［英］罗伯特·D. 帕特南：《使民主运转起来：现代意大利的公民传统》，王列、赖海榕译，江西人民出版社，2001 年，第 100 页。
② ［英］罗伯特·D. 帕特南：《使民主运转起来：现代意大利的公民传统》，王列、赖海榕译，江西人民出版社，2001 年，第 215 页。

威性,还要有公信力、可预见性,使公民有确定性预期。在现代化建设过程中,国家治理主体的合法性基础就在于公民的普遍认同与接受,其政治合法性与公民的支持和反对成正比,只有信任达成,才能够提升其对公民价值观建设的引领力,获得广大公民支持与配合,公民所认同与践行的核心价值观就会生发出强大的政治资源和社会资本增量,直接结果是增强公民主动弘扬核心价值观的共体归属感和个体责任感,推进价值共识,激发公民对核心价值观实践的显在和潜在需求和能力。

二是以规范社会资本建设推进公民核心价值观建设的体制支撑。所谓规范,包括法律规范、制度规范等正式制度,也包括道德规范和习俗规范等非正式制度。如果制度机制、政策规范不科学、不完备,制度执行不严格、不合理,公民核心价值观弘扬就难以顺利展开。这是因为价值力量往往会使社会资本由隐性向显性转变。在隐性阶段,表现为价值观成为公民的精神内核;但在显性阶段则需要变为行为规范,成为公民进行生产与生活实践的重要基础和依据。显性规则的精神实质就在于公共性与特殊性的统一,单一物和普遍物的统一,经由规范获得了普遍的价值性存在,成为各个价值观主体之间实践的外在要求。这个要求是刚性的,是具有权威性、普遍性的外在约束,隐性价值观通过显性的规则规范这个中介物,通过它每个参与个体都有判断、选择与评估的自由,有利于个人自觉与外在约束的统一。通过现实合理的规则和制度为激励和保障来确保价值观内在品格和外在行为方式的形成、拓展,从而进入正向反馈的良性循环轨道,公民也就积极自主地参与到公共事务的共同治理过程中,通过各种规范化、制度化形式的实践活动,自觉自愿地追求公共利益。在社会生活领域中,核心价值观的公共属性得以具体呈现和展开,自然会使社会资本生成、增殖。进而,规范的社会资本激发出主体之间的协同与合作、理解与宽容、互动与生成,从而在社会形成社会主义核心价值观的培育和弘扬之风,并由此形成与之相对应的公民价值行为,最终实现国家治理的总体目标。

三是以参与网络社会资本建设深化公民核心价值观实践。按照帕特南的说法，社会参与网络有垂直关系网络和横向关系网络之分。社会资本中垂直关系网络体现了社会纵向的社会层级，体现的是等级层次、依附联系，是社会地位不同个体之间的网络关系模式。横向关系网络指涉的不是区分社会等级、权力层级的联系，而是同层次、同地位个体之间的网络关系模式，特点是权力与地位相同的参与者一起参与的网络形式、网络机制。因此，深化公民核心价值观建设，要发挥好这两种参与网络的各自优势，规避可能存在的问题。首先发挥垂直关系网络密集的优势，有助于贯通"中央—地方—社会"的纵向等级网络，发挥各级政府的主体责任和建构功能，形成自上而下推动的价值共识和发挥纵向层级的强大动员力、组织力和物质力，加强党的统一领导，发挥全国一盘棋、集中办大事的特点，能够加快公民核心价值观建设力度和速度。其次，要进一步构建多维度、多元化的横向关系网络，壮大社会系统内部的参与合作网络，充分利用其公益性、民间性和灵活性的特点，通过内部合作网络的相互交融，实现万物互联，从而进一步推进社会系统内部的深层次合作，拓展社会各个群体之间互动交往的范围和信任幅度，逐步形成公民核心价值观建设协同力与合作的力量，坚实社会主义核心价值观的主导地位，坚实核心价值观建设的社会资本。

三、打造公民核心价值观实践的公共能量场

在自然界中，能量可以在物体间转移，并且多种能量之间亦可相互转化，此一循环就会产生能量场。能量场的理论被引入人文社会科学，包括心理学、管理学等都有所体现。公共能量场的提法和研究地位在行政学学者福克斯（Fox）和米勒（Miller）那里被进一步凸显，他们两位将物理学的"能量场"概念引入公共行政领域，并从所研究的学科角度赋予新的理论内涵、学科内

涵——公共能量场。公共能量场中实际上包含情境、语境及历史性,这个能量场具有公共性,是参与者共建的公共性,强调的是各个场域里的能量关系集合,作为关系集合的公共能量场把人建构的社会互动引向理解过程,具有突出的整合功能,能够增进合作和达成共识,这也是公民核心价值观建设的重要特征。从公共能量场的角度分析公民核心价值观实践生态,看似玄学,但与每个人的日常生活息息相关。"个人的行为不是对外界刺激的一种孤立的、简单的反应,也不是许多反射弧机械的总合,它是通过心理物理场(psychophysical field)、特别是认知活动的整合(integration)而做出的。"① 由于日常生活中人们会受到外在气氛的感染,周遭情境的触动,置身于不同场合中人的心理情绪、行为意志都会受到熏陶和影响。诸如在升旗仪式中,众人肃立庄重严谨,高唱国歌、仰望着冉冉升起的五星红旗,这里有主观使然,也有氛围营造。公民培育践行核心价值观过程同样如此,如果说我们身边的人们都是敬业有为、诚信互动、友善相待,这样的社会氛围和风气就会传导给每个公民,形成外在柔性约束和引导激励效果;如果说自由、平等、公正、法治制度环境中,公民间的社会交往中,无论是政治的、经济的还是文化的,都会彼此间有了确定性的依据,就必然会形成善治良序的治理格局和激发各主体参与积极性;如果说对国家价值目标、发展指向有了明确的理解,人们就会自然生发出自豪的情感、自信的意志和共同的能量集合,最终转化为自觉的行动。

作为一种分析工具,价值观实践能量场的分析视角,进一步说明核心价值观并不独立实存,它在本质上是通过特定的价值精神来维系,而人类精神具有无所在又无所不在的特质,或者说其不具有独存的形态和能力,必然也必须依存在那些实存的具体关系之上又渗透于其中,其能否变成现实,要通过载体呈现,通过具体的社会关系的展开成为现实的存在。反过来说,嵌于

---

① 章志光等:《社会心理学》,人民教育出版社,2008 年,第 35 页。

关系中的核心价值观，能够形成特有的作用力，即为其他一切具体社会关系定性，能够为与我们发生联系和关联的各种社会关系存在，诸如政治的、法律的、经济的、文化的关系及日常生活关系等，提供合理性、应然性的价值基础。尤以当今信息化社会中，人际联系与传统社会相比，发生了颠覆性的变迁，立体化网络式的交往模式得以进一步推广和深化，直接改变了社会交往方式，它既不同于传统社会点式交往的熟人社会，也不同于近代社会以来的线式的主客交往方式，而是一种立体化的网络化资源组织方式。其中，"实际或潜在资源的集合，这些资源与由相互默认或承认的关系所组成的持久网络有关，而且这些关系或多或少是制度化的"①。

因此，在现代社会中，人际间的关系不再局限于人伦，而是"人际"，不只是主客关系，更是主体间交往联系，主-主、主-客相存，同时不能忽略他者性，这些复杂的主体因子交织在一起，发生关系的链接点愈发丰富多元，不同主体因子间的互动生成叠加，使人与人的交往联系具有无限的可能性和创生特点，更确切说是诸多关系构成的"场"的形态的关系。我们可以称这种关系样态为"价值场"，它是集特定的社会结构、习性、权力和具体的行动者之间的整体型构，具体指的是：①各种规则性、规范性的场景；②价值秩序；③社会氛围与共享的情境。这里的场域概念借鉴的是布迪厄的场域理论。高度场域化是现代社会的重要特征，社会发展的结果就是不断生成新的机制和场域，对此，布迪厄就提到，在现代社会高度分化的前提下，社会大世界由众多相对独立和自主自为的社会小世界组成，而每一个"小世界场域"都有着不同的原则要求，每一个场域都具有再生产的功能，反应的是实存的社会关系，价值关系是考察问题的重要视角，"根据场域概念进行思考就是从关系的角

---

① 李惠斌、杨雪冬：《社会资本与社会发展》，社会科学文献出版社，2000年，第3页。

度进行思考"①。

公民核心价值观在特定社会关系基础上存在和发展着,价值场说明了价值关联与社会实存的关系体所形成的普遍联系和发展的结构。价值联系是价值观形成发展的前提,价值能量场的生成发展是社会联系的目的。一方面,不同的社会实存决定着不同的公民价值关系,具体价值能量场反映了一定历史时期的社会现实,人们对生活理想和社会秩序的价值追求都会受制于这一客观现实;另一方面,人也是核心价值观的生产者和建设者,人的活动本身能够改变和影响自身和自身之外的各种社会因子的变化。主客观互动交叉的因素成就了不同时期价值观的不同样态,不同历史阶段的国家共同体、社会共同体之中成员价值观念都深受社会发展阶段的影响。因此,公民核心价值观的产生和发展和国家和社会密切相关,国家和社会为公民价值观生发提供了相应社会结构基础,其中公民是权利和义务结合的主体,是一个道德权利和道德义务的主体,是基于社会共同体成员公共交往的需要、以遵循一定核心价值准则为前提的行动者。每个公民以核心价值观为规范的核心,以主体间性为基础的交往理性为基础,在这个"无限制的交往共同体"② 中,共建生于斯长于斯的共体价值理想、共践价值精神。因此,从价值实践能量场的角度来考察建构公民核心价值观建设,可以为我们提供新的实践视角和解释方式。

其一,优化核心价值观建设的社会场域环境。利用社会实存的场域,发挥其生成力,营造场景、塑造生态,令全社会形成价值观教育的良好氛围与合力,这不仅是必须也是必需,要从已有的社会经验中总结出价值观教育应与社会各界形成联动,将价值观教育内化为社会主体的主动行为从而激发出价

---

① [法]皮埃尔·布尔迪厄、华康德:《实践与反思:反思社会学导论》,李猛等译,中央编译出版社,1998年,第133页。

② 俞吾金等:《国外马克思主义哲学流派新编》,复旦大学出版社,2002年,第240~241页。

值观教育的正向动力。在社会高速发展的今天,传播手段和传播途径已经大有改善,价值观的流行也愈发多样,不同的价值观对人的影响也随之改变。从长远来看,要从社会整体的道德建设入手,培育良好社会风气以便为公民核心价值观建设创造支撑条件。任何一个国家、一个社会增进社会团结并不是一件容易的事,要有必备的社会场域环境支撑培实。首要条件是物质因素,即需要增加物质投入,缺乏物质支持、仅靠精神动力不可能持续,只具有短期效应;其次,需要公共部门增强公共服务功能,具有公共性是本质,转化公共性为公共服务,才具有现实基础,人们对公共部门的感知不在于公共性质,而在于服务的结果,被授权的部门要为授权者提供优质的服务,这样公共部门再去推进价值观建设就有说服力、公民践行就有自觉性。最后,更需要培养新型社会关系。所谓新型是符合现代化实践需要的新结构,符合核心价值观导向的新关系。在新社会结构、新社会关系的情境中,在互爱互助氛围里,会促进公民共同提升道德水平和核心价值观践行能力,促进社会移风易俗。对此,2019年10月,中共中央、国务院印发的《新时代公民道德建设实施纲要》,中宣部、中央文明办印发的《培育和践行社会主义核心价值观行动方案》等都提出了要求,明确了建设策略,要求将社会主义核心价值观与精神文明创建工作相结合,并提出融入的目标要求。强调要充分利用各种时机和场合,使其渗透到社会生活各个环节、浸润于公民道德建设工作的每个角落,以实际行动构筑弘扬空间、社会氛围和机制模式。

其二,以价值观建设主体的合力,构建价值观实践的主体氛围。价值观建设是作用于人,成就于各主体正向建构作用。缺乏主体支撑和缺乏价值引导的主体行为,价值观建设是不可能完成的。因此,必须以价值观建设主体的作用合力,构建价值观实践的主体氛围。在领导层面,发挥好党的领导和主体建设作用,在核心价值观建设中,各级党委和政府需把握好核心价值观培育和践行的发展方向,做有组织的推进。首先是制定出相应的政策、出台相应的机制,承担好对价值观的引领和政治责任,营造出积极的价值观环境,落实的环节同实际工作融为一体,建立健全公民核心价值观建设的领导体制和工作机制,统筹协调,组织实施,督促落实,以实际行动提升价值观的建设水平。在基层方面,基层是核心价值观发挥效能的重点区域,拥有最广大的群众基础,基层党组织政治核心作用的充分发挥能够让价值观建设形成战斗堡垒之势,其中尤以优秀党员干部为前哨,激发动员起特定群体主体作用、特定人的作用,特别是发挥社会模范这一特定主体的带头示范作用、感召动员作用,同时尊重和发挥群众的主体性,推动鼓励公民自组织能力和自治水平,让群众通过主动的社会活动和实践,对价值观了然于胸,真心认可并支持价值观的推行,从而在日常生活中充分运用,塑造建设的能量场和作用域。古语有云"见贤思齐焉,见不贤而内自省也",学习、模仿能力和反思意识是人之为人的基本素质。所以,在关键目标群体方面,组织动员社会各种力量参与价值观建设,包括传统工、青、妇等人民团体、新型社会组织的作用,加强立德树人使命,让社会主义核心价值观在各年龄段尤其是青少年中蔚然成风。只有全方面用力,形成共建共行的行动力,每个主体才都会受到整个价值观实践能量的传导、熏陶,价值观培育践行就能够全社会共同参与、才能够形成齐心协力的主体氛围。

其三,完善公民核心价值观建设的制度资源。制度不仅是约定,更是一种资源,资源的作用同样是一种力量。公民核心价值观建设需要有完善的制度资源。制度资源建设是国家现代化任务,在国家治理中,涉及方方面面,公民核心价值观建设的责任更是国家治理的职能所在。社会制度环境之所以能成为公民核心价值观建设的现实场域,就在于其能够确保为公民公共生活提供广阔公共空间和公共实践机会的体制机制保障。正如阿伦特指出的,只有在公共领域,一个人才能够胜过其他人,让自己脱颖而出,因为只有公共领域是他人能够同时在场的,而每一个公开展示的活动都能获得其在私人场合下无法企及的一种卓越感。《关于进一步把社会主义核心价值观融入法治建设的指导意见》《关于推进诚信建设制度化的意见》等，对公民核心价值观建设从法律制度等层面保障进行引导规划建设，从中央到地方，各级部门的责任得以明晰，针对的领域更加明确，如需要健全各行各业规章制度，对于城市公民来讲，则是完善市民公约；对农村居民而言，则是加强乡规民约建设；对于在校学生来说，则是发挥学生守则的作用。完善好这些不同领域的行为准则，有利于形成覆盖社会各个领域各个层面的机制规范，让社会主义核心价值观润物无声地影响人们的日常生活，成为一种新的制度体系和根本遵循，同时助力支撑公民的核心价值观建构。

其四，构筑公民核心价值观建设的舆论场。主流媒体和民间媒体、传统媒体和新媒体有机结合，形成有利于价值观建设的舆论场，对于先进典型要加大宣传，反之则要旗帜鲜明的批判，形成核心价值观正向的能量，推动整个社会形成崇德向善、趋劣避恶的舆论氛围，造就助力公民核心价值观建设的舆论场，充分发挥公共环境的宣传教育功能。

其五，提升公民核心价值观建设的技术支撑。以信息网络技术为标志的科技大潮中，信息网络技术改变了人的生产生活方式，也改变了人的思维认知，成为一种文明——信息文明，信息网络技术渗透在人类生活的各个方面，公民核心价值观建设需要充分运用新媒体技术推进建设。

综上，公民核心价值观建设的能量场，就在于每个人的周边环境中形成核心价值观的践行氛围、舆论环境、制度体系。"蓬生麻中，不扶而直；白沙在涅，与之俱黑"，正向引导的价值观建设公共能量场，形成的社会氛围自然能潜移默化地影响具体的个体。随着公民核心价值观践行日益深入、深化，公民素质提高就越明显，会从根本上形成良好的社会风气，并形成核心价值能量场，对公民的公共精神产生积极影响。

第二节 以国家治理现代化构建公民核心价值观建设载体

核心价值观塑造国家治理的内在属性,同时国家治理体系能力体现了伦理精神、核心价值观的定在,二者具有内在相通性。鉴于作为精神性存在的核心价值观念还属于纯粹理论层面,其本身并无自然独立运行之力量,因此须借助于外在具有权威性的客观制度机制发挥作用。我们的现代化就需要在国家治理过程中,建设科学合理的制度体系及高效的治理能力为核心价值观予以外在支撑保障、提供培育践行路径。

一、以国家治理现代化为公民核心价值观建设构建机制框架

所有方面的现代化建设都需要有完善的机制框架,公民价值观建设同样如此。国家治理现代化与公民核心价值观建设共同组成中国式现代化上层建筑的两个关键领域,二者相互影响相互作用。其中,作为精神力量的核心价值观以价值目标、道德要求既要融入国家治理诸环节,也需要国家治理将其外化出来,实践出来,需要国家治理提供系统价值观建设机制框架来确保实现。

首先,公民核心价值观建设不是一个单独领域,它是国家治理现代化的重要部分。对于我们国家而言,国家治理现代化是一个多因素复合运行的系统性工程,囊括了社会各个方面、各个领域,核心价值观是内生于国家治理体系之内的有机构成,外化表现为国家治理能力效能,从属于中国特色社会主义文化治理的一部分,集中呈现中国特色社会主义现代化建设的主流意识形态。核心价值观建设是现代化建设的精神维度和文化力量,它深深嵌在、蕴

含在现代化建设的各环节。对此，习近平总书记多次强调，"培育和弘扬核心价值观，是国家治理体系与治理能力的重要方面"，"推进国家治理体系与治理能力现代化，要大力培育和弘扬社会主义核心价值体系和核心价值观"。① 国家构建、社会建设、公民培育，本身就是国家治理的重要内容和建设领域，"三个倡导"的三个层面的主体价值观建设指向的也是这三个方面，是对国家治理现代化各个方面的具体建设要求，国家治理现代化和核心价值观建设是重叠同构，一内一外、一实一虚、一应然一实然，两两相应。

国家治理现代化和公民核心价值观建设是我中有你，你中有我。与其说公民核心价值观建设是国家治理现代化的内容，不如说就是国家治理现代化建设的本身。国家治理现代化是一个系统性的工程，所涉主体众多，有主体就涉及利益需求，主体众多必然导致利益需求多元，关注的政策议题就有区别。对此马克思就明确指出，人们所奋斗的、所争取的，都和利益相关。在国家治理现代化工作的具体落实中，社会主义核心价值观一方面要承担建设的内在工作，另一方面要发挥国家治理功能、筑牢国家治理的价值根基。当然，在具体的分析与实践中，不能忽略的一点在于，国家治理现代化是一个长期过程，矛盾在不同时期表现形式有所不同，诸多利益主体立场有别，利益冲突就难以避免。如何在治理中协调和平衡好各相关主体的利益，当属国家与社会、政府与市场诸方面的政治本然问题，需要国家治理直面的问题。为治理良序而计，当政府、市场、社会、公民个体等主体间的利益冲突时，价值协调功能就被凸显出来，被运用到问题的实际解决中去。由此说，价值观的整合功能尤为重要，事关当下利益和长远目标，涉及个体追求和共体信仰，在这方面，社会主义核心价值观的功能就格外重要，体现在对不同主体进行价值引导协调，起到化解社会矛盾和利益冲突的"润滑剂"功能，各利益群体只有基

---

① 习近平：《把培育和弘扬社会主义核心价值观作为凝魂聚气强基固本的基础工程》，《人民日报》，2014 年 2 月 26 日。

于价值共识才会赢得利益的共识、和解的机会,以"治理+道德"的模式,实现价值治理、道德治理,更有利于避免零和博弈,缓释矛盾冲突的激化,提升国家治理现代化的效率和水平。

其次,国家治理是核心价值观的重要载体。核心价值观是制度的内在属性,制度体现了价值观的定在,二者具有内在相通性,每一种制度都必然有其价值预设和价值指向,绝对价值中立或与价值无涉的制度本就不存在,那是一种呓语。然而,作为一种精神性存在的价值观念,其本身并无纯粹独立之力量,须借助于外在客观制度而发挥作用。良好社会秩序的获得仅凭主体的价值自觉、公民教育和道德示范是不现实的,也是靠不住的。所以,对待社会主义核心价值观要有科学的态度,既不要把社会主义核心价值观神化,包治百病本身就不符合科学的精神;更不能把社会主义核心价值观虚化,只谈理论层面的核心价值观、宣传口号里面的价值观,或是不具有实践性的理论说教。远离人们的认同感和践行的动力,就不会转化为信仰的力量和行为的遵循,一切不能或没有落地的核心价值观只是装门面的口号和虚假伪饰,必须强调借助"物化的力量",即强制性力量对之进行约束。① 在公共生活中,将公共精神外化,把相关的价值原则、道德标准与实际的社会制度相结合,形成公共认可的、具有强制的约束力的现实制度,通过制度执行力将核心价值观的根本精神和道德理念转化为外在的约束力,即以一系列社会制度的控制来维系。

可以说,核心价值观对国家、社会及公民规范能力的大小、作用力的强弱,与其具体的制度载体和实践能力及形式密切相关。核心价值观需要以制度化的载体、规范性的治理能力来推进核心价值的实践实现、发挥核心价值治理的功能和效应。历史的经验不止一次证明,制度的好坏决定人的行为走

---

① 王伟、鄞爱红:《行政伦理学》,人民出版社,2005年,第88页。

向，所以良好的治理体系、高效的治理能力对于公民社会行为给予好的规范，没有外在的规则体系的约束，也就不存在核心价值观的效力。现代社会，主体多元化、利益取向不尽一致，每个人对核心价值观的追求和选择的意愿不必然整齐一致，所谓的一致认同、一致践行，仅凭宣传教育、示范鼓动难以达到，公民核心价值观践行需要外在的制度载体和机制作为后盾，以国家治理来支持核心价值观成为整个社会的"德"，为其践行提供切实可行、有机制保障的外在制度环境，以治理体系为中介，通过有效的治理能力使得核心价值观具有了实践力，这样的价值就不单纯是价值，而具备了治理的现实性，由此价值观就既是一种精神力量，也是一种现实力量。

充分运用国家治理现代化体系与治理能力作为政治上层建筑，具有辐射范围广、渗透率高的特点，将公信力注入社会主义核心价值观，为价值观提供了公信背书和说服力，依凭此权威性证明、型构价值观实践重要载体，这一点是其他价值观载体无法比拟的。所以说，国家治理体系和治理能力是公民核心价值观培育和践行的两大载体。反过来，国家治理体系和治理能力也是核心价值观的体现，反映的是现存在社会关系秩序。如同罗尔斯的观点，一旦个人的道德修养离开了制度的正义性，那么就算是有严格的道德要求，即使有人愿意遵守这些要求，那也只不过是徒有形式罢了。因为"对伦理秩序来说，法律秩序的保障是有效性的前提和条件"①，"价值系统自身不会自动地'实现'，而要通过有关的控制来维系，在这方面要依靠制度化、社会化和社会控制一连串的全部机制"②。在公共生活中，将公共精神外化，把相关的价值原则、道德标准与实际的社会制度相结合，通过国家治理体系合法化的刚性架构、普遍权威特征和国家治理能力的强制力的深度加持，"使其具体化为社会成员所必须遵循的一系列可操作的道德规范。'物化'成为普遍的、

---

① 樊浩：《伦理精神的价值生态》，中国社会科学出版社，2001 年，第 443 页。

② [美]塔尔科特·帕森斯：《现代社会的结构和过程》，梁向阳译，光明日报出版社，1988 年，第 141 页。

强制的约束人们行为的现实制度力量"①,就构成了价值观实践的硬约束,通过制度强制力来规约每个人的行为,才能使一定的价值观念、伦理道德获得社会的普遍认同,核心价值观由"虚"转"实"、由"软"转"硬",价值规范也才彰显为明确的行为规则,而具有了相应的权威性和社会效力,才能具备现实生命力和长效影响力。因此,要将核心价值观的融入国家治理,注入核心价值观之魂、赋予核心价值观之神,建立与价值观匹配的制度,将体系之体、能力之能与价值之魂三者有效结合在一起,构建的必然是价值观、制度和执行相统一的国家治理现代化模式。

再次,国家治理为公民核心价值观建设提供制度保障。没有制度支撑的精神建设不可能实现应有效果。制度供给的是国家有序发展的渊源、依据。缺乏制度供给自然的结果是秩序无序、治理效能无能。制度供给的机制框架,实际上就体现为核心价值观的制度化,不仅是要确立起制度保障,关键是对价值观建设的要求转化为制度要求,构建有制、有规、有法、有策的立体化培育践行制度保障体系,为价值观建设护航、开路。习近平总书记强调,推进国家治理体系现代化要"使各方面制度更加科学、更加完善,实现党、国家、社会各项事务治理制度化、规范化、程序化",社会主义核心价值观建设才有制可依、有法可循、有规可守、有策可行,这一步不行、不走,公民核心价值观建设何谈有效、有能。所以,在社会主义核心价值观落实过程中,要把各领域的管理体系结合起来,形成齐抓共管的管理网络。在中国共产党的领导下,聚焦国家治理现代化,立法、行政、司法等公共权力有效运行和政治、经济、文化、社会、生态等各领域制度体系的改革完善,"把培育和践行社会主义核心价值观同各领域的行政管理、行业管理和社会管理结合起来,形成齐抓共管

---

① 辛鸣:《制度论——关于制度哲学的理论建构》,人民出版社,2005 年,第 258 页。

的工作格局"①,公民核心价值观建设就有了制度化、常态化、务实化和生活化的重要保障。

最后,国家治理能够推进弘扬核心价值观的社会秩序形成。一个国家的基本制度反映了这个国家的基本治国理念、核心价值信念,社会的发展要求对国家治理的价值精神进行细化和具体化,将应然的精神实质贯彻在实然的层面。合法性、正当性、公共性等一系列性质指标都是可以作为考察核心价值观建设的不同角度,但是这并不够,最终的目标是要看一个结果,那就是秩序,有无效果、有无必要,都要看结果,即是否促进了社会秩序良性发展、是否促进国家治理的善治建设、是否提升了公民的道德良能。国家治理体系现代化程度、治理能力现代化水平本身也是核心价值观的实现程度的标志,三者之间一体难分,是自证和他证的关系。首先,制度及执行具有强制性和稳定性,为人们的行为确立了规则,人们的行为和心理有了确定的预期和确定的路径方向,有助于提高价值观的权威性和有效性,减少价值实践的不确定性和偶然性,从而提高人们在相互交往中的信任度和合作的概率,降低人们因分散的价值取向而带来混乱的可能风险。其次,国家治理本身具有的强制性与规范性、公共性与普遍性、稳定性与确定性的属性特征,对于实现公民核心价值观的认知、认同、践行具有强有力的整合作用。进行合法化确认确证,提高权威性和有效性,以制度的制定与实施,对符合核心价值取向的积极精神因素、行为行动进行培育和强化,以此整合社会意识,形成价值共识,凝聚社会发展的正向合力;对不符合核心价值观要求的思想或思潮、行为和举止要旗帜鲜明地加以纠偏和抑制,以公权力的权威力和强制力进行制度规约和实践整合来推进公民核心价值观建设。最后,制度推动塑造良好有序的社会秩序的形成,客观上创设了价值观的社会环境,促进个体道德的社会化。制度

---

① 中共中央办公厅印发:《关于培育和践行社会主义核心价值观的意见》,《人民日报》,2013 年 12 月 24 日。

的作用就在于社会环境,好的制度将有助于达成价值共识,保证社会基本价值的实现,如此,社会才可能是真正健康有序的,才可能在公共生活中形成社会成员普遍向善的社会良序。

二、坚持德法合治为公民核心价值观建设建立结合点

法安天下,德润人心。"以德治国"与"依法治国"作为国家治理的两种重要方式,是治国理政之两翼、两轮、两手,缺一能行但并未能集优,却因偏于一侧而不稳,使得缺点会极化。于今日中国之现代化而言,集古今中西之智慧、取其良策,为我所用、助我所行是我们的文化智慧,能够体现我们制度的包容性及我们治国理念的优势,执政党的优秀管理能力。所以,在国家治理现代化中,坚持以法治与德治相结合的建设策略、建设战略就成为理念思维、理论创新、现实基础、客观实践的必然要求。使德与法在国家治理过程中相互补充、相互促进,互相彰显,形成有效国家治理的重要抓手。全面实行依法治国是一场国家治理领域里的革命,作为我国构建更加定型、更加完善的制度体系的目标而言,进入新时代后,党中央加快了建设步伐,从战略高度加强顶层设计,从改革稳定进行全面规划、专题研究,对治党治国治军整体建构、逐步推进,每次党代会都在对标这一目标。全面依法治国成了党的十八届四中全会上聚焦的问题,本届大会通过了《中共中央关于全面推进依法治国若干重大问题的决定》,提出了坚持依法治国和以德治国相结合是实现全面推进依法治国总目标的原则之一。实际上能够看出这是对治国理念中德治与法治相结合的科学认知和合理安排,国家和社会的现代化治理需要法律和道德共同发挥作用,习近平总书记在党的十九大上提出,"法治和德治相结合是中国特色社会主义法治的特殊性,二者并重、缺一不可"[①]。德治和法治是

---

① 习近平:《决胜全面建成小康社会 夺取新时代中国特色社会主义伟大胜利——在中国共产党第十九次全国代表大会上的报告》,《人民日报》,2017 年 10 月 28 日。

人类有史以来,有代表性的两种治国方略,造就了人类历史上的两种秩序,即法律文明秩序和道德文明秩序,传统中国社会和西方国家是各行一侧的先例。诚然,每种治国方略都和一个国家、一个民族实践的现实境遇有关,在传统中国长期的国家治理的历史中,礼法合治是王朝运行的主要方式。康芒斯的"显性制度""隐性制度"①的主张说明法律规范和伦理道德之间区别是一致的,转化过来就是:德制与法制、德治与法治,实际上对应的就是国家治理的体系和能力。

　　首先,在现代化建设、国家治理过程中,德治和法治是成就建设、治理的两种手段,二者是对立统一的关系。一方面,无论法律还是道德都是上层建筑的组成,受到社会存在的制约,同时二者又具有相对独立性,具有社会历史性和能动的反作用,具备维护统治阶级的利益、调整社会关系的功能。另一方面,正如美国法学家朗·富勒所认为:"真正的法律制度必须符合一定的道德标准"②,"完善的法是内在道德和外在道德的统一,是程序自然法和实体自然法的统一"③。法律是道德内在与外在的统一,也是程序与实体自然法的统一,法律必须在一定的道德规范下实行。所以,道德与法律的关系是,道德是法律的内涵表现,是内化在法律中价值内核,成为法律的评价标准和价值尺度;法律总会体现一定的伦理精神,是道德传播的有效手段。道德理念离不开法治的支撑,道德建设需要法律来维护,以道德促进法律、以法治支撑德治,实现法律和道德互补、法治和德治相辅相成是中国式现代化建设的正确选择。法治之法是国家之法,德治之德则是国家、社会乃至公民之德,是以社会主义核心价值观为价值遵循的德。当然,无论是法治和德治都是有条件的,不可能孤立独行,必须在国家的实体的框架内才能发挥其治理国家的作

---

① [美]康芒斯:《制度经济学》(上),商务印书馆,1997年,第90~92页。

② Fuller, *the Morality of Law*, New Haven Press, 1969, p.38.

③ Fuller, *the Morality of Law*, New Haven Press, 1969, p.91.

用,这一实体体现了一定的制度规范及相应的共同体积淀下来的精神内核。对于一个国家和民族来讲,道德准则是这个国家的精神支柱,是整个民族的凝聚力和生命力。这样来看,德治在形式上表现的是一种精神形态,是根据存在于人们意识之中的价值标准进行治理,它反映在人们的道德认识、道德情感和具体的道德行为之中,具有追求超越现实的理想化秩序的特性。与此相对,法治则体现为国家意志,以法律、法规、条约等规范性文件和国家认可的客观形式存在,是现实秩序和利益结构的反映。

要德法兼治,以德润养法治精神,以法贯彻道德理念,以社会主义核心价值观的要求外延至、融入中国特色法律体系中去,融入国家政策修订完善和社会治理提效增能等方面。因此,法治只能在即有的价值允许条件下做一些力所能及的事,只能根植于现实,因应现实存在的发展,而不可能超越特定的历史发展阶段、超越法律规定的要求。这样看来,法治是以小恶避大害的底线要求,德治则是积极的卓越路径,甚至可以说,对于一个政权来说,治理国家和社会客观上需要伦理道德,很少有国家的执政者完全拒绝或根本否认国家治理的道德色彩、价值目标,哪怕是形式上的。对我国的现代化建设来讲,法律与道德同属于社会精神文明建设的范畴,都是调整社会关系的途径。党的二十大报告中指出,要建设物质文明和精神文明互相协调的中国式现代化。在国家现代化治理中,德治与法治的相互融合和相互转换是必经之路,各治理主体在治理过程中都离不开社会主义核心价值观的指导,应用于四个方面,即社会的公德、职业的道德、家庭的美德、个人的品德。在价值观实践转化过程中更应同时用好德治和法治这两种方式,社会主义核心价值观的价值理念为德治和法治有了价值契合点,是精神之魂,使德治法治相得益彰。德治与法治以社会主义核心价值观定向导航,外化出来的结果综合呈现了以德治国与依法治国相结合的国家治理方略。

其次,德治与法治的国家治理目标是实现善治、社会良序。而善治则是德治与法治的合题，可以被视为德治和法治辩证发展的否定之否定阶段。无论德治也罢、法治也罢，任何一个国家采用何种方式都在很大程度上因应着其民族共同体的基本精神。一个国家和政府采取何种治国策略的评判标准其实都涉及一个治理有效性问题，从二元对立视角看待社会与国家的关系，德治与法治绝对化，对于国家治理和社会治理缺乏可行性，对于国家与社会关系的治理也难以发挥各自优势、治理成本放大。历史经验教训证明，德治与法治只执一端、过于绝对，不会得到好的结果，德治与法治的对立统一构成了善治的内涵。如果说，德治与法治辩证发展的第一阶段是二者相对且相别的话，德治与法治辩证发展的下一个阶段就是二者相通相济，即善治。善治相较于法治和德治，其概念的外延性更甚，可称之为更高的阶段，一个社会无论是通过道德治理还是法律调整，最终都是为了整体的和谐发展、稳定有序。实际上，作为治理工具的德治法治，不是治理本身，只是治理的方略，德治法治不是目的，法治治理价值治理协同取优、协同生优，实现国家现代化的良序才是目标。更何况，德治与法治并不是非此即彼、界限分明，各有自身的局限性，并且在一定的条件下互相转化。在美国学者博登海默那里，只要是被认同为强制性质的道德约束，这些道德准则就都是通过法律手段实现的。

　　社会存在很多道德无能为力的领域和问题，需要以法的权威和强制力来规范道德失范的行为。但是，一个国家的治理模式不仅表现为调整一个国家的社会秩序的规范体系，其实深入来看，更体现了一定的社会结构的文化形态和民族精神、体现为人们选择何种生活价值。因此，对国家治理模式的选择受制于其社会结构形态、社会发展状态、社会公民素质、社会号召能力及国际环境等诸多方面因素。所以，法律本身的形式化的问题不足以覆盖整个社会诸个领域，法治的不周延性需要德治补救，二者有着功能性和价值性的互补关系。德治还需要发挥在一个共同体内起到预设公共精神空间和建构公共精神的功能。国家治理需要有明确的法治规约，同时也需要一定的道德规约,德治和法治可以相异相济,也能够生发出相辅相成的善治,即德治与法治的结合是一种有机的、辩证的结合,二者相互补充和互相佐证。德治和法治的结合就体现为当下国家治理的选择指向,国家与社会、政府与市场的二元对立和明确分工在全球化、信息化、市场化的驱使下已经不足以应对复杂的问题,德治与法治辩证统一的善治就成了一种必然。国家治理最终的目标实际上是良好社会的实现,形成一个良序的格局和善治的过程。善治的本质要实现政府与公民社会的合作,也即国家治理现代化与公民现代化有机统一的过程。制度是善治得以展开的保障和运作平台,公民是其中最为活跃的能动因素。只有把社会主义核心价值观融入道德与法治,将德与法相结合、德治与法治相互补,才能最终实现善治善序。这样,才能从根本上实现社会的和谐有序和健康发展,建立公民核心价值观建设落地的结合点与制度基础,为国家的现代化建设构建价值实践的治理根源。

三、落实全过程人民民主提升公民弘扬核心价值观的能力

公民核心价值观从根本上反映的是现代国家精神、现代化伦理,是现代公民作为一个个具体主体所应具备的基本素质和公共意识。当核心价值观被公民由理念的认同转化为实际行动时,必然会转化为公民的行为能力。无论国家采取任何一种治理社会的方式,都会需要每一个社会成员不只是作为单纯的个体存在,而是遵循核心价值观的共体要求形成主体自觉,以共体身份出场,是"积极公民"、参与治理的主体角色出场,进而激发其作为建设者的能动性。今天,随着中国式现代化的发展、社会整体的进步、公民素质和能力的大幅度提升,社会个体在现代化建设中的主体地位不断提升、能动作用日益加强。公民主体作为生产力中最活跃的要素产生的强大动力而存在,同时,公民价值观实践能力作为整体现代化的基础资源而存在,而该动力抑或该资源不仅是精神的,也是现实的,更是实践的。这就要求从理论及实践逻

辑上应该采取更为积极和理性的视角，理解看待公民主体，看待公民主体性的培育，要从公民意识—公民精神—公民能力逐步建设的方面，谋求公民主体性、塑造公民主体力，生成的结果是公民成为参与国家治理的积极社会角色，成为整个现代化建设大军中不可忽视的关键分子。归结起来，公民核心价值观建设对于每个公民来讲，不仅产生精神力，更是行动力。

民主既是社会主义核心价值观的基本范畴，又是一种政治机制。尤其是在现代化建设中，把作为建设者的公民主体连接起来、组织起来的重要政治规则和制度就是民主。相比而言，民主是历史实践的产物，是这个世界的政治话语，现代民主标志着现代政治文明的价值追求。制度层面的民主作为现代政治社会的制度安排，能够保障实现公民所享有的政治权利，比如参与国家事务、社会事务的管理及对国事自由发表意见的权利，并且在民主实践过程中能够提升公民参与治理的能力。从这点上说，民主不是一个抽象的词语和所谓普适性鼓吹的西式意识形态，它镌刻着这个民族、国家历史印记和社会发展、文化基质等，是这个背景下的具像化表达，依存于这个民族、国家的社会性质、发展阶段，乃至文化传承、道德渊源等。因此民主有其普遍性，也有其特殊性，而非只此一尊的西方模式。中国式现代化所坚持的民主就与西方的民主有着本质区别，实现形式也不同，我们的民主是一种全过程的人民民主，体现社会主义民主政治的根本属性：人民性，在价值追求上遵循了"一切为了人民，一切依靠人民"的原则；在实现形式上，其关键重在"全"，是全链条、全方位、全覆盖的民主，"全"不仅体现在选举和监督的过程，更体现在参与到管理和决策执行等过程之中，体现在民主选举、民主协商、民主决策、民主管理、民主监督的每一个环节中；"全过程人民民主"机制很大程度上是社会主义核心价值观建设的具体体现，也是价值观目标实现的政治路径，为人民在日常政治生活中有广泛持续深入参与的权利提供保证，实现了价值观层面的"民主"与政治制度层面的"民主"的有机结合。

公民的民主核心价值观建设和"全过程人民民主"实践二者是内容与形式、程序与目标的统一。"全过程人民民主"的实践是中国共产党在革命、建设、改革各个阶段不断优化实践的必然产物,"全过程人民民主"理论则是中国共产党在治国理政中不断加以完善定型的理念模式、理论范式,体现了"两个结合",特别是马克思主义理论同中国实践及中国优秀传统文化相结合的创新方法论,适合于中国的本土国情,区别于西方摇旗呐喊式的选举和投票。"全过程人民民主"分别写入了《中华人民共和国全国人民代表大会组织法》和《中华人民共和国全国人民代表大会议事规则》修正草案中。习近平总书记在庆祝中国共产党成立 100 周年大会的讲话中,提出要"践行以人民为中心的发展思想,发展全过程人民民主"。2022 年在党的二十大报告中,他进一步强调了全过程人民民主是社会主义民主政治的本质属性。由此,"全过程人民民主"从提出到入法入规,再到上升为中国式现代化建设的重要战略,不仅是党的理论创新发展的新成果,更是坚持人民至上、完善国家治理重要的建构路径。所形成的人民广泛参与的、全过程的民主,能够更大程度上发挥我国社会主义政治制度优势,极大地丰富了人类对于民主这一价值及其实践的理论认识和科学认知。同时,这既是对我国民主政治的高度总结和归纳,更是社会主义民主政治中产生的一种民主新范式和人类文明的新形态,所以既是中国话,又是世界语。

"全过程人民民主"实践有利于社会主义核心价值观建设,有助于价值观的国家治理功能的实现。现代民主政治过程需要置于国家治理场域中,价值体系内嵌于国家治理当中,并成为不可或缺的组成。国家治理效能、效果、效率的实现实际上也是核心价值观的实现,它们的生发过程是一体、一致的。公民通过参与国家治理的过程为其核心价值观生成、发展提供实践路径。在这里借用哈贝马斯的观点,"社会的建制必须与公民道德的培养联系起来,因为这样才能使得国家制度及其运行过程获得其合法性的源泉。另一方面,也才能促进社会基于协商的共识达成，也只有这样，民主国家对于时代的回应性与反思性才得以体现"①。公民核心价值观实践指向决定了价值观需要必要的民主实践过程和制度机制保障。而完善国家制度体系及提升国家治理能力，为人民参政议政、为核心价值观的实践提供制度支撑和践行环境，有助于其在实践中的践行。公民作为一个"进能治国，退能守法"的人，不仅约束自己，而且积极对官员行为进行监督和约束。通过参与国家治理，经历全过程民主诸环节，能够为公民核心价值观建设提供强有力的外部约束和价值导向，在一定程度上可以克服价值观自觉、道德教育因缺少硬制约而缺少实效的问题。与此同时，公民参与国家治理，不只是作为一个个体的存在，而是具有价值目的的道德主体，是要以一个共同体身份的"积极公民"角色出场，作为国家治理的重要建设力量，公民的价值能力在治理过程中发挥什么样的作用是最为重要的，国家治理也是借助公民这一积极参与解决相应的问题。

全过程人民民主实践有利于培育积极的公民主体精神。坚持人民至上是中国式现代化发展的本质特征，也是中国式现代化建设的必经之路，全过程人民民主是将党的领导、人民当家作主、依法治国有机统一于政治文明建设实践。公民核心价值观建设反映了建构践行中国当代公共精神、公共价值的要求，它是国家建构的，体现国家意志，作为整个社会的公共品，是文明社会的公民作为一个个具体主体所应具备的基本意识和应然要求，蕴含着中国和而不同的文化精神。当其被一个公民所掌握和践行的时候就转化为公民的自我价值。因此，由国家推进公民核心价值观的组织建设、实践实施，既是公权力的体现，又是私权利的彰显，需要国家、社会用力，特别是现实的个体共同参与。在国家治理中坚持贯彻全过程人民民主，为国家现代化建设供给必备的主体素质和治理要件。今天，公民精神既是一种资源，更是一种能力

---

①　[德] 哈贝马斯：《公共领域的结构转型》，曹卫东等译，学林出版社，1999 年，第 24 页。

和素养,任何一种创造和治理和谐社会的努力,都需要每一个社会成员注入力量,公民成了参与国家治理的积极社会角色,是整个社会角色网中不可忽视的节点。在国家整体现代化建设中,公民核心价值观不仅是一种精神力,更是一种行动力,在国家治理具体过程,尤其要注意发挥人民的创造性和积极性,激发其能动的力量。

公民不是生就的,公民的主体性随着共体建设而生成。在核心价值观的引领下,公民主体是最基本的主体,蕴含在、孕育于国家主体和社会主体之中,不仅国家、社会,而且特别是公民主体就成为一个重要的治理角色,是一个建设者的角色,这不只意味着权利,也意味着一种责任。核心价值观使得公民个体获得了道德主体地位,从"成为一个人"到"成为一个公民",从主体资格到主体能力,再到承担积极公民、治理型公民的角色,这一过程不仅使其具有了从存在性到主体性、公共性的品格特质,关键是具备相应的素质能力。只有这样,各社会主体通过积极参与,对评价国家治理的效果时,就不是只考虑是否对自己有利,而是要从整个社会的公共利益角度去分析和评判。由此,公民价值意识—公民价值能力—公民价值实践是一个公民主体在国家治理过程中的行为逻辑和发展轨迹。因此,为提高公民的参与度,增强公民治理行为的可接受性,推动公民的积极参与国家治理和实践核心价值观本身就是全过程人民民主的体现,既有利于公民主体的价值实现,提高人民主体性、主体能力,也有利于提高国家治理绩效,实现社会的良性互动与和谐发展。

第三节　营造公民核心价值观建设的舆论场

作为系统工程的公民核心价值观建设,有其全面性和系统性,只靠政府推进、组织、建设是不够的,还需要全社会协力推进,在这方面,新闻媒体肩负着无可替代的责任和特殊功能。新闻媒体应构建好公民核心价值观建设的良性媒体生态,构筑助力核心价值观建设的媒体域,充分发挥价值观对媒体宣传引导工作的价值定向。

一、构建受众本位的核心价值观舆论场

从传统农业社会到现代工业社会,再到当下信息社会,人类社会的每一次巨大转变,都会带来传播方式的创新发展,都推动了整个社会包括政治、经济、社会、文化等诸多方面的发展。一般来讲,人类传播史上经历了五次巨大的革命①。从语言传播开始,中间经历了书写传播、印刷传播、电子传播,最后是互动传播。具体来说,起源于共同劳动的语言,使人类想象有了载体,早期的文明有了附着物,语言成就了人类历史上的第一次传播革命。文字的诞生,使人类的信息传播突破了时间的制约和空间的束缚,人类文明可以跨越时代留存下来,传承开来。第三次则要归功于纸张的发明。信息传播成本得到极大的降低,知识突破特定人群的限制,不再只是归属于贵族的特权,为文化落入寻常百姓家提供了可能和现实性。第四次革命是中华民族为人类文明做出的伟大贡献——印刷术。印刷术的发明使信息的传播效率达到前所未有的高度,人类对知识的供给和选择空间极大扩展。电信传播则是人类发展新阶段,工业文明将人类带到新的高度。而今天我们所生活的时代是数字化的时代、信息化的时代,电脑和互联网的发明,为当今人类安装上起飞的风帆,随着信息传播成本的降低、效率的提高,对信息的索取能力的提升将人类文明推向了新的高度。这一次次的变革都见证了人类发展的历史,是人类文明发展的标志,见证并记载了人类交往方式的变迁、生产生活领域的发展的精神成就,使人类文明成果保留和传承下来,深刻影响着人类现今的思想和

---

① 人类传播史的第一次革命——语言出现在 10 万年前;第二次则是公元前 3500 年发明的文字;第三次则是中国唐朝初年的印刷术;第四次是 1844 年人类的电信传播的开启;第五次的标志则是 1946 年电脑的出现为后续的传播革命带来的天翻地覆的变化。

行为,推动了社会进步。在西方被称为"第四权力"的媒体与舆论于今天而言,毫不夸张地说,插上现代信息技术的翅膀,在公民核心价值观建设中的地位和作用更为突出,造就形成了核心价值观宣传示范的重要平台和关键场域,做好公民核心价值观建设工程需要充分发挥其作用。

第一,充分发挥调动新闻媒体主渠道作用。当前,大众媒体、文化产业的迅速发展,已经成为引领和塑造社会价值观的重要主体因子,是社会核心价值观的建设者、维护者、评价者、监督者,影响着公民核心价值观建设的进程。媒体权力作为一种备受关注的社会权力,在国家治理中越来越显示出其重要性。利用好媒体资源加强意识形态安全、弘扬核心价值理念、传播文化精神、引领社会风尚的功能是世界各国在发展建设中的关键做法。通过公权力推进引导文化传播事业、影响主流媒体是一众国家公开的做法。通过强化主流媒体等为其国家治理服务,尤其强调发挥其塑造民众价值体系和传播核心价值观的功能,乃至向外传输其价值观的需要。诸如,新加坡提倡共同价值观,从而保证了媒体作用的发挥,同时对媒体也采取了严格的管理措施,推动媒体通过报纸、广播、电视、网络等宣传舆论工具以丰富多彩的形式,广泛宣传共同价值观。包括欧美国家在内的先发国家也并不是置身之外,他们无论怎样宣传所谓独立性、客观性、中立性,作为上层建筑的重要组成部分,都无法抹杀掉其特定意识形态的工具的属性,充分利用大众媒体宣扬其核心价值观,进行"有意识"掌控,正如美国学者詹姆逊所说,"任何社会都没有像我们自己的社会这样在如此众多的方面被神秘化,像它这样浸透着情报和信息,这些都是神秘化的工具。如果一切都是显而易见的,那么,任何意识形态都是不可能的了,任何统治也是不可能的了"①。有些国家将其某些价值说成是"普世价值",并将其强加于其他民族或国家的头上,很多媒体承担着输出其

---

① [美]弗雷德里克·詹姆逊:《政治无意识》,王逢振等译,中国社会科学出版社,1999年,第49页。

价值观达到改变、颠覆其他国家的目的。在此举一个例子来说明，美国有线电视新闻网（CNN）记者凯莉·阿特伍德（Kylie Atwood）在 2021 年 3 月 23 日布鲁金斯学会举行的一次线上论坛谈论中美关系的发言中声称，"我们要与中国较劲……我们使出浑身解数要让中国在国际舞台上看起来像个坏蛋。（We're going to use all the rhetoric we have to make them look like the bad guys on the world stage）"① 因此，没有所谓的绝对中立的媒体，宣传主流价值观是包括西方国家在内的媒体属性。

我国的新闻媒体是人民的媒体，坚持党性与人民性相统一的原则，作为"党和人民的喉舌"，新闻媒体因其自身的特殊性，处于意识形态领域的前沿阵地。我国主流媒体的最高宗旨是坚持"为人民服务、为社会主义服务"，所以，主流媒体要当仁不让主动积极地肩负起传播与弘扬社会主义核心价值观、社会主义信仰和政治理念的专业使命，发挥其宣传和构建媒体场、舆论域的优势能力。党和国家高度重视新闻媒体的工作，要求主流思想舆论是正确舆论的导向，媒体应树立高度的价值观自觉自信的意识。习近平总书记高度重视新闻媒体的工作，强调"要把握正确舆论导向，提高新闻舆论传播力、引导力、影响力、公信力，巩固壮大主流思想舆论"②，把弘扬社会主义核心价值观作为神圣职责，真正将"三个倡导"的社会主义核心价值观贯穿到具体的工作中来，包括对日常的宣传与有特殊意义的主体宣传，如党史党建宣传、现代化成就等活动。新闻媒体应树立高度的价值观自觉自信的意识，正确引导热点与监督社会舆论中把握主旋律，传播积极向上的价值观，塑造活动的良好氛围，真正发挥宣传社会主义核心价值观的主渠道作用。

第二，正确把握舆论导向，积极引领核心价值观。当前国际国内形势要求媒体发挥好舆论导向功能，构筑公民核心价值观建设良好舆论氛围。从国

---

① https://www.163.com/dy/article/G72RIMPN051481US.html.

② 习近平：《论党的宣传思想工作》，中央文献出版社，2020 年，第 340 页。

际形势来看,今天的世界正处于百年未有之大变局,国际治理格局、国际秩序大调整是我们所处的外在形势,人类社会凭借技术的推进,全球范围内文化交流、思想交融、观念交锋更加频繁,西方国家对我国意识形态的渗透一刻也未停止过,扰乱人们的价值观念,干扰我国的现代化建设。从国内情况来看,在转型发展阶段、现代化建设关键时期,多元的社会利益格局,多样的社会思想意识、多样性的舆论生态的发展趋势明显,价值观领域的建设成效直接关系着国家的发展全局、社会进步的全局、公民素质的格局。因此,新闻媒体弘扬核心价值观,从内容和形式上建构社会道德规范,坚定政治信仰和对党和国家的信任,宣传公民核心价值观建设成就的工作本身就是大众对社会公信的期待,蕴含引导公民对于思想精神选择与实践行为的价值取舍。这时新闻和舆论的正确把握能力就凸显出来,新闻媒体承担了传播核心价值观念、塑造价值主体以期构建民族的共同价值观,成为培育社会主义核心价值观的主要阵地。在信息高度发达的今天,人民对于信息的接收达到了前所未有的极大值,新闻媒体传播的是何种价值观直接影响到了社会环境。所以国家、社会各个层面对新闻媒体的社会责任要求也就越来越高,需要媒体主动去设置议程,发挥其议程设置能力,坚守舆论引导主动权。主动介入能够深刻影响公民道德和价值观建设的重大事件,占领舆论制高点,客观公正、科学合理地去引导公民理性思考和认识问题,加强传统媒体与新媒体的联动,打通网上、网下两个"舆论场",协同用力构筑拟态环境,催生产生"媒介共鸣"效应,提高扩大核心价值观的影响力和引导力,对在全社会建立起核心价值观的培育和传播的共识建立,以及个人的理性认同、提升社会的公共理性和信心都要全方位提供舆论支持。

第三,坚持党性和人民性统一原则,走群众立场的媒体路线,宣传好、传播好、实践好核心价值观。为党为民是新闻媒体的基本功能。资本操控的西方媒体,摆脱不掉"市场逻辑"中的利益主体的角色,以所谓媒体自由的说辞，掩盖其从既得利益者的私利出发而罔顾公众的现象，这样的例子不胜枚举。没有比较就难以说服人，中国共产党领导下中国社会主义新闻媒体则始终坚持人民性，是为人民的利益鼓与呼的国家公器、人民公器。一方面，人民主体地位是其本质属性，媒体的责任指向也是为此，价值观的主体就是人民；另一方面，是否认可、认可度有多高，最终是由公民主体来呈现，并且这种认可、认可度是需要通过日常生活的实践来感知和感受，进而确认选择。

一是要从"传者本位"转向"受众本位"，社会主义媒体是为人民大众服务的，走群众路线、为受众服务，是社会主义媒体的本质要求，只有加强媒体的传播观念创新，改变传媒语态，创新报道方式，贴近群众的内心、情感和日常生活，把深奥的理论转化为通俗易懂的道理，以"百姓语言"的生动形式和表达方式，推进认同、激发共情和同理心，以具体事、身边情传播正能量。讲述身边的故事，立足公益、站稳观点和价值向度，创新宣传形式和传者逻辑，以拟人化场景加强与受众的情感互动，建立起与受众对话的情感基础，以生动化、具象化推进核心价值观群众化、日常化、具体化。二是深入基层一线，走到群众中去，让新闻报道、文化作品生动地反映丰富多彩的核心价值观实践的现实生活。将流行的新型创造理念同社会主义核心价值观进行创新融合发展，推出一批既适应社会风潮的同时又兼具主流文化的作品用各种流媒体进行传播，还可以根据不同受众类型，把网络传播用好，这与现代人交往方式变化后的重要的接受方式、与其感知特点相契合。通过微信公众号、微博等网络传播媒介宣传的方式，提炼内容、浓缩精华、拓展价值情感的深化情愫，丰富生动事迹呈现方式，比如可以使用动漫、游戏、图片、微电影等形式生动呈现，运用好能够迅速传输的微特色的、贴近新时代青少年的网络文化作品，让社会主义核心价值观在潜移默化中走进人民大众的心里，更好地让群众感知、理解、认同和自觉实践。三是提高处理主流媒体舆论场与民间舆论场关系的有效性。同样是借助互联网的大发展，催生起的民间舆论场已经发展成为一种重要的舆论力量,影响着社会整体舆论场。多元这个词可以概括每个领域,在舆论建设中显得更为突出,主流媒体形成的舆论场与民间舆论场在价值观上并不总是一致的,有时甚至是矛盾、相左相异的,这对主流媒体来讲就需要承担起相应的社会责任。主流媒体发挥主导作用成效大小,就在于提升引导民间舆论场的能力。如何确保主导作用,对主流媒体来讲,首要的是坚定自身的政治立场,在具体工作中,坚持党性和人民性,以公共利益为导向,落实"三贴近",积极有效地回应民间舆论场的热点,同时要"放下身段",充分吸纳借鉴民间舆论场的意见表达,以引领+吸收借鉴两手抓的方式,促成"两个舆论场"的良性互动,共同发展,在引导广大群众自觉传播主流价值观方面协力前行,共同传递社会"正能量",助力价值观建设。四是借助有力的舆论监督,担当起社会预警"雷达"的角色,做社会风气的"守望者"。对违反核心价值观的现象、个人或群体进行披露批判,敢为人先,坚持真相,强化舆情管理机制,营造崇德向善、见贤思齐的社会氛围,引导人们的核心价值观建设。

第四,融入新媒体,打造传播核心价值观的新格局。在现代社会,随着信息化程度的进一步提升,互联网的发展如同生物进化一般,以"有机生长"的方式迅速扩展、延伸,链接起数十亿网民,改变了人们的交往方式。传统的个体间关系建构于社会交往过程中,不同的社会结构决定着交往关系,社会结构同样不是恒定不变的。特别是信息社会,互联网的出现并迅速融入并占领了社会各个层面,迅速地改变着传统社会结构,颠覆了人们已有的交往模式,重塑了个体间关系的经纬度。特别是移动互联网的出现,无论是个人还是群体或组织都置身于一个由媒介关系交互联结成的交叉重叠的社会网络之中,媒体在公民核心价值观建设进程中的作用和地位就愈加重要。根据统计,到2021年底,我国网民数量已达到10.32亿人,在信息社会发展推进下,在中国的现代化程度建设深入下,互联网的普及率高达73.0%。这说明了中国人对于新媒体技术的掌握达到前所未有的高度，在新媒体技术中，参与者的人数众多，参与的深度也在加深。这直接影响着新时代的新闻舆论生态，人们所涉及的信息传播方式已发生并会继续发生深刻变化，网络信息多向传播、海量传播，国外与国内、线上与线下、虚拟与现实、体制内外等界限边界愈加模糊，构成的舆论场趋于越来越复杂化的网络生态，网络安全已经是国家安全的一个重要领域，是考验国家治理的一个重要方面，"没有网络安全就没有国家安全；过不了互联网这一关，就过不了长期执政这一关"①。党和国家非常重视网络生态环境，网络安全与国家安全密切相关，不容忽视。因此，新媒体技术的飞速发展，势必会对核心价值观的传播环境、传播方式和传播效果带来巨大影响。

　　一是应该充分认识到新媒体的本质和作用，创新思维，走"媒介融合"之路，与新媒体协同作用，实现"优势互补"，形成报刊、网络、广播、电台等全媒体互动、立体化、重复传播的格局，增强放大核心价值观传播的范围深度、提升有效性和引导力。二是充分认识新媒体传播的特点，融文字、音频、画面于一体的新媒体传播具有突出的超文本特性，利用微博、微信等新媒体的传播速度来实现价值观传播和加强舆情控制引导。三是发挥新媒体互动交流的平台和传播速度的优势，利用好其交互性、快速性的长处，更好地助力核心价值观的传播推进、建设发展。公民根据自身要求及喜好选择需要的信息，通过如 QQ 空间、微博、网络论坛等发表自己的观点，这极大改变了传统政治宣传教育单向、被动的特点，主体间性的作用得到更深入的推进，在互动的过程中，能够极大提升公民的认知、也能够在这一过程中激活参与力、提高参与度，塑造整个社会的公用、共用的好氛围、建立良性的、迅捷的传播机制模式、方式和价值观实践的能量场。四是利用新兴媒体平台出现的新兴传播主体，培育孵化具有正能量和影响力的网络博主精英、意见领袖,利用其特有的优势和影响,发挥他们传播的能力,把社会主义核心价值观需要的、能够实现的传播作用发挥出来、运用开来。发挥具有社会影响力的正能量名人言传身教的正向作用。五是必须注意到新媒体和自媒体的兴起,加速推进了信息流动,给予公众表达更大的自由空间,但信息碎片化、表达情绪化等问题随之产生。海量的信息倘若不能及时清除泡沫,过滤掉残渣污物,就会出现鱼龙混杂、真伪难辨的信息,误导公众。要想打赢网络意识形态斗争,必须提高网络综合治理能力,加强网络监督与管理,形成一个多主体参与,这个主体有党、有政府、有企业、有社会、有网民,也就是发挥好各自的责任,自律与他律结合,道德治理、价值治理和法治治理融合,多手段多功能运用、多模式多方式相结合的综合治网的工作情势和综合格局,发挥综合力,呈现价值力。媒体要履行好这一责任,建构好自身的资源机制平台,发挥其特定的优势,引领公民核心价值观建设,助力国家治理的善能善治、良规良序。

第五,进一步推进加强新闻媒体行业自身核心价值观建设。新闻媒体行业的核心价值观建设情况很大程度会直接体现在它的新闻作品当中。一方面体现了媒体单位的核心价值观建设的成效,媒体的核心价值观不是空泛的,必然会通过内容体现出来。内容品质越高,其所属媒体的核心价值观建设也会更强;另一方面,体现了具体个人的价值观践行程度,一个媒体人的价值品格、价值目标很大程度上决定着媒体价值观走势。媒体工作者不仅从事的是一种工作,而且承担着价值观的把关人角色,不能够以核心价值观来约束自己,媒体的价值标准就会产生偏差,实质上就是媒体人自身价值观发生了偏离。所以媒体行业的核心价值观建设,对整个社会培育和践行核心价值观有重大影响。与其他行业相比,媒体工作有其特殊性,对社会的影响极大。作为核心价值观建设的重要组成,媒体单位和个人首先是要有正确的政治立场。我们的主流媒体首先是,必然也必须是以马克思主义为指导进行工作的媒体,它的属性是既定的、方向是明确的,这就奠定了党性宣传在新闻工作中的首要原则,其在公民核心价值观建设中的作用才会发挥得更充分,作用更明确,否则就会背离媒体的价值,放弃了其所承担的社会责任,污染了社会环境,损害广大人民群众的切身利益。是否践行核心价值观是衡量标准、是否以核心价值观为价值目标是评价指标、并且要严格对标、严格考察这一点,要高度重视,依此进行创作和报道是媒体行业底线。《中国新闻工作者职业道德准则》及其他相关法规、文件,是规范新闻工作者行为的准则。媒体单位和媒体人应该以准则为底线,有能力判断哪些应该做、哪些不该做。媒体应把握正确舆论方向,坚持正面宣传,弘扬健康向上的主流思想舆论。

二、发挥文化产业推进公民核心价值观建设的协同功能

2013 年,中共中央办公厅印发的《关于培育和践行社会主义核心价值观的意见》中做出明确要求,提出了把充分发挥精神文化产品育人化人的重要功能作为重要路径方式、手段模式,将文化产业产品作为落实公民核心价值观建设的重要方面、关键抓手、重要环节,这对我国的文化产业建设提出了具体的要求,发挥文化产业、文化产品对公民核心价值观建设的协同功能是其发展的必须和方向。

马克思主义指出,文化是人类社会实践的产物,文化即自然的人化,文化具有育人功能,强调以文化人、以文育人的化育功能。任何一种文化都是由外层的和内隐的行为模式构成,需要在一定的人造器物中呈现出来,以物载文、以物传文,发挥其特定的教化功能。这是因为文以载道,一种文化内在都会承载着这个社会的价值思想、价值理念。文化产品作为载体从根本上说是能够承载价值观之他者的自体,有其特定的价值观建设意涵,是其发展的内驱力。背离社会价值共识的文化载体都必然走不远。与其他单纯生产物质产品的产业不同,文化产业、文化产品具有物质的有形形态,还具有思想观念

的无形形态,内在积淀着政治、社会、意识形态属性。文化产业能够以文化信息、文化产品嫁接到娱乐经济,通过文字、声音、图像等符号凝练再现,乃至以声光电的方式将抽象的价值概念构造形成具体的叙事、形象,极大地拓宽了核心价值观传播的通道,使得核心价值观能够融入社会生活和日常生活。因此,文化产业的发展会实现经济利益、政治功能、价值传播的整体推进。

时至今日,文化产品已成为一个国家外交的一种"低成本、高收益"的软性资源,借用约瑟夫·奈的说法就是,不需要投入很多,但成效巨大,是具有更高价值的软力量、软资源。要运用好、发挥好这种软力量、软实力。这种趋势业已成为一个国家建构的重要方面。作为现代化建设的精神动力、智力支持以及思想保证,其背后的根本实质就是核心价值观的精神体现、表达的是对特定文化的倾向和认同,只不过是通过市场化手段以文化产品和服务形式下,把特定的文化内涵和价值观进行具体的诠释和丰富表达。所以,文化产业是传播一个国家核心价值观和宣传主流意识形态、抢占国际话语权的重要平台,文化产业通过全球化发展会延展、影响到其他国家核心价值观、意识形态建设。詹姆斯·彼得拉斯在《20世纪末的文化帝国主义》一书中,将这一问题解示得十分明确,"美国的文化产业有两个目标:一个是经济的,一个是政治的。经济上是要为其文化商品攫取市场,政治上则是要通过改造大众意识来建立霸权"①。不仅是他,西方很多学者在这方面都有相近的观点,共同的认识。另一位美国学者亨廷顿也明确提到,文化软实力这种关键资源对于扩大美国世界影响和传播西方价值观具有战略价值。也正因为这个特点,文化产业已变成21世纪展现世界各国、各民族的文化和核心价值观的实践载体,文化产业的发展状况、竞争力大小、在全球范围的影响力程度上升到文化软实力和综合国力的强弱比较的高度,成为国际间竞争的重要方面。

---

① 祝兴平:《文化产业的软实力角色》,《中国教育报》,2008年7月15日。

在这方面,进入 21 世纪,国家对文化的地位和战略作用的认识进一步深化,都是从各个方面来提升,着重从战略高度加强文化软实力的建设。国家出台各项政策,加强顶层设计,极大地推进了文化产业的发展,社会大量资本注入入文化产业,文化产品市场日趋繁荣,文化产业日也已成为我国经济发展的重要增长点。但也要认识到,我国是后发国家,尽管文化产业取得了飞速的发展,但是距离先发国家还有一大段距离。据统计,2021 年,中国文化产业营收规模从总量上看已经不小,已经达到 119064 亿元,在经济总量中上升很快,已经占 GDP 的 10.41%。但是这要看与谁比较,中国的发展要对标走在前面的国家,所以与同期的美国相比差距依旧很大,美国作为世界文化产业最为发达的国家,占世界文化产业市场近 50%。但我们有我们的优势和潜力,我国是四大文明古国中唯一没有断层的国度,拥有传承五千年的文化传统,以及在现代化建设中形成的新文化、新理念、新价值对周边国家产生了极大影响,但如何转变成合适的文化产业还要进一步努力。

首先,加强文化产业建设有利于深化公民核心价值观的建设。鉴于文化产品的娱乐特性,加之广告宣传形成的吸引力,随着人们生活水平的提高,对于文化产品、精神产品需求量极大增长,人们对文化产品消费更加积极,形成一定的社会风尚,成为一种生活方式。因此,社会主义核心价值观建设需要充分利用好这一媒介,发挥其建构人们思维方式、推进核心价值观念的特点。通过提升文化产品的思想品格和艺术品位,以此抵制和反对不符合社会主义核心价值观导向的低俗、媚俗的文化作品,让公民明辨真善美、假恶丑。同时强化对新型文化业态、文化样式的价值引导和政策支持,使文化产业、文化产品为弘扬社会主义核心价值观建设中发挥其应有作用。有了产品,还要宣传推广,积极鼓励开展优秀文化产品展演活动等。当人们观看电视节目、阅读报纸杂志、收听广播新闻、观摩体育比赛、欣赏歌舞戏剧及影视动漫等同时,潜移默化、春风化雨、润物无声,会自然而然形成正确的认知、理性的认同并内化为价值观念。同时,要把好审核评价的关口,好的作品要有完善的评价体系,评奖、评判的工作始终要坚持正确价值取向和价值引领。社会主义的现代化是全面的现代化,不是限定于某些领域的现代化,更不是只限于某一部分人的现代化,它是物质与精神两个文明协调发展的特征之一。建构符合大众需求和社会风尚的公共文化体系,创造机会和建设平台,开展多姿多彩的文化活动,这是符合人民群众多元化需求的特点;不断地丰富群众精神文化生活,这是满足人民群众更高的精神生活的需要;发挥润物细无声的涵育作用,这是人民群众对于文化产业、文化产品的价值期许。因此,加强文化产业的发展、加强文化创作、推进精神发展,高度重视和推进体现社会主义核心价值理念的、符合社会主义发展方向的文化产品,创新、创造更多具有精神价值、文化品位,塑造人影响人的产品、作品,要发挥文化产品育人化人作用,并且时刻将这一作用落实在核心价值观建设中,在整个社会形成弘扬真善美的导向,形成贬斥假恶丑的氛围和批判精神环境,为公民提供更多优质精神食粮,最终形成展现中国当代公民的奋发向上、积极有为、崇德向善的精神风貌。

其次,加强文化产业建设能够提升中国的文化软实力。核心价值观向外的感染力和号召力、传播力和影响力可以通过文化产业建设来实现。讲好中国发展的故事、有价值内涵的故事、成功的故事,能够直指内心和能够激发人类的同理心、共情感的故事。以故事传播好中国声音、中国的价值。正如习近平总书记所说,要展现可信、可爱、可敬的中国形象,形成同我国综合国力和国际地位相匹配的国际话语权。① 所以文化产业建设是我国当前国际话语权建设的重要方面。其实我们在国家交往中、大规模活动时也证明了文

---

① "(五)增强中华文明传播力影响力。坚守中华文化立场,提炼展示中华文明的精神标识和文化精髓,加快构建中国话语和中国叙事体系,讲好中国故事、传播好中国声音,展现可信、可爱、可敬的中国形象。加强国际传播能力建设,全面提升国际传播效能,形成同我国综合国力和国际地位相匹配的国际话语权。深化文明交流互鉴,推动中华文化更好走向世界。"习近平:《高举中国特色社会主义伟大旗帜 为全面建设社会主义现代化国家而团结奋斗——在中国共产党第二十次全国代表大会上的报告》,人民出版社,2022年,第47页。

化产品的作用，比如北京冬奥会的吉祥物"冰墩墩"的影响，这是潜移默化的。我们今天要从各个方面加强建设，把文化产品、文化产业的重要功能发挥好，综合助力、提升与我国综合国力和国际地位相匹配的国际话语权。所以文化产业文化产品就不只是经济层面的意涵和不只限于经济层面的价值。要在文化产业的发展中、在文化产品创造中，弘扬社会主义核心价值观，诸如核心价值观的价值理念，这就是中国文化产业发展的主要目标之一，也是要求。如果说内涵核心价值观的文化产品意味着价值观的国内传承的话，对外则意味着传播价值观。文化融入国家主流意识形态展现了文化产业积极主动的对外传播，使其真正能够融入并积极改变世界性话语体系，通过思想意识和精神道德的力量，实现"不战而屈人之兵"的效果。

三、创新公民核心价值观建设新载体

所谓核心价值观建设载体，实际上指的是促使公民核心价值观建设中的主客体之间相互作用的活动形式及物质实体，并且能够有效承载精神价值，具有蕴含价值理念、价值精神和体现价值功能的实体和形式。核心价值观的精神需要特定形式和实体的承载，体现在一个社会的精神文化气质、组织制度建设、媒体活动理念和个人的意识心理积淀当中。因此，公民核心价值观载体建设包括精神类、文化类、制度类等方面。而本书说的新载体实际上包括传统的、现存的能够拓展公民核心价值观建设领域的方面，主要是指除了国民教育的教育载体、媒体的舆论载体、文化产品载体、参与的制度载体之外的公民核心价值观建设载体。因为随着发展，公民核心价值观的实现载体会随之实践的创新推进不断获得更为广泛的、更为丰富的承载形式的支撑，所以，本书就其中的几项做以下分析。

一是以志愿服务载体增进公民核心价值观建设。所谓志愿服务实则"是个人对生命价值、社会、人类和人生观的积极态度；是公众积极参与社会生活的一种非常重要的形式"①。志愿精神是人因良知、信念和责任的驱动不为回报,主动无偿地向他人提供帮助和服务的行为。尽管中国古代没有志愿服务的理论概念,但是中华民族自古就重视和提倡助人为乐、扶贫济困、乐善好施,这一切都深深积淀在社会主义核心价值观的理念当中。随着时代不断进步,中华的优秀传统美德并不局限在特定时空,而是一代代传承至今。自1993年底,我国当代的志愿服务事业也有了近三十年的发展历程,越来越多社会各界人士加入到志愿者队伍中来,在扶危济困、应急救援、大型活动中发挥了不可或缺的作用。志愿服务和社会主义核心价值观建设,二者在价值意旨和价值目标上是通约的,以志愿服务为载体,推进公民核心价值观建设在实然和应然上具有一致性,成为价值观培育践行的重要载体和方式。一个社会不仅有政府、市场这第一部门、第二部门,同样不可或缺的是志愿这个第三部门,发挥志愿领域的价值观建设更有特点的优势,这是由志愿与政府的特点特性不同决定的。社会主义核心价值观建设形成的社会关系状态与氛围能够有效推动志愿服务精神的进一步拓展和志愿活动顺利进行,有利于志愿服务活动在全社会范围的推进和普及。同时,志愿服务的普及与发展反过来能够确保社会主义核心价值观在公民主体层面获得推进,提高建设效果,转化为强大的精神力和行动力。

搭建公民核心价值观建设的志愿服务载体:首先,志愿服务载体助力公民核心价值观实践自觉。志愿服务实质上体现了公民的社会责任感。对社会而言,志愿服务活动能够广泛调动社会资源,传递爱心、传播核心价值观,能够弥补政府的公共服务和市场服务的不足,增进社会善治良序,推动社会进步。对个人而言,尽管志愿服务的内容多为平常事,服务对象多为普通人,但是公民参与志愿服务,在关爱他人、服务社会当中能够陶冶价值情操、提升

---

① 丁元竹:《建设健康和谐社会》,中国经济出版社,2005年,第15页。

思想境界，放大自身价值，增进自我实现的意识，促进公民个体的全面发展，有利于将志愿理念转化为社会群体价值观意识。其次，志愿服务体现着公民核心价值观的实践。一种伦理精神、道德理念、价值信仰的形成落地，不是一件容易事，在人的精神领域做工作从来不简单，将理论注入、政治导入、价值输入这任务本就很艰巨，没有常抓不懈怎么可能，没有协同用力怎能办到，没有进入人们的生活世界解决不了，达不到功效。志愿服务为此提供了有效的平台和方式。通过志愿服务，让社会主义核心价值观建设有了一个落地点、一个着手处，那就是在日常生活中、在志愿服务中潜移默化地影响公民的思想情感与行为规范。通过社区志愿服务，推进公民核心价值观落实落细落小。社区是现代社会人们生活的基本单位，也是社会和谐建设的"黏合剂"。社区服务面广、志愿服务需求量大，无论是空巢老人、留守儿童，还是残疾人群体等服务对象，都需要大量的社区志愿服务者。公民在志愿服务的过程中，从日常做起，从小事做起，接地气、顺民意，做实事好事，本身就是在践行核心价值观。最后，在志愿服务中提升公民价值观自信。公民通过参与大型活动来认知核心价值观也是有效办法，社会主体通过参加社会活动中的志愿服务工作、当志愿者，让公民体验和感受到国家社会的发展、公民个体责任的必须。包括重大活动、重要会议和大型文体赛事等大型的社会活动离不开志愿服务，比如重大体育赛事，再比如参与奥运会的志愿服务。在参加志愿服务的过程中，公民会进一步呈现出对国家发展的自豪、对运动员运动精神的敬佩，进一步增进价值观的自信，必然会转化为自觉的行动。志愿服务活动领域还包括经济社会发展热点难点领域，比如保护环境、保护文化遗存、应急救援、无偿捐献等，还包括如突发事件、公共卫生危机等。在新冠疫情防控期间，不仅志愿者们逆向前行，义无反顾参与抗击疫情，感动了十几亿中国人，油然产生的此生无悔入华夏，来生愿在中华家的感动和自豪，鼓舞激励每一个人。这种对国家、对社会的自豪感极大地推进了核心价值观建设。

　　二是推动文明礼仪养成为载体推进公民核心价值观建设。中国是拥有五千年文明史的文明大国、是产生过巨大文明辐射力的礼仪之邦,中华民族自古以来都是一个讲究伦理道德教育、强调文明礼仪和个人修养的民族。所谓文明礼仪实则是律己敬人的一种行为规范,蕴含着基本的道德要求和价值内涵,强调做人做事、治国理政的一条基本准则就是讲究礼节。比如,儒家倡导"仁义礼智信"。再比如,传统中国教育中的童蒙养正教材《三字经》《弟子规》等,始终强调的都是礼仪规范要求,强调的是以礼修身、以礼修德的道德实践。今天的公民核心价值观建设仍然需要以礼仪养成作为重要的载体。让人们礼仪养成中切身感知、深切领悟礼仪中所蕴含的主流价值观念,有利于核心价值观融入社会生活。

　　以礼仪礼节培育公民核心价值观,一是体现在日常生活中。文明礼仪,见乎于微,它存在举手投足之间,体现在一言一行之中,见微知著,文明体现在细节,也会损于细节。特别是随着经济社会发展和社会文明程度的整体提升,人们对"文明行为"的关注度和期待值不断提升。在现实生活中,价值世界与生活世界是相通的,日常生活中礼节礼仪培养有利于提升公民核心价值观建设自觉,当然还需要其他配套措施协同推进,因为推动形成文明的行为自觉,离不开宣传教育,离不开规则引导,礼法规约使法律、权力、核心价值三者互证互规,所以离不开依法治理。众所周知,新加坡井然的社会秩序、良好的国家风气,无不得益于威严的法治。此外,推动形成文明的行为自觉,离不开社会监督。用公众监督推动文明践行、礼仪礼节的养成。二是发挥节日的独特教化功能,体现在强化礼仪上。如荀子所说,"故人无礼则不生,事无礼则不成,国家无礼则不宁"①。中国自古就是以礼兴邦的国度,与日常生活中的一般礼仪不同,还有一种礼仪被称作"强化礼仪",是国家层面设定的纪念

---

　　① 《荀子》,徐艳华译,北京联合出版公司,2015年,第14页。

仪式、法定纪念日等,这种对应的礼仪会在关键时刻举行,具有强大的价值导向、精神激励功能,成为日常生活的"无意识",能够增强社会群体的凝聚力。比如,人们会在正式场合升国旗,唱国歌,向国旗敬礼,这不仅是一种国际惯例,更是强化爱国主义教育的一种方式。再比如,国家把清明节确立为法定假日,既是为了方便祭祀先人,更是推动弘扬"慎终追远,民德归厚"的传统文化的精神内核,让人们在追思先人的过程中,培育起深厚的社会道德。还比如,国家确立的烈士纪念日、南京大屠杀死难者国家公祭日、中国人民抗日战争胜利纪念日等,将民众的愿望上升为国家意志,引起了全社会的支持,并在纪念日举行隆重的纪念仪式,有助于推动不屈抗争的历史成为民族的集体记忆,前事不忘后事之师,有利于激发人们的爱国主义、集体主义,增强民族凝聚力。三是发挥优秀传统文化价值引导作用。中国有着丰富、厚重的传统文化资源、道德资源,这是我们的祖产,是一代代传承下来的财富,加强核心价值观,如若弃此不用,本身就是不负责的做法,所以在价值观的建设中,要发挥好传统化的作用,特别是加强学校与家庭的礼仪礼节教育,以礼传道,以礼导德,搭建公民核心价值观建设的礼仪平台。学礼、懂礼、践礼,是一个文明国家的秩序所在。文明礼仪养成和形成氛围需要融入学校教育教学的各个环节,做好青少年的礼仪教育。要做的具体工作方面,就是强调核心价值观融入教材中、呈现在课堂上、落实到实践中,利用校园文化的独特优势进行习惯的养成,打造文明守礼正能量。对实践额外关注,提倡个性化的教育模式。家庭是青少年成长的摇篮,培育礼仪礼节教养的最重要场所。深化群众性精神文明创建活动,中国发展取得成就的一大优势就是发挥群众的作用,通过有组织的群众活动转化为群众自发的行为。所以要通过开展形式多样的文明礼仪知识宣传培训,家庭做好文明礼仪示范,引导家长以身作则正确引导孩子教育行为。四是礼仪礼节教育需要生活化社会的浸润,组织和引导人们走进社区、文博场馆、旅游景区等场所,做"文明义工"。在社区和村广泛开展文明礼仪楼院、楼道、家庭、星级文明户等评比活动,营造互助友爱、彬彬有礼的邻里环境,以此带动人养成崇德向善、崇尚文明的良好习惯。五是要培育乡贤文化,重视传统节日,充分利用乡规民约重构乡土文化,稳固传统文化之根基,促进核心价值观在乡村扎根。六是重视家庭建设,借助家风家训,结合公民核心价值观建设,传承传统家庭美德。通过以上的"日常生活的模式化形态","化民成俗"的生活教化实践,强化影响人们的日常生活方式,收到"百姓日用而不知"的效果,形成文明、健康、向上的日常生活方式、积极的人生态度、崇德敬业的德性伦理、有为的建设行动,为公民核心价值观建设筑牢现实土壤。

　　总之,公民核心价值观建设是一项系统工程,需要整个国家、社会、全体公民积极弘扬,通过搭建各种平台载体、完善相应制度机制,全民参与共建、全社会协同共育,形成共同的公民核心价值观实践的能量场,为中国式现代化贡献强大的精神力量和合格的建设者、接班人。

第六章　加强公民核心价值观建设，为现代化造就合格建设者

　　人民是推动中国式现代化的主体力量，实现每个人自由而全面的发展是现代化的最终目标。现代化建设中需要符合民族、国家现代化发展特色的核心价值观的精神支撑，同样也会造就体现其核心价值观的公民。在具体建设进程中，现代化建设归根结底是人民群众的实践过程。因此，公民核心价值观的培育践行最终要落实到具体的人、现实的人层面，只有分类施策、分层落实，铸就体现中国魂，形成强大的价值合力和精神合力，才可能让我们的核心价值观建设事业有根基、落实处、有成效，为国家的现代化建设事业提供合格的建设者，推动社会主义现代化事业行稳致远。

第一节　将公民价值观教育纳入国民教育的全过程

　　在人类社会中，对公民进行价值观教育并不是新生事物，无论是古希腊还是在传统中国，都十分重视共同体成员的价值观教育。公民主体人格离不开共体进行的公民价值教育。综观当今世界，几乎没有哪个国家、哪个政府会放弃对本国国民的核心价值观教育，放弃对公民的道德培养、伦理精神的

塑造,共体的价值观念要通过教育注入、嵌入到个体的意识中,实现在其行动中。诸如在美国包含核心价值观教育的公民教育被视作教育目标四大支柱之一。① 在现代教育体系中,公民核心价值观教育从属于国民教育,国民教育目标在于提高国民素质,推进国家认同、现代化认同,而弘扬和培育核心价值观是国民教育的根本职责和使命任务。这个教育是全过程、全环节、全领域的。所谓的全过程就是培育的全过程,强调连贯性、递进性、阶段性,公民核心价值观落实在每个教育阶段,落实到整个国民教育体系中,通过各级各类教育机构协力推进,铸就个体观念、塑造公民素养,从而提升国民整体素质。

一、公民核心价值观教育是国民教育的重要内容

我国国民教育目标是与社会主义核心价值观完全一致的,没有价值观教育,也就谈不上国民教育育人的实现,教育是从个体入手,达成群体提高。因此,价值教育是国民教育的目标、内容和共体要求,都是为了国家和社会需要的、德智体美劳素质综合提升、个体全面发展的社会主义事业培养建设者和接班人。公民价值观教育作为公民道德塑造养成的重要环节,包括了培养公民意识、培育公民伦理、提升公民参与能力等方面内容。自愿而非强制是现代政治文明的特征,剥离这一属性,难谈有效性、实效结果,故而“用自愿的倾向和兴趣来代替它;而自愿的倾向和兴趣只有通过教育才能形成”②。个体成为一个人只是第一阶段,公民通过对“我是谁”的回答实现公民角色认知,而成为一个公民则意味着“与谁在一起”,这是基于他者的政治存在的现实联系,进而人才可能成为一个国家共体、社会共体的主体,成为一个公共人。

---

① [美]亚瑟·K.埃利斯:《全球社会中的公民教育》,《新华文摘》,2008 年第 20 期。
② [美]约翰·杜威:《新旧个人主义——杜威文集》,孙有中编译,上海社会科学院出版社,1997 年,第 7 页。

在中国式现代化建设中，需要靠每一个具有现代伦理道德、共体价值观念素质的个体的能力发挥和成就。所以，毫不庸言，理非赘述，共体的成就归根结底决定性因素在于人，也因之于人。公民身份意识、德性观念、价值取舍的展现天然依托于公民教育的成效，这关系到将建设成一个什么样的社会，最终会实现成什么样现代化目标的问题。因此，全面提升广大公民的思想道德素质，关键环节要抓好，具体细节要落定，需要通过完善的公民核心价值观教育来实现，只有把核心价值观作为国民教育尤其是公民道德教育的核心内容，实现对公民的公共精神的培养，形成公民性，再经由教育转化为公民价值观实践行动，才能实现为国家现代化建设输送健康合格的现代公民的目标。

首先，公民核心价值观教育是国民教育的题中之义。中华民族历来重视国民教育、关注人的道德素养的提升、强调个体行为的道德评价，这是数千年的传统和文明赓续的成功密码，落到当下，更有时代发展的客观必须。在传统中国，文化的传承、人的道德观塑造多以私塾、书院、各级各类学校乃至科举考试等在内的国民教育体系来完成的。而在现代社会，国家主体之间的竞争由近代现代化以产品和实力竞争发展到体制和模式竞争，再到今天则突出表现在以知识资本和创新能力为核心的竞争。由是，知识和人才的打造和培树主要依靠教育的功能实现，教育因而成为现代化的一个决胜因子和先行者。无论是知识的积累传播、文化的传承创新、技术的变革进步、人的现代性形成发展，都要依靠教育的力量。通常，一个国民教育的发展程度就是评价这个国家现代化的重要指标。中国式现代化对教育提出了更高的要求，从战略高度上，将立德树人作为我国各个层面教育的根本任务，办好教育的首要之问就是要回答好培养什么人、培养什么样的建设者，通过什么样的方式和什么样的内容培养，这是手段问题，为谁培养人这是目标问题，回答好这个根本性问题，教育的目标、机制、方式就会明确，方向就能笃定。我们的教育目标实现，关键在于以人民为中心的理念、信念发展国民教育。而公民核心价值观教育嵌入在整个教育过程中，是培根铸魂的应然目标，但将其从宏观层面落实到微观层面必须通过国民教育的主渠道，落实到各个环节、各个阶段当中。因此，加强公民价值观的教育学习、宣传普及，发挥国民教育开智、育人的作用，持续推进公民核心价值观建设。

其次，社会主义核心价值观极大地丰富和充实了国民教育的内容。融入国民教育，是社会主义核心价值观实现的主渠道，忽略国民教育环节，造就时代新人就会失去抓手根基。将育人与国家建设、社会发展、公民品格相连接，具有理论上的耦合性和实践上的一致性，也从理论和实践上回答了为增强公民对于核心价值观认同、理解和接受，通过国民教育在各类教育中注入公民核心价值观教育的内容的必要性，有助于将其化为全社会的共识和共同价值信仰，助力形成社会的伦理精神的、道德素养的价值合力。特别是青少年这一群体的价值主体观念、理想信念的培育，关键在青少年成长过程中的教育环节，不断推进社会主义核心价值观"三进"，打牢青少年品格养成和健康成长的价值观基础，为他们走向现代化建设第一线提供价值指导、行为准则和奋斗目标，用核心价值观引领国民教育，引导公民养成善待自我、善待他人、善待社会、善待自然的行为习惯，以正向的价值能量，形成正确价值激励，养成自尊自信，积蓄走向美好未来的精气神，有利于实现个人自身全面发展，也有利于形成人我和谐、人际和谐、人事和谐的社会良序。

二、公民核心价值观融入国民教育全过程的重要性

价值教育是灵魂教育，是在人的关键时期必须做好的教育实践。故此，将核心价值观融入国民教育这一工程有着突出的重要性和必要性。一方面，能够最大程度上推进核心价值观被全体公民认知、认同和践行；另一方面，抓住教育领域这一体现、厚植、传播中国精神的重要场域，以核心价值观充实教育内容，规范和优化国民教育体系、体制建设，校准教育目标航向。

　　首先，价值观融入国民教育是个系统工程和战略举措。全过程融入实际就是全过程建设，核心价值观融入国民教育全过程，聚力的是对青少年健康成长的价值引领。一个人成长的不同阶段都有其特定的认知规律和认知能力，个人的认知都是从由简单到复杂、由贫乏到丰富、由低级到高级的过程。只要能正确认识这种现象，坚持不懈地进行积累，就能逐渐突破能力限度，推进能力提升的质变，螺旋式上升。青少年时期正处于一个人三观形成的关键时期，其理性思辨能力、分析判断能力并不成熟。当今时代不同的价值观念凭借信息技术进一步扩张，海量的信息获取更为容易，信息的黏性使得信息茧房效应更为明显，全球化时代不同的文化思潮、多元的价值观念相互渗透和彼此竞争，善恶不易分，真假难以辨，青少年各种思想疑虑和困惑的产生不可避免，乃至陷入价值观迷茫的困境。青少年这一思想困境的存在是客观的，这要求我们在国民教育中切实加强核心价值观的教化引导。一方面加强对错误思潮和落后价值观念的批判，加强正确的价值观引导；另一方面不能忽视个体的主体性要求，尊重差异、包容不同。核心价值观教育是在人精神世界做工作，是随风入夜、润物无声，价值教育融入国民教育全过程就是使其明知，以知导行，有助于青少年全体正确面对和解决价值领域的观念信仰的冲突及矛盾，规范引导他们的思想和行为正向发展，使他们对问题具有正确的价值判断力和行动力。

　　其次，全过程融入核心价值观的国民教育是全面加强价值观建设的需要。价值观教育从属于精神文明建设，是构筑社会和谐发展的价值方向和价值动力的中心环节。把核心价值观融入国民教育的全过程，使全体公民自觉接受核心价值观、主动践行核心价值观，以此见知见行，见行指义，公民核心价值观也就自然完成内化心外化行。但这一深化转化程度不可避免地要受到主体个人的认知水平和主观动机的影响和制约。要进一步打牢全体公民价值信仰基础，培育人的价值观自信，使其自觉转化为公民的精神追求和实际行动,为构建社会主义现代化建设社会提供重要价值保证。

最后,核心价值观融入国民教育全过程是培育时代新人的关键环节。中国共产党人始终把培养一代新人作为重要任务。① 无论是在革命阶段还是在社会主义建设时期,毛泽东始终十分重视对青年教育与社会主义新人培育问题的思考,他提出了"三好论""又红又专"的标准。此后历代党和国家领导人对此都十分重视,提出不同时期的新要求。进入改革开放时期,邓小平同志应时代要求,提出了"四有新人"的标准,对时代新人做出了新的概括。江泽民同志提出了"四个统一"时代新人的培育标准,着重强调了我们教育为社会主义现代化建设服务的方向和培养德智体美全面发展的社会主义建设者和接班人的育人目标。胡锦涛同志要求青年人要"坚定理想信念,服务人民""深入群众,投身实践"②,做社会主义可续发展的接班人,因此必须要通过学习、创造;具备开拓创新的精神能力,打造高尚道德品行。进入新时代,在新的历史条件下,中国对现代化的公民提出新的要求和目标。在党的十九大报告中,习近平总书记明确提出要大力加强核心价值观对国民教育等的引领作用,核心价值观建设作为培育时代新人的着眼点和总抓手,由此核心价值观与国民教育紧密结合起来,拓展了价值教育的内涵要义及外延范围,成为整个教育界的共识。因此,国民教育要紧扣社会主义核心价值观有机融入的问题,落脚于"育新人"这一要求上,贯彻于整个国民教育。当前,广大公民的思想主流是积极、健康、向上的。但不可否认少数人在不同程度上存在信仰缺失、人格扭曲、个人主义倾向严重等与核心价值观相悖的倾向。因此,要加强公民核心价值观教育,来教育和引导公民,进一步提升境界与品格,培树具有坚定政治信仰、政治立场和政治方向的接班人、建设者。

---

① 《党的十九大报告辅导读本》,人民出版社,2017 年,第 325 页。
② 《胡锦涛文选》(第一卷),人民出版社,2016 年,第 367~368 页。

三、公民核心价值观教育融入国民教育全过程的具体途径

公民核心价值观教育共享着教育的普遍理念，具有更为突出的主体特色。公民价值观教育的目标是培养适应国家现代化建设的公民。它是一个连续的过程，呈现价值观塑造的阶梯特点和人的现代化的价值内嵌的层次性。核心价值观是社会精神体系，具有公共性，是共同体发展的必需品。国民教育的功能之一就是凝练共识，化育公共性，公民价值观教育工作同样要承担破除个体主观任性和偏见、形成共体道德的作用。只有经由价值观的概念性阐释、接受共体的规则要求，实现相互承认，个体的价值与共体的目标的统一才能实现。因此，公民价值观教育实现整体性和公共性的教育过程，不能割裂不同层面的价值观，无论是国家还是社会乃至公民的价值层面，不能一分为三，而要三聚为一，作为整个精神层和完整实践层结合体。所以，公民核心价值观教育和国民教育不是"两张皮""两条路"，它们不应该是分割的，只有列入人生的教育规划、融入实际工作，从家庭和社会、国家不同层面全面推进，使公民个体价值偏好转移、汇聚融合为价值判断的"重叠共识"，才能使核心价值观的内容在国民教育中具备更强的实践性和可接受性，促使教育铸魂目的的实现。因此，将核心价值教育纳入国民教育的全过程，是一个系统工程，需要在共同的价值目标、价值理念的指引下将各方面的教育力量协调起来，实现全民教育与全过程教育的有机统一。

首先，家庭教育是公民核心价值观融入国民教育全过程的起始地。家庭是自然和朴素的实体，是社会的细胞。家庭教育贯穿一个人人生教育的起点和终点，是延续人之一生的全程教育。从核心价值观形成的角度来考察，家庭承担着教育的本然义务，也是国民教育的起点，个体成长的家庭环境和家庭教育始终发挥着最初的作用力。家庭是个人成长的关键场所和日常生活、学习等活动的主要集中地，家庭中的自然亲情对核心价值观教育有着独特的

优势和天然逻辑。家长是子女的第一任老师，一个人在儿童时期所受的教育主要来自父母，这一时期所受原生家庭教育的优劣对人的一生影响至深。中国人历来重视家庭教育功能，对长辈的言传身教尤为注重。这是因为家庭教育对个体价值精神、人格发育成长的特殊意义，一个人的品行、习惯，都与他/她的家庭教育有着密切的联系。父母、其他长辈自觉不自觉地通过言传身教，也必然会自觉或不自觉地教育和影响到子女，日常生活中正确的价值观能够传导关于国家理想、社会道德，培养个体品质正向价值内涵，家庭教育在"随风潜入夜，润物细无声"方式中注入儿童的头脑，在其心灵深处埋下核心价值观的种子，就会自觉形成正确的伦理观念、道德标准和价值取向，为孩子形成正确的世界观、人生观、价值观打下初步基础。同时家庭教育又是学校核心价值观教育的必要补充，仅靠学校教育而忽视家庭教育的协同，教育效果也会大打折扣，甚至会从反向引发学校教育的失效失能。从这一点来看，其他教育载体无法替代家庭教育这一环节。只是在这一阶段，此一实体性的统一尚未拥有客观性。家庭教育不可或缺，但不等于家庭教育就能取代其他的教育，家庭教育本身并不是人的教育全部，有其特定的有限性 ① 因为有限的交往空间和人的成长的过程性，决定了在家庭中人不可能获得完整和成熟的核心价值观的能力，公民性核心价值观的形成在这一阶段并不必然完全完成。

其次，学校教育是融入的主渠道。实现公民核心价值观全过程融入，首先就是有机融入学校教育过程。今天的社会发展进步使人们获得受教育的机会日益扩大和增多，价值观教育融入能够贯穿学前教育、初等教育、中等教育乃至高等教育的全过程，同时，学习不再是人生某一个特定阶段的任务，终身学习成为人生常态，同样要纳入职业教育及成人教育等继续教育环节，这

---

① [德]黑格尔：《法哲学原理》，范扬、张企泰译，商务印书馆，1996 年，第 175 页。

些同属于国民教育，需要让核心价值观教育渗透到人的学校教育的每一层面。首要的是要根据不同类型学校的特点和不同教育对象的心理特征、认知规律，制定对应的教育目标和工作方案，注重公民核心价值观教育的阶段性特点及教育内容的整体性二者的有机协同。在教育途径方面，既要发挥课堂教学的作用，在课堂中灌注、渗透核心价值观的教育内容，使其理解接受，又要重视核心价值观的实践养成教育，充分发挥包括课外活动、社会实践等第二课堂的潜移默化、自然熏陶作用。在校园文化建设中，让不同学段的学生了解、熟悉社会主义核心价值观的基本内容，传播价值理念，以知化心，以情动人，以理通异，发挥价值精神一以贯之于知行的作用，不断加强公民对核心价值观的接受度、认同感、践行力。同时，要充分发挥各层面教育主体的作用，共同推动公民核心价值观建设。

最后，社会教育是大课堂，是公民核心价值观融入国民教育全过程的重要环节。社会教育是对家庭教育和学校教育的进一步延伸和强化。相比较而言，社会是介于国家与家庭之间的差别阶段，是个人从"身份社会"向"契约社会"的转变环节，也是公民核心价值观教育的必经环节。在这一阶段离开家庭而独立生活的公民成为具有了独立实在性的个体，拥有了个人权利能力和扩大了个体选择自由空间。由于普遍的社会关系定在就在于个体间交往的关系中，经过价值观念的社会化生产和交往，通过相互的作用，个体人在社会交往中获得了联合与协作的联系，使得个体自我意识得以形成，肯定了自己。所以，社会教育与家庭教育、学校教育相辅相成，拓展教育空间、延长教育链条，最终形成教育合力，进而营造出良好的价值育人的社会氛围，达到育人功效。但是社会所形成的普遍性是潜在的，而未达到普遍性与个体性的真正结合①，作为"单一性和普遍性"的公民核心价值观建设仍未完成，还处

---

① 樊浩：《道德形而上学的精神哲学基础》，中国社会科学出版社，2006年，第264~265页。

于待发展阶段。人的德性德行离不开他所生存于其中的共同体及其美德状况和制度的支撑,国家作为共同体,是单个人获得普遍性约定共体定在,更是实现公民核心价值观教化关键一环。国家的现实性在于,整体的利益是在特殊目的中成为实在的,国家价值的影响渗透在每一个中国人的生活轨迹当中,核心价值观作为国家精神的内核对于共同体中的成员都是通约的,也就是最广大民众的最大的共识。

通常我们所述的价值教育的现实性,实则是普遍性与特殊性的统一,共性殊性于一体,尽管个性、殊性本身就是个体之所以为个体的特性所在,实则其并不是完全独立的,是蕴于整体中,成长于共体里,且只有在整体中才得到维持存在。一个国家在生发过程中,会逐步使得公共性成为获得公民意识的前提,并且个人只有成为国家的成员才能真正实现自由和解放,公共善与个体善是辩证统一的,上升到国家层面,公民核心价值观教育才会具备现实的基础和合理路径。通过价值观的教育教化,使人获得解放,从必然走向自由。所以,可以把国家看作这样的一个价值共体,其内在的形成了共享的价值和行为模式,通过价值观的教育教化引导现实的个体摆脱任性、获得普遍化的情感和践行的意志力。相反,离开国家和政府这样的价值观共同体,公民就失去了存在的载体,个体成就整体、整体同样成就个体。所以,只是在公民和社会层面的价值观教育还未完成,尚不能够实现"单一物和普遍物统一",当我们由传统的道德教育转向现代公民核心价值观教育的时候,经过国家这样的共同体来塑造具有与中国式现代化相一致的价值观要求,是现代公民成长的必经之路。

因此,在核心价值观的社会教育中,要完善建设制度和政策引导,以善制良治的建设为核心价值观创建良好的制度平台;建立相应的激励机制和约束机制,惩恶扬善,为公民行为提供有力保障;广泛宣传核心价值观教育,发挥社会舆论、大众传媒的正能量传播作用,使核心价值观落地有声,培育有果，践行有向，使每个人都能深刻理解党的理论创新成果，着力回答人们关心的重大理论和实践问题，为公民核心价值观教育营造浓郁的氛围。尤其应注重运用现代化传播手段，把先进信息技术运用到公民核心价值观教育当中，这就需要各个教育主体积极利用新兴媒体技术开辟核心价值观教育的新课堂和新阵地，提升核心价值观在国民教育中的传播力。要加强公民核心价值观的品质教育，进而形成提供规范样本，使公民分清是非曲直、善恶美丑，明确应有的价值取向和行为准则。还要注重实践养成，把核心价值观的意识、情感、信念、习惯自觉融入公民的日常工作生活之中，使核心价值观成为人们遵循的基本信条，并在大众化的基础上成为人们的自觉追求。

第二节 推进领导干部核心价值观建设的引领作用

核心价值观是一定社会的文化的最深层次要素，是其中轴，起到精神魂脉之作用，决定文化建设之性质、发展之方向。一个民族、一个国家如果没有共同的核心价值观，其发展、建设就会政策策略无所价值之向、无所目标依据，一个人如无核心价值观定向，实际也会行无依归。我们的核心价值观从不同层面做了全方位的要求，实际上，每个人或每个群体都能在其中找到准确的定位。在日新月异的今天，各个领域都需要价值规则。故此，将社会主义核心价值观融入国家治理、融入法治建设、融入百姓的社会日常生活领域，使之成为全社会普遍遵循的行为准则。价值观建设尤其要强调领导干部的作用，鉴于国家"公共管理者是代表性公民"①，在中国式现代化建设中，领导干部是社会的精英、公民的典范，承担着重要的公共责任，领导干部率先垂范

---

① [美]乔治·弗雷德里克森：《公共行政的精神》，张成福等译，中国人民大学出版社，2003 年，第193 页。

至关重要。

一、领导干部核心价值观建设引领作用的重要性

综观古今中外,对公职人员,特别是其中具有领导地位的公职人员的道德要求和约束都更高。中国古人就讲过官德与民德的关系,提倡"官德隆,民德昌;官德毁,民德降"的观点;强调"政者,正也,子帅以正,孰敢不正","教者,效也,上为之,下效之"。否则就是"上梁不正下梁歪",不仅公共治理效果不佳,而且会毒害社会风气。所以始终强调德位、德福相连,德位、德福相配,突出以德治国、以德选人、以德为先,在我国古代典籍《礼记·中庸》中,对德与位、德与福、德与得之间关系阐释得很深刻,也警示官吏接受道德约束的必要性。这一点上东西方有着共通的认识,都始终重视官员的价值观,强调一个社会的管理者和精英其言行举止、所作所为对社会有着极强的示范作用,一个社会的精神面貌和道德风气很大程度上是由公共管理者引导的结果,因为"再也没有什么能够像政府那样对人民的风俗习惯产生如此直接的影响","如果说有人肩负复兴社会价值的责任的话,那就是每天都必须与社会问题打交道的公共管理者"。① 所以,在任何一个现代社会,对公共管理者的言行举止和道德规范都提出了更高的要求,这源于公共管理者的特殊性所在,"又担任公职不是一种契约关系(第75节),虽然这里存在着双方的同意和彼此的给付"②。更何况,任何拥有公共权力的公职人员都不是"单向度的人",面对日益复杂和多样的公共事务、日益明确的专业分工,自由裁量权随之扩大,法律的规约并不能覆盖具体每一个领域,在国家公共权力行使过程中,"有许多事情非法律所能规定,这些事情必须交由握有

---

① [美]乔治·弗雷德里克森:《公共行政的精神》,张成福等译,中国人民大学出版社,2003 年,第193 页。

② [德]黑格尔:《法哲学原理》,范扬、张企泰译,商务印书馆,1996 年,第312 页。

执行权的人自由裁量，由他根据公众福利和利益的要求来处理"①。公职人员只有坚持社会公益的取向，立足客观责任和主观责任的统一，才能形成良政善治的目标。

二、公职人员价值观教育的借鉴言说

我们结合美国学者乔治·弗雷德里克森（H.George Frederickson）的观点进一步分析。弗雷德里克森认为，影响国家治理效能有两个重要的变量：行政角色和公民精神。他概括了二者不同组合的四种情况，提出了"四种公民精神与行政管理之间可能存在的关系"②（见下图）：

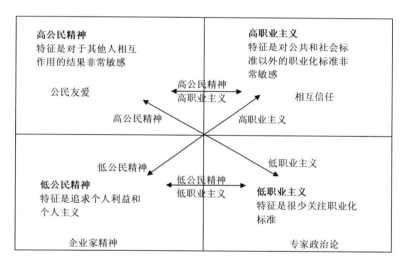

图 6.1　公民精神和职业主义的公共行政之间的关系模式

---

① [英]洛克：《政府论》（下篇），叶启芳、瞿菊农译，商务印书馆，1964 年，第 99 页。
② [美]乔治·弗雷德里克森：《公共行政的精神》，张成福等译，中国人民大学出版社，2003 年，第 192~193 页。

高 公 民 精 神

高公民精神 低职业主义 公民友爱和专家政治论	高公民精神 高职业主义 公民友爱和相互信任
专家治论和企业家精神 低职业主义 低公民精神	相互信任和企业家精神 高职业主义 低公民精神

低职业主义 （左侧） 高职业主义 （右侧）

低 公 民 精 神

图 6.2　公民精神与职业主义的代表性观点的对照模式

这里的公民价值观精神与职业主义是相关的,个人的价值观与职业主义两个变量构成了一个四分图,形成了四种代表性的观点,低职业主义和低公民精神的专家政治论和企业家精神;高职业主义和高公民精神的公民友爱与相互信任论;高职业主义和低公民精神的相互信任和企业家精神论;低职业主义和高公民精神公民友爱和专家政治论。这四种分类和四种观点看似宏观概括,实则是对官员所承担的公共职业和其所具备的公民精神放在一个体系中来讨论,一个官员不必然就具有高度的公民伦理精神和公共责任感,拥有公共权力的管理者和高尚的道德品质不必然画等号,这就是我们今天尤其强调的领导干部这个群体和个人的价值观建设的重要性和关键功能。所以,上图中弗雷德里克森的划分,有其特定时空语境,他归纳概括、比较分析道:古代雅典的模式,属于在公民参与的高公民精神的旗帜下发展的模式,埃及是在职业主义的旗帜下发展的高行政管理的模式。美国正由双低向双高转变,尽管他对此过程持"人们尚需拭目以待"①的态度。高行政管理的重要性就在于平衡个人、群体与社群的利益关系,而高公民精神要建立在利益群体

---

① [美]乔治·弗雷德里克森:《公共行政的精神》,张成福等译,中国人民大学出版社,2003 年,第194 页。

离心离德、管理稀有资源的需求不很强烈的情况下才会有效运行。所以，政府治理采取何种结合模式是受着既定的社会存在制约的。① 在构建新的治理模式的时候，不是以抛弃公共管理者为目标，尽管在政府在公共治理中的角色发生了改变，② 公民与公共管理者是一对互相配合的关系，一个有序发展、积极向上的国家必然是由有核心价值引领的、具有成熟的伦理意识和道德精神的管理者和积极有为崇高向上公民组成。二者是相互成就的，道德高尚管理者同时本就是道德高尚的公民。只有在崇尚正确的价值观的公民环境中，才能产生崇尚核心价值观的官员。

这是因为，一个公共管理者是否有较高的道德水准和职业水平，社会自会有对其明确的角色期待，也就是是否关注公共利益和公共责任并且具有价值向度方面的正能量，他们能否有意愿和动力、能否通过自家行为去感染、引领社会公众社会品德培树的建设实践，这是他们以自身的价值观念、思想品德获得管理的威望与管理的合法性的关键，同时通过其作用，发挥金鱼缸效应，不仅要做得好还要让人看得见，就会传播并成为效仿的榜样样本。这在理论上不只是一种理想的典范，更是实践上为其他公共管理人员提供效仿的标准。这样的要求就不是底线要求，而是卓越的标准和高限目标。这是因为政府管理者不仅是一般公民，同时也是特殊的受信托公民。所以，公共管理者的个人权威起到为公民价值观的培养提供潜移默化的示范作用，通过建立健全制度权威能为公民监制观的培养提供制度平台。而所谓的高尚公民表现为一种对立国精神、基本价值和信仰的认知和如何实现这些价值和信仰。上述的观点尽管有其特定的研究视角，但是与领导干部的核心价值观实践具有相同的路径：价值观念和职业能力，二者并不矛盾。因为在实际的国家运

---

①　[美]亨廷顿：《变革社会的政治秩序》，王冠华等译，华夏出版社，1998年，第56页。

②　[美]乔治·弗雷德里克森：《公共行政的精神》，张成福等译，中国人民大学出版社，2003年，第194页。

行过程中,领导干部本身就从事着具体的国家治理的工作,无论是在决策、管理、监督等哪个环节,都是推进社会发展各项工作的领导者和组织者。因此,领导干部的职责使命之一就是大力推进社会主义核心价值观落地落实,使其落细落小。

三、领导干部核心价值观引领作用的发挥

在我国现代化建设中,领导干部是中国共产党和国家现代化建设事业的中坚和骨干,是"关键的少数",是"即拥有必备的技术水平、伦理道德品质以及领导能力,能够做正确的事,并将正确的事做好"① 的特殊群体。在社会主义核心价值观建设中,领导干部应发挥关键的作用,引领人们认知践行。进入新时代以来,中国共产党进一步完善各项规章制度,不断加强党纪国法建设,增强自身的领导力和影响力,坚持自我革命。为此中国共产党作为执政党,以史为鉴,深思治乱兴衰的问题规律,不断探索,不断创新,接受人民的监督,通过反腐倡廉、加强自我净化,通过不断学习,加强自我完善、自我革新,极大地提高了执政能力。在社会主义现代化建设中,发挥党员领导干部的引领带头作用是中国发展的重要特色和重要制度优势。这一制度优势体现在社会主义各项事业中坚持领导带头、党员干部带头,自上而下、以上率下,整个社会形成新的发展气象。

"百行以德为首",中国古代一直强调官德作用,强调为"官"者必须时刻注意以德养心、以德明性、以德修身、以德生威、以德鉴行、以德服人。新时代的党员干部肩负历史重任,是代表最广大人民群众利益的具体代表,无论是这个群体还是其中个体,在各方面工作中都需要走在前列、发挥示范带动作用,在社会主义核心价值观建设方面同样如此。一方面,社会主义核心价值

---

① [美]詹姆斯·S.鲍曼等:《职业优势——公共服务中的技能三角》,张秀琴译,中国人民大学出版社,2005年,第15页。

观是最大公约数，备受关注、备受重视，反映了全社会的利益关切的重要方面。弘扬社会主义核心价值观是每一位社会成员的使命要求，是每一位中国公民都应自觉履行的责任和义务。而各级领导干部首先是社会公民的一员，是社会现代化建设者中重要组成之一，践行社会主义核心价值观本身就是他们的责任和义务，这是底线要求。另一方面，领导干部又是公民中特殊的一员，是国家治理的最主要的主体，作为关键少数起着关键作用，对一个国家公共治理的好坏起决定作用的就是这样一个群体。领导干部肩负着核心价值观建设的主体责任，是多种角色的复合体，不仅要承担起价值观建设的组织、推进工作，而且要有效监督、示范引领的责任意识。因此，领导干部的价值取向、言行举止，影响着广大群众的价值判断，发挥这一特殊的价值主体的示范表率作用尤为重要，进而成为引导社会公众的价值追求的"风向标"和行为选择"标准尺"，才能够大力营造出践行社会主义核心价值观的浓厚氛围，赢得和影响其他人的价值认同和主动践行，这就是领导干部的道德上要求要比普通公民有更为严格的道义标准的原因。

对此，中央出台了多项意见和准则，要求领导干部在培育和践行社会主义核心价值观的过程中，要以身作则、以身示范，引领群众、引领风尚等，从各项要求中，能够明确看出党中央对于领导干部在核心价值观实践中的高要求和期望。这主要在于：一方面，社会主义核心价值观是领导干部施政施策、管理治理的价值约束和行为行动的价值指向。领导干部只有以社会主义核心价值观来指导思想和行动，才能够使公共管理者站在核心价值观的高度推进治理体系现代化、提升治理能力现代化。另一方面，所谓"言传身教，身行一例，胜似千言"，领导干部首先要把中央的各项要求落实，成为价值观实践的榜样，中国式现代化建设的中坚力量。领导干部应把立德作为立身之本，率先严格要求自己，认识核心价值观对现代化建设的凝神聚力的重要性，应该以高标准从严要求自己，率先垂范、正心明道、身体力行。于己，领导干部才能严格要求自己,开拓进取,实现人生的更高追求和价值;于公,领导干部的核心价值观实践的示范有着突出的育人作用,培养品德崇高的公民本就是领导干部的责任,通过示范作用才会形成上行下效的正向带动效应,以自己的表率作用培育和带动更多的人投身到核心价值观建设中来,投身到国家的现代化建设事业中来。

第三节　发挥社会典型的核心价值观建设示范作用

"使命呼唤担当,榜样引领时代。"发挥典型示范的引领作用是当前社会主义精神文明建设工程中的重要方式。同样,在公民核心价值观建设中也需要运用好典型的示范作用,充分发挥典型群体的榜样作用,辐射更多的人,影响更多的人,在更大程度上激发起公民对核心价值观学习践行的积极性和主动性,形成核心价值观建设的积极社会氛围。实际上,向典型学习是包括广大青年在内所有公民践行核心价值观的建设路径。

一、时代典型和典型示范的作用特征

提到典型引领示范,首先得回答为何要典型示范,典型示范的意义和价值何在。典型引导是一种宣传教育艺术,所谓典型是多层次多类型的,可以是集体的,也可以是个人的。典型示范引领,一直是我们党做好宣传文化建设的重要方式和优势,有其不可替代的作用。通过典型引导可以帮助公民通过模仿获得核心价值观的行为范式和社会交往技巧。对典型进行宣传推广,发挥示范引导功能,能够把高度概括抽象的核心价值观理论转变为日常生活的实践事例。这是因为理论和生活总会有距离,通过典型的生动形象、具体可行的示范优势,树立起核心价值观的样板和榜样,才会变成可亲可信、可见可行的价值诉求,引导公民自觉遵守核心价值观的基本规范,明辨是非美丑,

自觉践行价值观规约的责任和义务，进一步凝聚社会正能量，形成良好的弘扬核心价值观的社会文化环境，是解决学什么、向谁学、怎么学的重要抓手，激起人们对真的渴望而加强认知、对善的认同而泽善而为、对美的向往而追逐卓越。典型引导是推进公民践行价值观的重要路径之一。这里的典型包括先进模范、知识精英、公众人物等，我们主要就这三种类型进行分析。

所谓典型，必须具有代表力、弘扬核心价值观的示范性。所以接下来就需要回答：何者是典型，哪些可以作为典型，典型从哪里来。这都是界定选择典型的重要问题，我们首先对这三类群体进行一定的界定。

一是先进模范典型。所谓先进模范典型指的是具有较大社会影响的个体或集体，先进模范典型是人格化的价值观，用自己的坚守和执着，模范践行社会主义核心价值观，成就了平凡中的伟大，他们作为群众学习的榜样，是看得见的正能量，能够常常以自己坚定的理想信念、突出的先进事迹、明确的价值取向成风化俗，影响整个社会的价值建设、道德建设，能够在更大程度上、更大范围内引领着整个时代的社会风尚。因此，要通过更为广泛的途径和更为丰富的形式，推进宣传，发挥典型标杆作用，在全社会形成向先进模范学习的正向良性社会氛围。

二是知识分子群体。知识分子群体是一个社会的特殊群体，是国家的高精尖人才，他们原本就是践行社会主义核心价值观的榜样，发挥着核心价值观实践的示范作用。事实上，他们不仅发挥着核心价值观的表率作用，更重要的一项责任是要发挥思想的引导作用。这主要在于知识分子具备的理论和知识优势，同时在于其社会责任感和价值观建设的使命。通常来说，社会对知识分子 ① 的定位是社会的良心，历来都是社会主流价值观念的涵养者与承载者。不仅是作为以生产知识，传播知识为职业的群体，同时更是一个社

---

① 许纪霖：《中国知识分子十论》，复旦大学出版社，2003 年，第 4 页。

会价值观念、伦理道德的解释者、践行者、评判者。中国传统中一直注重知识分子的社会责任,承继文明"道统",以弘道为责,知识分子普遍承担着社会批判与弘扬道德理想的重任。正因为如此,与其他社会阶层相比,知识精英对广大民众、国家政治、社会价值观的影响力尤为突出,在凝聚精神力量、弘扬核心价值观上起到引领带动作用,在履行社会责任方面做出表率。

三是公众人物。所谓公众人物,通常也称为公共人物,该指称最早限定于公共官员。而今天该概念发生了根本的不同,人类社会发展的一个显著特征就是现代的经济、社会、文化、技术等方面的发展已远远超出该概念提出的时代场域,随着人的主体性进一步提升、人们对于选择的自由空间极大拓展,交往方式便利多元,多元化的社会价值取向和评价方式是重要现实实存,人们进入公共空间的机会更多。因此,社会广泛关注的焦点人物以社会知名度高、社会影响广泛作为构成公众人物界定要件。在这里我们从狭义角度进行的界定,是除了领导干部、先进模范、知识精英之外的社会公众人物,如各类明星、社会公众人物等,单列的原因在于今天的社会是一个多元的社会,每个人都享有出彩的机会,信息化时代特定的个人和群体的社会教化功能会进一步放大,成为青少年效仿的对象,其一言一行很大程度上影响整个社会的风气。首先,公众人物本就是大众的一员,只不过在社会群体中成为偶像或某种价值追求的载体抑或是符号、再或是某方面的代言人,因为具有较高的社会知名度、关注度和影响力,所以在核心价值观实践方面具有更高的要求。公众人物应加强核心价值观的践行,做到思想道德自律,明理守中慎独,充分利用影响力,带头践行核心价值观,引领好风尚、弘扬正能量。其次,通过国家倡导、社会引导、个人养成,促使各行各业的公众人物要进一步承担起各自使命,带动全社会见贤思齐,开拓创新,示范带动人们崇德向善、明德明理,凝心聚气战胜前进道路上的艰难险阻,为中国式现代化贡献精神力量。

二、时代典型价值观示范功能

发挥典型示范引导提供公民核心价值观践行的行为范式。在信息化飞速发展的时代，思想价值多元，追求个人权益和个人发展是一个显著的时代特征，使得公民在伦理精神、道德意识、思想观念，乃至价值判断、信仰追求、行为实践等方面出现多元化趋势、呈现多元化特点。其中，从众性是公民核心价值观建设中不可忽略的向度，在公民核心价值观教育中，需要设立践行基本价值的典范，通过发挥典型示范作用，引导公民的价值观认知认同和践行，激发社会践行核心价值观的正能量。推进公民核心价值观建设中的典型示范引导能够提高公民在新情况下有效抵御和防范陈旧思想、落后文化，以及外来腐朽思想、错误价值观的侵蚀，更重要的是丰富公民的精神世界，坚定和培养他们的道德品质，使其不断校正和形成正确的价值观。发挥其核心价值观建设典型的示范作用，关键是发挥其特定的功能。

首先，典型示范引导在公民核心价值观建设中具有风向标功能。对广大民众来讲，个体自发的情感和强大的精神激励往往根植于人性的需求，源于人的自然利益取舍，需要一种能够震撼具体人的思想灵魂身处的外在力量，通过其对道德价值的敬畏产生的自我约束。也就是说，需要一种可亲可敬、可信可学的外在价值观实践的楷模，激发起价值观的正向社会氛围。要通过典型引导，通过"道德主体间的启发"，形成核心价值观的风向标，让公民去选择、塑造自己的生活，从而达到"见贤思齐"，使公民在"重叠共识"在价值判断中达成价值行为规范的"最大公约数"，在最大化的自我觉醒中做到理性的认知、评价、约束，构建起伦理道德自律能力。

其次，典型示范引导在公民核心价值观建设中具有标尺功能。典型的身份代表了他们对社会的一种价值承诺，其身份的获得同样代表了他们拥有作为价值标尺的能力。典型标准的确立为核心价值观实践提供了参照系和对照标尺,是价值观的重要公共资源。典型引导的前提是先进典型的价值实践行为具有可参照性和能够被效仿。于是,在价值观践行的典型引导过程中,随着大众理性的普遍提高,受教育者会自觉地拿自身思想行为与典型范例做比较分析,特别是在平常的岗位和日常生活中的身边人、身边事的典型示范作用更为直接、更具感染力。因此,受到核心价值观典型的所作所为影响,让典型成为自身进步的桥梁纽带,寻找典型人物与自身共性的契合点与闪光点。公民自觉地将核心价值观典型确定为学习的榜样,就会明确自己的行为标准与价值准则,同时也会看清自身与典型之间的差距,在认知学习和实践效仿中,不断用典型的标准来进行比较,并会自觉地努力缩小差距,切实感受到自身进步,从而持续保持学习动力和践行热情。当然也要注意到,世上也不会存在没有缺点的典型,人为拔高典型的形象、神化其形象,人为拉大典型与受教育者的差距,同样不可取不可行,一旦典型高高在上,背离实际,脱离了普通公民的实际生活,那么树立价值观典型的意义和作用必然大打折扣,甚至会适得其反。

最后,典型示范引导在公民核心价值观建设中具有助推功能。通常而言,人之行为与其内在的动机和需要密切相关。其中,对于个体行为活动来说,正因为行为背后动机的不同,行为才会出现多样性和复杂性。也正因为存在需要促使产生行为时,需要才转化为动机,也就是说要有特定的条件和前提,要有特定的终结关联和因素平台的存在,这样才能够说明和证明,人的行为举止受到内在需要和思想动机的支配和制约,只有不断地提高自我认识和自身素质,才能达到较高的思想境界。对于核心价值观的建设同样如此,个人追求核心价值观的动机越充足,需要就越强烈,效果也必然会越明显。作为外在的环境诱因,先进典型的价值观示范作用会激发起公民学习、效仿,自然会产生情感共鸣。正因为典型示范的可欲、可求、可行,方可达到自我警醒、自我鞭策、自我激励。因此,在公民核心价值观建设中,用好用实价值观建设的先进典型示范作用，引领公民坚定对中国式现代化进程的信心，从价值观自信的角度激发起崇高的道德追求和必胜信心，由价值力塑造出强大的行动力。

第四节　把青少年作为核心价值观建设的重点

时代把现代化建设的历史责任赋予青少年，党和国家把国家和民族的希望寄托于青少年，公民核心价值观的建设重点更在于青少年。随着时代的发展，新时代的青少年有其特定的认知特点和行为规律，在中国迈向全面建成中国式现代化强国的历史阶段，更需要广大青少年凝神聚力、万众一心，积极投身于现代化建设的伟大事业，我们的中国梦才能够行稳致远。只有一代代人接续用力，抓好做好青少年的核心价值观的建设工作，引导其把人生的扣子从一开始就要扣好，培养好时代新人，才能为我们的现代化事业培育好接班人和主力军。

一、新时代青少年的时代认知特点

青少年是未来和希望，奋发有为的青少年，意味着这个国家和民族蒸蒸日上的现代化建设事业后继有人、后继有为。据我国第七次人口普查数据显示，14 至 35 周岁这一年龄段的群体，人数达 3.6 亿，占全国总人口的 26%，这是中国式现代化建设的生力军。中国共产党人历来对青少年给予厚望，重视他们的成长和发展，并始终围绕青少年的健康成长搭建教育平台、创造每个人的发展空间。对于新时代的青少年，党和国家领导人始终充满期待寄予厚望。为了青年发展搭平台、给机会就是给未来以机会。习近平总书记把当代青年比喻成"大地上茁壮成长的小树""初升的朝阳"，殷切地希望"青年勇做新时代的弄潮儿,争当伟大理想的追梦人,争做伟大事业的生力军"①。当前中国正经历着前所未有的社会大变革,中华民族正在处于民族复兴中国梦实现的关键历史时期,社会领域的巨大变迁也带来了思想价值领域的显著变化,新时代的青少年有着不同于以往的特点。

其一,新时代青少年学习实践的要求高。生活在全球化的时代,广阔的视野、思想多元是青少年的主要特点,他们对能力的渴求甚于对单纯知识的学习,传统时期的以"教"为单一方式的教育手段已经满足不了培养学生全面发展的需求。单一的教学手段下,学生学习积极性不高、认同度较差。如果说"50 后"、"60 后"是"广播一代"拿个收音机就可以听评书、听女排比赛;生于 20 世纪 70 年代的人则是"电视一代";"80 后"则是迎接中国电视信息时代的一代人;"90 后"(尤其是"95 后")则是成长于中国电视及 PC 网络技术大流行、大推广的时代,属于"网络新一代";"00 后"则是伴随移动网络成长起来的,只要有网络、一部手机就能够解决学习、工作、生活中太多问题。据有关统计的结果,我们国家的未成年人的互联网普及率已经达到99.2%,几乎全覆盖,同比来说,未成年人首次触网年龄逐年降低,其中,10 岁及以下的儿童开始接触互联网的人数比例已经达到了 78%,显著高于我国总体互联网 64.5%的普及率。青少年是一个求知欲强烈的群体,强调个性自由,求新、求异,对网络信息十分敏感,当今网络文化流行,这种文化在潜移默化中、在不知不觉的情况下就会产生塑造功能,尤其是对于青少年的言语表达和价值取向的影响很大。新时代的青少年熟练于各种现代信息技术,"信息化生存""数字化生存"程度提升,对于知识习得式传统教育模式不再满足,更为突出个人的主体性,强调参与性和融入感,沉浸式体验感要求更为强烈。但身处互联网时代,网络舆论的力量愈发强大,极容易导致不良社会风

① 习近平:《在庆祝中国共产主义青年团成立 100 周年大会上的讲话》,《人民日报》,2022 年 5 月 11 日。

气及舆论信息的"一边倒"的问题，对青少年产生一定的影响，在思想上则表现为处理事情时犹豫不决，面临道德两难问题时主体性和从众性的张力扩大，盲目跟风，独立思考的能力不足，容易产生随大流的想法和意识。

其二，新时代的青少年学习能力高。新时代的青少年起点高，也更具有创造力。面对信息化、数字化、智能化的时代发展趋势，他们成长在今天这样一个信息大爆炸的时代，甚至可以说是一个信息传播过度的时代，在掌握信息知识的能力和程度上，新时代的年轻人远远超过中国历史发展中的任何一代，并且成为互联网发展的推动力，影响着互联网发展的潮流方向，最大限度地激活主体能动性。特别是技术进步对青年个体产生的"赋权效应""赋能效应"日益强大，通过技术赋能、技术赋权，他们获取信息的宽度和广度与以往不可同日而语。同时，信息共享带来更大的挑战，新时代年轻人普遍具有比较强烈的怀疑精神，对于传统的教育主体和教育模式缺乏权威性认同，传统的教育模式不可避免地在一定程度上、一定场域中出现"失效"的现象。作为纯正的网络原住民，网络是青少年获取信息、认知世界、人际交往的重要工具，而信息社会的一大特征就是以算法公式化、程序化地精准推送信息，形成特定的信息黏性，会导致青少年陷入"信息茧房"中甚至是"精神茧房"中。这种茧房效应的直接后果是极大地禁锢人们的思维方式，加剧整体信息空间的内容分化，形成信息之间的区隔，以这种方式获得的信息是一种碎片化、表层化的信息，有广度但缺乏深度，缺少一种完整的理论体系。再往深处分析，这种效应会导致青少年容易受到网络舆论和社会思潮的影响，使其在建立起完善知识体系之前并不真正具备独立的自由批判精神。

其三，新时代的青少年自我评价高。新时代的青少年所经历的时代进程与上一辈的成长经历学习经历存在差异，这对于新时代成长起来的中国青少年来讲，其与长辈们所经历的社会变迁有着本质的区别，长辈们经历的建设、改革的阶段是中国人求富求强历史阶段，对于物质现代化的感受更加强烈，但新时代的青少年是富起来后的中国的新一代,他们出生的时候中国就很强大,他们自幼就享受改革开放的红利,物质生活总体更加优越,对物质的贫乏感受不深,切实感受到"中国之治""中国速度"和"中国奇迹"所带来的满满幸福感和自豪感,使他们在思想政治状况、精神文化生活、健康水平等方面都有很大进步,具有很强的自信心和民族自尊心,对精神文化的需求更加迫切,强调自由、公平,他们乐于接受新事物、富有创造精神。于是,一方面他们的话语模式、行为方式及情感结构根植于当今全球化的市场经济社会大环境当中,自我评价高、个性化强,但也由此带来一个问题,部分青少年生抗压能力低,逆商有待提高。另一方面,新一代青少年的个人主义、消费主义和对国家的认同感交织在一起,形成了一个矛盾结合体。

其四,新时代的青少年国家期望高。青年的成长情况、发展程度,对于任何一个国家来讲都是重中之重,是首要工程,他们始终是这个民族国家给予期望最高的群体。新时代需要新面貌、新建设需要新青年,新时代党和国家对青年的始终抱有殷殷期望,对新一代青少年的期待很高。国家复兴、强国建设需要一批又一批青少年加速成长、快速成才。习近平总书记多次强调,青年"是全社会最富有活力、最具创造性的群体"①,同时发出号召,"希望每一个青年都成为社会主义建设者和接班人","中华民族伟大复兴的中国梦终将在一代代青年的接力奋斗中变为现实"②,青少年要扣好人生第一颗扣子,弘扬社会主义核心价值观,找准人生发展的正确价值方向和价值目标。

二、做好青少年的核心价值观建设就是抓住了现代化的未来

一个国家维系社会秩序要依赖于公民的文化认同,而文化认同的核心则

---

① 习近平:《在知识分子、劳动模范、青年代表座谈会上的讲话》,《人民日报》,2016 年 4 月 26 日。
② 习近平:《决胜全面建成小康社会 夺取新时代中国特色社会主义伟大胜利——在中国共产党第十九次全国代表大会上的报告》,人民出版社,2017 年,第 70 页。

在于共享着某种价值观。青少年时期是人一生中世界观、人生观和价值观形成的关键时期，是价值观形成阶段和可塑性最强的时期，因此，加强对青少年的核心价值观培育和践行就显得尤为重要。今天的建设归根结底是为未来奠定基础，现代化强国建设归根结底要靠今天的青少年。生长在新时代的青少年，必然要承担新时代的任务，他们将要肩负起中华民族伟大复兴大任这一历史使命，是担当中国式现代化建设的中坚力量和生力军。中国式现代化强国之路重要目标就是实现人的发展、人的现代化，青少年的核心价值观建设是追求人的现代化、每个人自由而全面发展的题中之义。中华民族一路走来的历史，不止一次证明了这一点。那么，引导青少年自觉树立和践行社会主义核心价值观，进行正确价值导向，并从源头上铲除不良社会因素，则是核心价值观教育中的重点所在。

综观世界上其他国家和民族的发展历程，虽说在不同的历史时期，不同国家及民族对青少年的价值观教育的目的不尽相同，但是都十分重视青少年价值观的培育，并把它作为维系一个国家和民族健康发展的根本手段。强调对人的道德培养一直是几千年来中国人在对下一代教育的核心轴线，积淀了丰富的价值观资源。而对于其他国家和民族来说，对青少年的价值观教育同样历史悠久，同样构成了其文明传承的精神内核。比如在古希腊，雅典城邦追求城邦至善，对青少年的价值取向则是注重培养理性与好奇、辩论与深思的美德。而同时代的斯巴达的价值取向则是培养战士，强调守纪、忍耐痛苦的能力，以此培养青少年至上的荣誉感。在西方的中世纪时期，欧洲国家由于深受基督教影响，强调青少年虔诚与顺从德性的培养。到了宗教改革和启蒙运动以后，人们对培养青少年的价值观念又有了新的理解，强调个性与自由，突出个人权利与法治保障。近代是一个启蒙的时代，是从神走向人的阶段，在启蒙思想和资本主义的推动下，这个时代的发展伴随着现代化的扩张，生发于资本主义实践。由此，西方社会的价值体系逐渐形成了个人主义价值观,追求的是个人、聚焦的是个人,突破了以往的神学政治观,产生了资本主义价值观,强调道德教育,注重的是个性、独立与社会责任。而深受中国儒家思想影响的亚洲国家,如新加坡始终重视青少年的道德教化,李光耀就把"忠、孝、仁、爱、礼、义、廉、耻"八德作为治国纲领,新加坡对青少年的价值观教育则体现在 1991 年新加坡的《共同价值观白皮书》中。这一《白皮书》是在继承中国传统的伦理思想和道德观念基础上制定的五个价值观,其深具中国传统文化的伦理特色和价值观特点,其中首要强调的是国家和社会的优先地位,强调集体和群体的价值高度,把爱国、忠于国家作为首要价值观,对青少年的要求是国家和社会的利益高于个人利益,这也是新加坡的根本政治基础和基本道德原则。

通过以上简要梳理的几个例子就可以看出,无论古今东西,任一国家和民族对青少年价值观的培育的共性都在于从成为一个人到成为一个公民的进程中,始终都内在包含着价值观的内容,进而培育符合时代发展需要的文明公民,要求青少年在日常生活中遵守基本的公共利益,尊重他人,主动关心国家和社会的发展,追求个人的成长中的价值观的导向作用,通过制度设计和安排,推动青少年积极参与和认同关注国家建设发展,塑造其对国家的归属感,增强对民族文化的自豪感。对于中华民族来说,在我们这个民族思想传统中、在我们这个文化传承中,始终强调青少年的价值取向对民族、对国家发展的决定作用,也自始至终注重对青少年的公民核心价值观培养。"青年兴则民族兴,青年强则国家强。"我们今天的现代化首先要从着眼未来的角度出发,从未来建设者的层面着手,从教育环节抓起,促使其落实落地、促进青少年成人成才。做好了青少年的核心价值观教育,就能够保证我们的社会主义现代化建设后继有人、后继有力、后继有为,也就抓住了中国的未来。只有用社会主义核心价值观引导塑造好青少年,保护鼓励个体情感和个人具体追求,积极地从理性层面加以教育,使之内在地生成正确的价值理想、人生意义和远大抱负，自觉选择做一个有理想，有抱负的人、自觉选择做一个始终传播价值正能量的人，能够为中国式现代化做出有益贡献的人，中华民族的伟大复兴的历史目标才能够最终实现。

当前，我国青少年在价值观建设成效显著，总体向好。但是也不能麻痹大意，在全球化、信息化和现代化交叠的今天，青少年价值观建设方面存在以下客观问题：一是价值观知行矛盾化，导致知行不一。特别是在日常生活当中，青少年的理论层面的价值观念和现实的道德行为出现断裂的现象并不少见。二是价值主体个人本位化。部分青少年自我化倾向明显，而集体主义精神不足、社会责任感弱化，以自我为中心，崇尚自我，重视权利，但缺乏责任感、缺乏对共体的价值观的敬畏。三是价值取向功利化。泛滥全球的消费主义思潮负面影响不小，直接导致青少年在学习上会出现轻理论、重实用，并以此为价值评判的出发点，比如在处理物质和精神关系方面，出现的轻精神、重物质的情况，在一定程度上实用主义、拜金主义、利己主义、享乐主义现象在青少年身上有所反映，过度追求物质主义和功名利禄，注重个人享受，缺乏吃苦耐劳精神。当然以上这些现象也与我们长期以来的价值观教化工作缺位、失效有关。因此，无论是本着对国家和民族发展未来高度负责的战略层面，还是就当前青少年价值观问题现状的具体体察角度，都要求从国家、社会、家庭都要把青少年核心价值观教化工作摆在重中之重的位置，一要坚持立德树人的根本任务，把核心价值观的教化培育工作贯穿教育的各个环节和各个层面；二要净化社会文化环境，特别是整治网络环境，加强网络的意识形态主导权，创造风清气正的社会生态，让广大青少年健康成长，自觉地培育和践行核心价值观，造就与"三个倡导"价值观同向同行的现代性公民、现代化建设者和接班人。

三、青少年核心价值观建设要从"勤学、修德、明辨、笃实"上下功夫

当今时代是一个最好时代，是中国大发展的时代，也是实现中华民族伟大复兴最关键的时期，有挑战有机遇，面对挑战我们要发扬伟大斗争精神，面对机遇我们就要勇于创新迎头赶上。任何一个青少年倘若跟不上这个时代，就不能够成为一个符合这个时代发展需要的人，同样会被淘汰。中国人正迎接的这样一个新的时代，归功于前辈、归功于先行者，由于现代化建设事业一代一代人接着干，一个时代的人解决好那个时代的问题，在前人的努力下才有了今天强大的现代化建设基础，也才能够为广大青年提供前所未有的施展才华、才干的发展空间，这就是我们不厌其烦地在强调抓好青少年核心价值观建设的原因，也是现实需要所呈现的必然要求。如果放在时间脉络中进一步强调的话，当代青少年正是同新时代共同前进的一代，因为到 2035 年、到现代化强国建成时这一代年轻人正处于人生的盛年，他们事实上是这一伟大历史阶段的建设者、见证者，担子总要落到他们身上，这对青少年来说既是最大的人生际遇，他们承载着伟大时代使命，必然要接过接力棒，也是最大的人生考验，更是需要义不容辞地担负起时代使命，才能够不负人民期望，接续努力做好社会主义的建设者和接班人。而考察这个接班人和建设是否合格是有条件的，要求青少年不仅要有崇高的理想目标、坚定的价值信念，也要有过硬本领履行时代责任，还要有担当精神复兴民族伟业，构筑起"时代新人"的完整人格。

"勤学、修德、明辨、笃实"，是习近平总书记于 2014 年 5 月 4 日在北京大学师生座谈会上提出的。因此，广大青年要弘扬社会主义核心价值观、要以核心价值观为个人的学习、生活、工作的根本遵循，要下真功夫，花大力气，在勤学、修德、明辨、笃实上去努力。习近平总书记提出的勤学、修德、明辨、笃实四个方面要求，为广大青少年培育和践行社会主义核心价值观指明了前

进方向。当然，这四个环节都不是单一闭环，完成一项就结束的事，而恰恰在于这四个环节是辩证统一、有机联系的整体，缺一不可，体现了知信行合一的根本意旨，是对核心价值观实践的路径细化，循序渐进、扎实积累，以核心价值观塑造引领青少年扣好人生的第一粒扣子，才能练就报效国家的本领能力。

首先要以勤学定向。公民核心价值观建设的关键在于知行合一、知行统一，这不仅是人生的两大功夫，更是弘扬核心价值观的关键起点。无知而行则为妄行，故此，知为前提基础。在这方面，习近平总书记以身示范，多次强调学习的重要性，强调中国要大兴学习之风，永远做一个学习大国。人民选择中国特色社会主义现代化道路，蕴含着中国一定会走向现代化的必然。现代化是中华民族的不息追求，在现代化的寻路中迎来了、接受了马克思主义的指导，也就有了马克思主义理论的指引下的中国式现代化道路这一正确选择，这是偶然中的必然。科学理论的指导必然有结合具体国情实际的理论创新和实践之变。我们的道路是科学理论与具体国情相结合的创新之路，是中国共产党带领中国人摸索出来的。中国共产党作为社会主义政党本身就是坚持学习的大党，综观一百多年的历史，始终是在坚持与时俱进的学习中成长成熟，在学习中创新、在学习中提升治国理政能力，也正是通过学习，中国共产党领导中国革命、建设、改革，带领中国人民走向实现中华民族伟大复兴中国梦的宏大目标。这方面为青少年勤学树立了典范。青少年弘扬核心价值观，首先是对核心价值观的学习，要学习和领会其内涵和要求，花精力在理性认知和情感认同上双管齐下，加强理论认知，使其入脑入心，增进理解和信奉。同时，要上升到情感认同上，情理交融，形成真理力量和道义力量的合力，达到直指内心的效果，只有对行为的激励与约束作用更为自觉，公民核心价值观建设才能行之远、行之深、行之久矣。另外，是对科学知识的学习。对社会主义核心价值观的学习要结合具体的专业知识。人的伦理精神和道德准则不会凭空形成,是由人们全部生活方式决定的。正处于学习科学知识的黄金时期的青少年,接受能力强,学习要求高,要下得苦功夫,勤学多习、求知求是,形成真本领,练就真功夫,把学习能力作为个人的不懈的精神动力,使之成为个人的生活方式、生活内容。总之,通过勤学,青少年拥有了坚实的理论基础、精深的专业能力,有崇高的理性信念和价值观念,专攻博览、有精深的专业能力,才会有能有为。

其次要以修德为本。"德者,本也。"一个社会的伦理道德、文化精神是这个社会共同约定和公序良俗得以保障的关键因子,对于个人发展、社会进步从来都具有基础性意义。人之为人而异于禽兽,就在于崇德修身使人摆脱纯粹自然状态。所以,在日常生活学习工作中,为人做事道德始终是第一位的。作为数千年文明大国,传统中国历来强调要"以德育人",诚如朱熹所言:"德者,得也。"[①] 强调人若无德,即使体魄强健、智力发达,反助其所行之恶。正所谓国无德不兴,人无德不立,于个人而言"德者,才之帅也";于群体而言"德者,民之性也";于国家而言"德者,国之基也",对应而言,核心价值观是个人的私德,也是国家之大德、社会之公德。在国家建设中,中国的识人选人用人留人的标准,长期坚守德才兼备、以德为先的原则,以德给才定向。要明德、识德、守德、行德。这个德,包括国之德、社会之德、个人之德,是大德、公德、私德的综合体,有了此才能做好功德,才能立德。明德方能明明德于天下,方能用得其所,方可用得其能。反之,缺乏个人的道德自律和精神升华,人将失去为人最核心的本质特征,社会将失去和谐美好的基础性支撑。修德要坚持顶天立地,头顶上灿烂的星空和心中崇高的道德标准,或者用中国的俗语"天地良心",一样都不可或缺,所以崇德修身要立意高远,又要立足平实,在互相学习中增加认识,加强心灵沟通,培育核心价值观情感和意

---

① 朱熹:《四书章句集注》,中华书局,1983 年,第 94 页。

识，确保知情意行一以贯之，才会有行为的实现。因此，教育要培养青少年注重个体自我教育与相应理想人格，既要立鸿鹄之志，树立报效祖国、服务人民的大德；还要从小事做好开始，事有轻重缓急，事有关键次要，但纷繁复杂中自有细节决定，管好小节、做到慎独，踏踏实实践行核心价值观，修公德、建私德，慎独自立，成为一个品学兼优、德才兼备的人。

再次要以明辨为标。随着全球化的推进、资本扩张，西方资本主义文化思想、意识形态借助于资本逻辑向全世界辐射，推销其所谓"普世价值"和政治模式，搞价值观外交。比如美国前总统克林顿就把向全世界推行美国政治价值观作为其施政的三大战略目标之一；另一位美国前总统奥巴马提出为了美国国家安全，需要在全球扩大美国的利益、输出美式价值观，占领价值高地；更不要说今天的美国政界的系列做法，大搞价值观输出，推行零和博弈的霸权行为。这对于正经历着深刻的经济转轨、社会转型、观念转变的现代化中国的意识形态和文化软实力建设影响不小，导致部分青少年价值迷失，出现疑惑、彷徨、失落的现象。出现这种问题的原因就在于核心价值教育的缺失乏力。一个人、一个社会如果丧失了自己的价值观，必然会精神缺失、理想丧失，精神会缺"钙"，容易得"软骨病"。

当然，也并不是要盲目排斥外来文化，中华民族数千年强调"三人行必有我师"，中国人也从来不缺乏学习借鉴的精神气质，所以科学的态度是采取拿来主义，既要对人类社会创造的一切文明成果合理借鉴，又不能搞历史虚无主义、数典忘祖、不加分析地对别国的发展模式照抄照搬。回顾中国今天所取得的历史性成就，恰恰在于能够客观对待外来文明和价值观念，而成为少数几个学习西方最后还要超越西方的国家之一。其背后的根本原因就在于中国人有自己的主见、自己的立场态度和自己的价值关怀，这是一种国家主体性、人民主体性、价值主体性的体现，更是中国自信的表现。同样，从个体来讲，要有自己的主见，知道该学什么不该学什么，以及怎么学，这一点对于新时代的青少年尤为重要。青少年应坚持我们的核心价值观,明是非,定方向,坚持价值观自信,既要学会思考分析、正确做出选择抉择,择善固守,自觉树立和践行社会主义核心价值观,进而以自己的实际行动,扎实学习、扎实工作,促进国家发展、社会进步、个人提升。

最后要以笃实为果。所谓笃实,即扎实干事,踏实做人。"道不可坐论,德不能空谈。"世间学问并不玄奥,成就事业也无机巧,只不过在于发奋学习、明理力行而已,这是中华民族的优秀品格和精神底蕴。青少年只有坚持从实际出发,注重言行不悖、学以致用、识见实行,知行合一,才能化为人做事的内在品质。只有如此,核心价值观才能够内化为个体的精神追求和价值动力,形成转化为人们自觉自为的外在行动,持之以恒,无论具体个体、整个社会,坚持学习,不断实践,贯彻"实干兴邦",避免空谈误国,把看不见、摸不着的核心价值观,在实践中落细落小、做细做实,有机统一到知行过程,把所学之理转化为个人良好的品格和行为,转化为实在的事功和具体的学习成绩、工作业绩。总之,弘扬核心价值观是一个系统工程,只有引导青少年笃实勤学、脚踏实地、坚忍不拔,将个人价值和时代需求结合起来,自觉做好核心价值观践行者、建设人。由此,有事因,为事宜,成事功,方为青少年社会主义核心价值观弘扬之关键之处、发力之点。

参考文献

一、著作

1. 马克思恩格斯选集,第一卷[M]. 北京:人民出版社,2012.

2. 马克思恩格斯选集,第二卷[M]. 北京:人民出版社,2012.

3. 马克思恩格斯选集,第三卷[M]. 北京:人民出版社,2012.

4. 马克思恩格斯选集,第四卷[M]. 北京:人民出版社,2012.

5. 马克思恩格斯全集,第二卷[M]. 北京:人民出版社,2016.

6. 马克斯恩格斯全集,第三卷[M]. 北京:人民出版社,2016.

7. 马克思恩格斯全集,第四卷[M]. 北京:人民出版社,2016.

8. 马克思恩格斯全集,第十九卷[M]. 北京:人民出版社,2016.

9. 马克思恩格斯全集,第四十二卷[M]. 北京:人民出版社,2016.

10. 马克思恩格斯文集,第一卷[M]. 北京:人民出版社,2009.

11. 马克思恩格斯文集,第四卷[M]. 北京:人民出版社,2009.

12. 马克思恩格斯文集,第五卷[M]. 北京:人民出版社,2009.

13. 列宁选集,第一卷[M]. 北京:人民出版社,2012.

14. 列宁选集,第二卷[M]. 北京:人民出版社,2012.

15. 列宁选集,第三卷[M]. 北京:人民出版社,2012.

16. 列宁选集,第四卷[M]. 北京:人民出版社,2012.

17. 毛泽东选集,第二卷[M]. 北京:人民出版社,1991.

18. 毛泽东选集,第四卷[M]. 北京:人民出版社,1991.

19. 毛泽东文集.第六卷[M]. 北京:人民出版社,1999.

20. 邓小平文选,第二卷[M]. 北京:人民出版社,1994.

21. 邓小平文选,第三卷[M]. 北京:人民出版社,1993.

22. 胡锦涛文选,第一卷[M]. 北京:人民出版社,2016.

23. 习近平.之江新语[M]. 杭州:浙江人民出版社,2007.

24. 习近平谈治国理政,第一卷[M]. 北京:外文出版社,2018.

25. 习近平谈治国理政,第二卷[M]. 北京:外文出版社,2017.

26. 习近平谈治国理政,第三卷[M]. 北京:外文出版社,2020.

27. 习近平谈治国理政,第四卷[M]. 北京:外文出版社,2022.

28. 习近平.决胜全面建成小康社会 夺取新时代中国特色社会主义伟大胜利——在中国共产党第十九次全国代表大会上的报告[M]. 北京:人民出版社,2017.

29. 习近平.高举中国特色社会主义伟大旗帜 为全面建设社会主义现代化国家而团结奋斗——在中国共产党第二十次全国代表大会上的报告[M]. 北京:人民出版社,2022.

30. 习近平.在纪念马克思诞辰 200 周年大会上的讲话[M]. 北京:人民出版社,2018.

31. 习近平:论党的宣传思想工作[M],北京:中央文献出版社,2020.

32. 十八大以来重要文献选编(上)[M]. 北京:中央文献出版社,2018.

33. 十八大以来重要文献选编(中)[M]. 北京:中央文献出版社,2018.

34. 十八大以来重要文献选编(下)[M]. 北京:中央文献出版社,2018.

35. 党的十九大报告辅导读本[M]. 北京:人民出版社,2017.

36. 党的二十大报告辅导读本[M]. 北京:人民出版社,2022.

37. 中共中央宣传部编. 习近平新时代中国特色社会主义思想学习纲要[M]. 学习出版社、人民出版社,2023.

38.[德]哈贝马斯. 现代性的哲学话语[M]. 曹卫东译. 南京:译林出版社,2004.

39.[德]黑格尔. 法哲学原理[M]. 范扬,张企泰译,北京:商务印书馆,1996.

40.[德]康德. 康德三大批判精粹[M]. 杨祖陶,邓晓芒编译. 北京:人民出版社,2001.

41.[法]托克维尔. 论美国的民主[M]. 北京:商务印书馆,1987.

42.[美]阿历克斯·英格尔斯. 人的现代化——心理,思想,态度,行为[M]. 殷陆君编译,成都:四川人民出版社,1985.

43.[美]布莱克. 日本和俄国的现代化[M]. 周师铭译. 北京:商务印书馆,1984.

44.[美]弗兰西斯·福山. 国家建构:21世纪的国家治理与世界秩序[M]. 黄胜强,许铭原译,北京:中国社会科学出版社,2007.

45.[美]弗兰西斯·福山. 政治秩序的起源:从前人类时代到法国大革命[M]. 毛俊杰译,南宁:广西师范大学出版社,2014.

46.[美]弗雷德里克·詹姆逊. 政治无意识[M]. 王逢振等译,北京:中国社会科学出版社,1999.

47.[美]亨廷顿. 变革社会的政治秩序[M]. 王冠华等译,北京:华夏出版社,1998.

48.[美]康芒斯. 制度经济学(上)[M]. 商务印书馆,1997.

49.[美]罗伯特·D.帕特南. 使民主运转起来:现代意大利的公民传统[M]. 王列,赖海榕译. 南昌:江西人民出版社,2001.

50.[美]罗斯科·庞德. 通过法律的社会控制——法律的任务[M]. 沈宗灵译. 商务印书馆,1984.

51.[美]乔治·弗雷德里克森. 公共行政的精神[M]. 张成福等译,北京:中国人民大学出版社,2003.

52.[美]约翰·罗尔斯. 正义论[M]. 何怀宏译,北京:中国社会科学出版社,1988.

53.[英]查尔斯·汉普登-特纳,阿尔方斯·特龙佩纳斯. 国家竞争力[M]. 徐联恩译,海口:海南出版社,1997.

54.[英]昆廷·斯金纳. 政治自由的悖论[M]. 柴宝勇译,转自许纪霖. 共和、社群与公民[M]. 南京:江苏人民出版社,2004.

55. 艾四林论文选[M]. 北京:中华书局出版社,2011.

56. 邓正来, [英]亚历山大. 国家与市民社会:一种社会理论的研究路径[M]. 北京:中央编译出版社,2002.

57. 丁元竹. 建设健康和谐社会[M]. 北京:中国经济出版社,2005.

58. 樊浩. 道德形而上学的精神哲学基础[M]. 北京:中国社会科学出版社,2006.

59. 樊浩. 伦理精神的价值生态[M]. 北京:中国社会科学出版社,2001.

60. 韩庆祥. 马克思主义人学思想发微[M]. 北京:中国社会科学出版社,1992.

61. 金耀基. 中国现代化的终极愿景:金耀基自选集[M]. 上海:上海人民出版社,2013.

62. 李德顺. 价值论—— 一种主体性的价值研究[M]. 北京:中国人民大学出版社,2013.

63. 罗荣渠. 现代化新论:世界与中国的现代化进程(增订本)[M]. 北京:商务印书馆,2004.

64. 罗荣渠. 现代化新论:世界与中国的现代化进程[M]. 北京:北京大学出版社,1993.

65. 孙宽平. 转轨、规制与制度选择[M]. 北京:社会科学文献出版社,2004.

66. 王伟,鄯爱红. 行政伦理学[M]. 北京:人民出版社,2005.

67. 许纪霖. 中国知识分子十论[M]. 上海:复旦大学出版社,2003:4.

68. 尹保田. 什么是现代化——概念与范式的探讨[M]. 北京:人民出版社,2001.

二、期刊文章

1. 习近平. 在纪念五四运动 100 周年大会上的讲话[J]. 思想政治工作研究,2019(05).

2. 习近平. 坚持和完善中国特色社会主义制度 推进国家治理体系和治理能力现代化[J]. 求是,2020(01).

3. 习近平. 中国共产党领导是中国特色社会主义最本质的特征[J]. 求是,2020(14).

4. 习近平. 以史为镜、以史明志、知史爱党、知史爱国[J].《求是》2021(12).

5. 习近平. 把培育和弘扬社会主义核心价值观作为凝魂聚气强基固本的基础工程[N]. 人民日报,2014-02-26.

6. 习近平. 建设社会主义文化强国着力提高国家文化软实力[N]. 人民日报,2014-01-01.

7. 习近平. 青年要自觉践行社会主义核心价值观——在北京大学师生座谈会上的讲话[N]. 人民日报,2014-5-5.

8. 习近平. 在布鲁日欧洲学院的演讲[N]. 人民日报,2014-04-02.

9. 习近平. 在知识分子、劳动模范、青年代表座谈会上的讲话[N]. 人民日报,2016-04-26.

10. 习近平. 决胜全面建成小康社会 夺取新时代中国特色社会主义伟大胜利[N]. 人民日报,2017-10-28.

11. 习近平. 在庆祝中国共产主义青年团成立 100 周年大会上的讲话[N]. 人民日报,2022-05-11.

12. 中共中央办公厅印发《关于培育和践行社会主义核心价值观的意见》[N]. 人民日报,2013-12-24.

13. 樊浩. 从本体伦理世界观到生态伦理世界观——当代道德哲学范式的转换[J],哲学动态.2005(5).

14. 何传启. 世界现代化研究的三次浪潮[J]. 中国科学院院刊,2003(03).

15. 何显明. 中国现代国家建构的内在逻辑[J]. 浙江学刊,2020(06).

16. 黄坤明. 培育和践行社会主义核心价值[N]. 人民日报,2017-11-17.

17. 钱乘旦. 把握中国现代化的历史方位[N]. 人民日报,2018-01-05.

18. 佟玉华. 论全面建设社会主义现代化国家与人的现代化[J]. 科学社会主义,2020(06).

19. 杨光斌. 从抗疫斗争看中国的国家治理理论及其比较优势[N]. 光明日报,2020-07-08.

20. 郁建兴. 治理与国家建构的张力[J]. 马克思主义与现实,2008(01).

21. 郑永年. 现代化不能误解为西方化[N]. 新京报,2022-10-24.

后 记

本书是国家社会科学基金一般项目"基于国家治理视角的公民核心价值观建设研究"的结项成果。

本书以历史考察—理论回顾—实践分析为研究架构,从历史的视角、时代的逻辑、主体的向度、实践的取向等方面,分析中国式现代化的历史进程中公民核心价值观建设的学理基础和践行维度。回头来看,本研究缘起于学院建院之初确定的核心工作,就是及时将社会主义核心价值观有机融入思政课的教学和研究,作为其中主要参与者、组织者推动形成了系列研究论著,并相继获得国家、省教学成果奖,包括其间到相关部门协助工作,工作内容也主要聚焦于社会主义核心价值观的研究,可以说,这一过程明确了个人研究主题,本书就是对个人该段教学科研工作的思考和总结。虽然本书落笔写作旅程从立项到2023年结项,再到今天的出版,经历了多次修改,但囿于学养和能力,出版之际心下仍然惴惴,深知本书还存在着诸多不足和缺憾,亦请同行批评指正,这都会督促我不断努力提升。

本书的付梓需要感谢的人很多,包含着诸多方面的关心和支持。首先要感谢全国哲学社会科学工作办对我的研究工作的资助和对本书作为结项成果的良好肯定!感谢东南大学马克思主义学院对本书的资助!此外,特别感谢课题组成员朱静老师一直以来的关心和支持!限于篇幅,其他成员就不一一列上，但一定会铭记于心。

　　特别感谢天津人民出版社副总编辑郑玥女士和本书责任编辑郭雨莹女士专业、认真的付出！没有她们的热情帮助和督促，就没有这本书的面世。

盛凌振

2025 年 3 月 5 日于江宁九龙湖畔